ビジネススクールでは学べない世界最先端の経営学

入山章栄
Iriyama Akie
早稲田大学ビジネススクール准教授

日経BP社

ビジネススクールでは学べない　世界最先端の経営学

はじめに

みなさんは、「経営学」という言葉から何を連想されますか。

典型的なのは「大学の経営学部、ビジネススクールで勉強する学問」でしょうか。もう少し詳しい方なら、ビジネス書などで目にするピーター・ドラッカーやマイケル・ポーター、クレイトン・クリステンセンの名前を思い浮かべるかもしれません。一方で「実際のビジネスには役に立たない」とか、そもそも「全くイメージがわかない」という方も当然いらっしゃるはずです。

いずれにせよ、みなさんの持つこれらの経営学へのイメージは、みなさんがこれまでどこかの学校で学んだり、ビジネス書・ビジネス誌を読んだり、いわゆる「ＭＢＡ本」を読んだり、あるいはそういう人たちから何となく話を聞いた経験から、浮かんでいるもののはずです。

しかし、この日本のビジネスパーソンの間で何となく「経営学」と思われている知見の大部分は、「経営学の当事者」である経営学者がいま世界の最先端で生み出している知とは、大きくかけ離れています。

「えっ、では私たちが経営学だと思ってきたものは一体何だったのか」と驚かれる方もいらっしゃるかもしれません。もちろん、それも広範な経営学の「一部」であることにかわりはないのですが、しかし「日本のビジネスパーソンがMBA本やビジネス誌を読んだり、あるいはビジネススクール教育などを通じて知ったりすることのできる『経営学』と、世界の最先端で経営学者が生み出している知見の間には、きわめて大きいギャップがある」のは、間違いのない事実なのです。

その背景には、日本の経営学者に国際的な学界で活動している人材が少ないという理由もあるのですが、それ以上に、経営学が持つ構造的な問題もあると私は理解しています（詳しくは、第1章で解説します）。

私は2013年秋までの10年間、米国の二つのビジネススクールに在籍して、経営学の勉強・教育・研究に携わってきました。

そしてその経験の中で、経営学はこの10～20年で急速に国際標準化が進み、そして科学的な手法を使って、圧倒的なスピードで進化していることを目の当たりにしてきました。しかし、そこで得られた知見の多くは、ビジネスパーソンに還元されていません。米国のビジネススクールでさえも、十分には還元されていないのです（その理由は、繰り返しですが第1章を読んでください）。

一方、私は2年前に日本に帰国して以来、多くの日本のビジネスパーソンのみなさんと交流する機会に恵まれるようになりました。その中で、多くの方々が自身の直面するビジネス・経営の問題に悩まれ、そして何か視座を得るために「経営学の知見」にも関心があるということが分かりました。私が講演・セミナーなどでお話しする「世界最先端の経営学の知見」に対して、「初めて聞いたが、考えの整理になった」「示唆があった」とおっしゃっていただいたことも、数えきれないほどあります。

私は若手経営学者の一人にすぎず、経営学のすべてをみなさんにお伝えすることなど、到底できません。しかし、日本のビジネスパーソンのみなさんが関心のあるテーマについてなるべく広範に、「先端の経営学の考え方」「データ分析から明らかになってきた新しい事実」などを伝える本が書けないだろうか、といつからか考えるようになりました。先端であるが故に、ビジネススクールでも教えられていない知見だからです。

そのため、本書では「イノベーション」「グローバル化」「組織学習」「ダイバーシティー」「競争戦略」「リーダーシップ」「CSR」「女性の企業参加」「同族経営」など、日本で話題になりやすい11のテーマを取り上げることにしました。その上で、各テーマごとに2~3の章を設けて、世界の先端の経営学の知見を、できるだけ身近な事例に引きつけて紹介しています。

まずは、ぜひ目次を見てください。きっとみなさんの関心のある話題が、見つかるはずです。本書はどの章からでも読み進められるようになっています。

その中には「最先端」と謳いながらも、世界の学者の間ではほぼコンセンサスになっている知見も、多く紹介しています。もちろんその「コンセンサス」の判断基準は私に左右されるのですが、加えて「メタ・アナリシス」の結果を重視することで、客観性をなるべく保つようにしました（メタ・アナリシスについては第2章の後のコラムで紹介していますが、ある経営法則について蓄積された実証研究の成果を、さらにまとめて分析することで、その法則が一般に経営学で支持されているかどうかを確認すること、とご理解ください）。

さらに、「学者の総意とまではいえないけれど、日本のビジネスパーソンにとって示唆がありそうな興味深い経営学の研究成果」も多く紹介しています。まさに最先端のビジネスの知です。

本書を読み通すことで、これまで決して語られてこなかった「世界最先端の経営学の知」が手に入ること請け合いです。そこから、みなさんがご自身のビジネスへの示唆を得たり、あるいは思考の整理の軸にしたりしていただければと、私は強く願います。いまこそ、ビジネススクールでも教えてくれない、世界最先端のビジネスの知に浸かってみてください。

では早速、「なぜビジネススクールでも最先端の経営学は学べないのか？」という疑問について、解説することから始めましょう。

（本文、研究者についての言及は敬称略）

目次

経営学ミニ解説

Part 1

いま必要な世界最先端の経営学

第1章

なぜビジネススクールでは最先端の経営学が学べないのか

本章では経営学の現状を紹介しながら、「なぜビジネススクールでは、世界最先端の経営学が学べないのか」という疑問をひもときたいと思います。そこから、本書の意義もお分かりいただけるはずです。そのとっかかりとして、ビジネススクールで使われる「ＭＢＡの教科書」の話題から始めましょう。

長い間進歩していないＭＢＡの教科書

私は、２００６年に米国で教壇に立って以来、今日まで10年近く経営学の教育に携わってきました。

私は米国では、「経営戦略論」という科目を教えていました。経営戦略論はほぼすべてのビジネススクールにある主要科目で、MBAや学部生向けに、様々な教科書が世界中で出版されています。私も同分野の教科書を何冊も読んできました。

そしてこの経験を通じて、分かったことがあります。それは、経営戦略論の教科書は、どれも中身に大差がないということです。そして、その内容はおそらく四半世紀近く、ほとんど変わっていません。そして何より重要なのは、そこで紹介される基本ツール・コンセプトの大部分を、現在の経営学者がほぼ研究対象としていないということです。

例えば、この手の教科書の第2章あたりは、大抵「事業環境分析」について書かれています。そこで間違いなく紹介されるのは、米ハーバード大学のマイケル・ポーターが生み出した「ファイブ・フォース分析」です。

そして第3章あたりにある「企業の内部分析」では、ポーターの「アクティビティー・システム」「バリュー・チェーン」、あるいは現ユタ大学のジェイ・バーニーを中心に発展した「VRIO分析」が紹介されます。(注1) さらに第4章あたりは「競争戦略」について書かれますが、ここではポーターが生み出した「ジェネリック戦略」が必ず取り上げられる、といった感じです。

細かい差異はあっても、おおまかに経営戦略論の教科書はどれもこのような構成になっていま

(注1) 「価値があり (Valuable)」「希少で (Rare)」「模倣が難しく (In-Imitable)」「組織的である (Organization)」の略称。

す。

これは、私には非常に興味深い事実です。なぜなら、欧米の上位・中堅のビジネススクールでこれらを教える教員は、その多くが「経営学者」です。彼らは日頃は学者として、「ビジネスの研究」をしています。それなのに、これらの教科書で紹介される分析ツールは、現代の経営学ではほぼ学者の研究対象になっていないのです。「ファイブ・フォース」を、現代の（世界の）経営学者が研究で活用することは、ほぼありません。「アクティビティー・システム」や「ＶＲＩＯ分析」で名をとどろかせている研究者もいません。

すなわち現在の経営学では、「経営学者（＝ビジネススクールの教員）が授業で教えていることと、彼らがいま最前線の研究で得ている知見の間に、きわめて大きなギャップが存在する」のです。

そもそもポーターがこれらの分析ツールを記した著書『Competitive Strategy』(注2)を出版したのは、１９８０年のことです。バーニーがＶＲＩＯ分析の基礎となるリソース・ベースト・ビューの有名な論文を書いたのは、１９９１年です。それから四半世紀が経ち、経営学者は研究を通じてさらに新たな知見を得ているはずなのに、それを伝えるべき教科書は、主要な内容がほとんどアップデートされていないのです。

なぜ、このような状況になるのでしょうか。その背景をご理解いただくために、世界の経営学

（注2）　翻訳書は『競争優位の戦略』（ダイヤモンド社、1985年）

の現状を紹介させてください。私は、現代の経営学を把握するポイントは、二つあると考えています。

経営学は急速に国際標準化している

第一は、国際標準化です。みなさんのなかには「海外の経営学＝米国の経営学」という先入観を持たれている方もいるかもしれません。しかし、それは既に昔のことです。

例えば、世界最大の経営学会であるアカデミー・オブ・マネジメント（ＡＯＭ）は、世界中で２万人程度の経営学者が登録しています。ＡＯＭは毎年夏に北米の主要都市で世界大会を開きます。２０１５年の世界大会はカナダのバンクーバーで開かれましたが、そこに参加した１万６６４２人のうち、米国の大学からの参加者は（北米で開かれているにもかかわらず）、４６０８人と半分を切っています（図表１－１）。しかも、この「米国の大学」の参加者の中には、実は中国人やインド人の教員が多く含まれています（その理由については第25章をお読みください）。したがって、実際に同大会に参加している「米国人」の割合はさらに小さい、と推測されます。

一方でドイツからは５４５人、フランスからも２６９人、そして中国・香港からは５１７人が参加しています。シンガポールから162人、お隣の韓国からも154人が参加しています。ちなみに日本からの参加者は極端に少なく、2015年はわずか33人でした(うち一人は私です)。このように、(日本を例外として)世界中の経営学者が、同じ学会に参加し、同じ経営理論を使い、同じ分析手法で、英語という世界共通の言語を使って経営学を研究し、発表し、議論を戦わせ、その「知」を膨らませているのです。

余談ですが、この経営学の国際標準化の流れを受けて、いまアジア各国では、国際レベルで通用する経営学者の、国境を越えた引き抜き合戦が激しくなっています。

特に中国・香港や韓国、シンガポールの大学の勢いはすさまじく、その教員になるには欧米

図表1－1　2015年アカデミー・オブ・マネジメント（AOM）世界大会参加者の国別内訳

国名	参加者数	国名	参加者数
アメリカ	4608	シンガポール	162
イギリス	865	韓国	154
カナダ	667	スペイン	152
ドイツ	545	フィンランド	147
中国＋香港	517	デンマーク	141
オランダ	402	台湾	134
オーストラリア	337	ベルギー	113
フランス	269	インド	113
スイス	198	スウェーデン	92
イタリア	196	ブラジル	84

注：参加者数は、各参加者の所属機関ベース
出所：2015年 AOM 世界大会パンフレットの情報を基に筆者作成

のトップスクールで博士号を取っていることが基本条件で、加えてかなり高い研究業績が求められます。欧米の主要大学で教員経験のある方も数多くいます。また、欧米の著名研究者が、自国でよりもはるかに高い報酬や恵まれた研究環境を条件に、中国や香港・シンガポールの大学に引き抜かれてもいます。この勢いは、さらに加速していくでしょう。

急速に進む、経営学の科学化

経営学を読み解く第二のポイントは、科学化です。世界の経営学は社会科学の側面を重視しています。科学とは真理を探求することですから、世界の経営学では（大変難しいことではありますが）、「経営の真理法則を科学的に探求する」ことが目指されています。

例えばみなさんのなかには、「ダイバーシティー経営は本当に有効か」とか、「ＣＳＲ（企業の社会的責任）活動は本当に企業にプラスなのか」「買収先企業の経営陣は追い出したほうがいいのか」などといった疑問を持ったことのある方もいらっしゃるかもしれません。これらはいわば、みなさんが知りたい「経営の法則」です。経営学者はこの法則が真理に近いのかを、なるべく科学的に探求しようとするのです。

そのために経営学者は、まず理論を用いて経営法則についての仮説を導出します。しかし、それが一社・一個人だけに当てはまっても意味がありません。トヨタ自動車がいくら素晴らしい企業でも、その法則がトヨタにしか当てはまらないのなら、それは真理法則ではないからです。

したがって世界の経営学では、その法則が多くの企業・組織・個人に当てはまる「真理に近い法則か」を検証するために、データ分析を重視します。経営学者は、何百・何千・何万、場合によっては何百万という企業データ、組織データ、個人データを使った統計分析をしたり、あるいは人を使った実験やコンピューター・シミュレーションをしたりして、その経営法則が正しいかどうかを確認していくのです。

もちろんこれは、一社・二社といった限られた企業に焦点を定め、インタビューなどの定性調査を実施する「事例分析」を否定するものではありません（私個人は、世界の経営学はちょっと統計分析に偏りすぎで、事例分析をもう少し増やすべきだと考えています。実際、本書でも事例研究の成果をいくつか紹介しています）。いずれにせよ、世界の経営学が科学的な手法による「ビジネスの真理」を探求するという流れは、確実に今後も広がっていくと予想されます。

そして、この「科学を目指す経営学」が世界規模で急速に普及し、世界中の経営学者により、新しいビジネスの知が日々生み出されているのです。

例えば、経営戦略論分野で世界ナンバーワンの学術誌は「ストラテジック・マネジメント・ジャーナル」（ＳＭＪ）です。この学術誌では、２０１４年に78本の論文が発表されました。単

図表1－2　経営学の知見が実務に影響を与え得る二つのルート

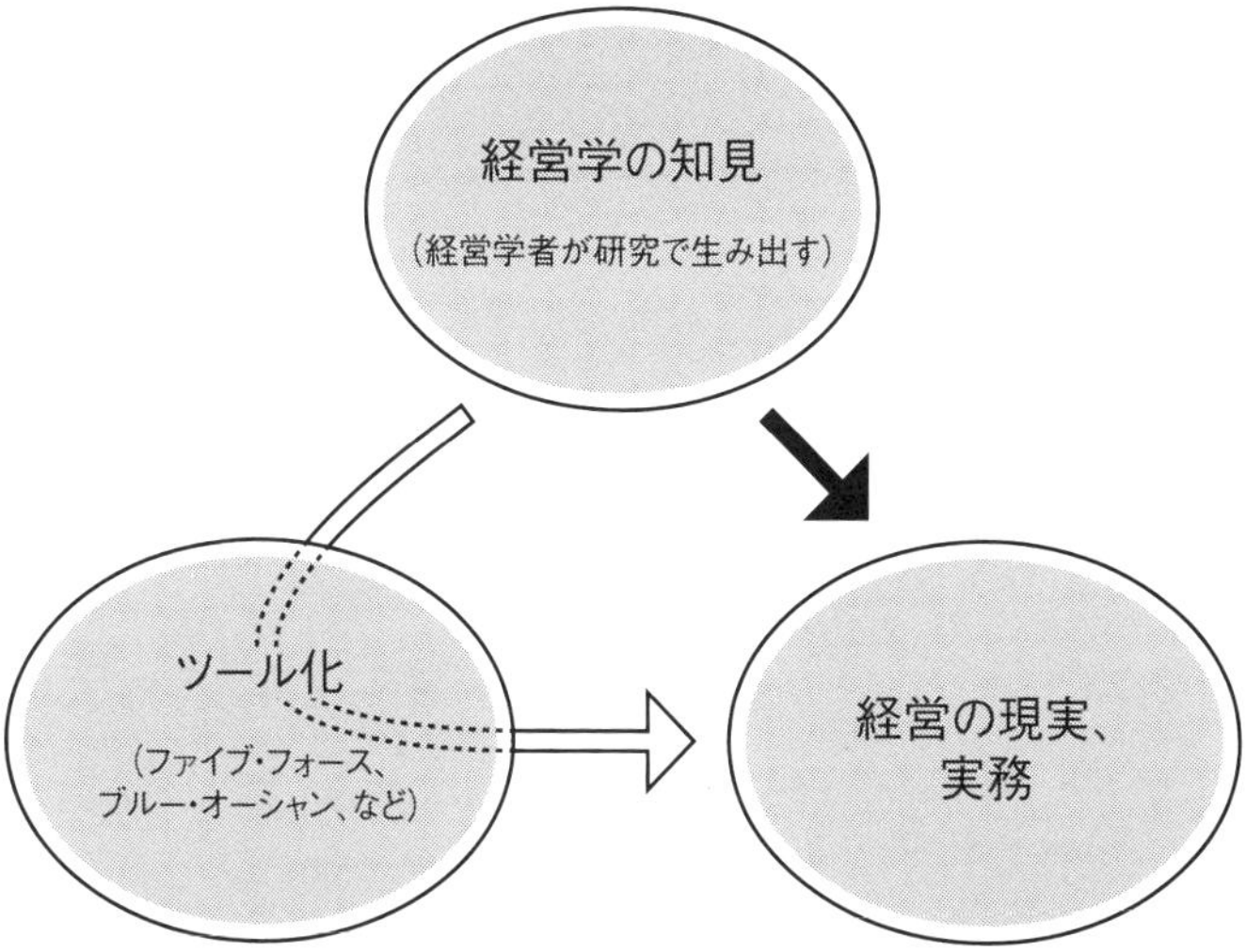

出所：筆者作成

純計算で1990年から約1900本の論文が掲載されてきたことになります。それだけ新しい「ビジネスの知」が生まれているのです。経営学の学術誌は主要なものだけでもさらに複数ありますから、そこで生まれている「ビジネスの知」全体は膨大なものです。

では、それだけの知が生み出されているのに、なぜMBAの教科書は長い間代わり映えがしないのでしょうか。なぜビジネススクール教育に、その知見が十分に反映されないのでしょうか。

この謎を解き明かすために、図表1－2をご覧下さい。

経営学が影響し得る二つのルート

図表1－2は、経営学者の生み出す知が、みなさんに伝わり得る二つのルートを示しています。第一は、経営学の研究で得られた知見が、そのまま直接ビジネスパーソンに伝えられるルートです。しかし、これはなかなか難しいものがあります。経営学の研究の多くは小難しい統計分析を使っていますし、抽象的な理論表現や、聞き慣れない専門用語で表現するからです。

そこで望まれるのが第二のルート、すなわち経営学の知見を実務に応用しやすいように「分析ツールに落とし込む」ことです。その代表は、先にも述べたマイケル・ポーターの「ファイブ・フォース分析」でしょう。これは、1970年代から隆盛したSCP理論を基に、ポーター教授が実践向けツールとして考案したものです。

SCP理論からは、例えば「独占構造に近い業界の企業ほど、収益性が高まる」という法則が提示されます。しかしこれだけでは、この知見をどう実務に活用していいか分かりません。そこでポーターはこの法則を基に、業界の収益性をシステマティックに評価するツールとして、「新規参入の脅威」「競合性の脅威」「買い手からの脅威」「売り手からの脅威」「代替製品の脅威」という五つの脅威（＝フォース）からなるファイブ・フォースを生み出し、著書『Competitive

Strategy』（Free Press刊、翻訳書はダイヤモンド社刊）で１９８０年に発表したのです。ファイブ・フォースはその使いやすさから、いまや経営戦略論の教科書に必ず載っている定番ツールになっています。

最先端の経営学は、ＭＢＡの教科書に反映されない

しかし、この「学術的な知見のツール化」は、ファイブ・フォースなどの限られた例を除けば、十分に進んでいるとはいえません。なぜかというと、実は経営学者があまりこの「ツール化」に熱心でないからです。

第2章でも述べますが、その大きな理由の一つは、経営学では「ツール化」が学術業績として認められないからでしょう。世界の経営学では、研究によって新しい知を生み出すことが重視されているからです。ＳＭＪのようなトップ学術誌で、ツール化についての論文が掲載されることはほとんどありません。

では、みなさんがどこで「理論をツール化したもの」に出合える可能性があるかというと、それは「ハーバード・ビジネス・レビュー」（ＨＢＲ）や「ＭＩＴ スローン・マネジメント・レビュー」のような、実務家向けの雑誌です。しかし、このような雑誌に論文を書くことは、（少

なくとも欧米の）経営学者は熱心ではありません。なぜなら、これらの雑誌に論文を掲載しても、学術業績として認められないからです。

例えば、米国の上位ビジネススクールにいる経営学者たちは、評価の高い経営学の学術誌（「Ａジャーナル」と呼ばれます）に論文を複数掲載しないと出世できないのですが、ＨＢＲは通常そこに含まれません（ちなみに逆説的ですが、この意味でＨＢＲはみなさんにもぜひ読んでいただきたい雑誌です。そこに掲載されているすべてではありませんが、その中には経営学者が研究した知見を実務へ橋渡しする論文もあるからです）。

そして、ＨＢＲよりもさらに厳選された「基本的なツール」だけがまとめられているのが、ビジネススクールのＭＢＡ（経営学修士）プログラムで使われる経営学の教科書なのです。

ビジネススクールは実務家を対象とする専門職大学院ですから、その目的は普通の大学院のような学術研究者の卵を育てることではなく、ビジネス・プロフェッショナルを育てることです。したがって、そこで読まれる教科書に必ずしも学術的な理論の子細が書いてある必要はありません（少なくとも、教科書の執筆者はそう考えているわけです）。代わりに、実務で使えそうな基本的な分析ツールが紹介されます。

しかしここまで述べたように、経営学者にはそもそもツール化のインセンティブがありません。したがって教科書に掲載できるような新しい分析ツールがなかなか生まれず、その結果、経営学の学術的な研究がどれだけ進んでも、その知見がビジネススクールの教科書には反映されないのです。だからこそ経営戦略論の教科書は、いまだにポーター、ポーター、ポーター（そしてちょっとだけバーニー）といった感じになっているのです（なおこれは、四半世紀近くたっても取って代わられないほどの普遍的なツールを生み出した、ポーターの偉大さも物語っています）。

本書が提供するもの

そして本書の問題意識は、まさにここにあります。

国際標準化が進む経営学で、世界中の学者達が科学的な手法を使いながら日々切磋琢磨して発展させている「ビジネスの最先端の知」「真理法則に近いかもしれないビジネスの法則」が、果たしてみなさんに全く示唆をもたらさないものなのでしょうか。

私は、そうは思いません。もちろん全てではありませんが、その中には、みなさんがビジネスを考える上でのヒントになったり、ご自身の思考を整理できる助けになったりするものもたくさんあるはずです。本書を通じて、いわゆるMBA本を読んでも、ビジネス誌を読んでも、そしてビジネススクールの授業を通じても知り得ない、世界最先端の経営学の知見に触れていただきたいのです。

次章では、「この進化し続ける経営学の知見って、本当にビジネスの役に立つの？」という疑問に対する私なりの見解を紹介しながら、世界の経営学について、さらに深く解説していきましょう。

第2章 「経営学は役に立たない」についての二つの誤解

２０１３年秋に米国から日本へ帰国して以来、私が日本のビジネスパーソンや経営者の方々と交流する機会は飛躍的に増えました。そこでよく聞かれる質問の一つが、「経営学って本当に役に立つんですか？」というものでした。

私自身、当初はこの質問になかなかうまく答えられずにいました。しかし多くのビジネスパーソンとの交流を通じて、この疑問について、少しずつ私なりの答えが見えてきたように思います。それは、「みなさんが抱いている経営学のイメージとその実像の間にギャップがあり、それが経営学を使いづらくしているのではないか」ということなのです。

本稿では、みなさんが経営学に抱いている二つの誤解を解きほぐしながら、「経営学は役に立つのか」についての私論をお話しします。これは本書を読み通す上でも、重要な視点となります。

誤解1：経営学者は「役に立つこと」に興味がある

まず、最も根本的な誤解から述べさせてください。それは「経営学は『役に立つ』ことを目的にした学問である」と思われがちなことです。実は、経営学者の多くはそう考えていません。

みなさんは驚かれるかもしれませんが、これは、米国で10年間経営学を学び、研究してきた私が見た事実です。「役に立つかどうか」は、少なくとも欧米を中心とした海外の経営学者にとっては、最重要の関心事ではありません。これは米国だけでなく欧州でもアジアでも、主要大学にいる経営学者の間では、程度の差こそあれ似たようなものだと思います。

なぜでしょうか。その理由は、第一に前章で述べたように「ハーバード・ビジネス・レビュー」のような実務家を対象とした雑誌への掲載が学術業績にならない、という制度的な背景もあります。しかし、さらにその根底にあるのは、学者にとって経営学を探求する推進力となっているのが「役に立つかどうか」よりも、彼らの「知的好奇心」だからに他なりません。

世界のビジネススクールで教えている教授たちの大半は、経営学者、すなわち研究者です。そして彼らは「経営の真理を知りたい」「組織行動の本質を知りたい」という知的好奇心をドライビングフォース（推進力）にして研究を進めています。

この分野で「優れた研究」と評価されるには、二つの軸があります。第一は厳密性（Rigorous）です。前章で述べたように、国際標準化されつつある経営学では、社会科学としての科学性が重視されています。したがって、厳密な理論展開と実証分析が求められます。

例えば「学習効果を高める組織編成とは」「オーナー経営は業績にプラスか、マイナスか」などというテーマは、みなさんも関心があるのではないでしょうか。経営学者の多くは、企業幹部のような豊富な実務経験はありませんが、科学的にビジネスを分析するトレーニングは徹底して受けています。彼らはその知識を用いてこれらのビジネスの疑問に、理論的な説明をしていきます。そして、そこから「真理かもしれない経営法則」を導き、統計分析などを駆使してその妥当性を検証するのです。

「優れた研究」の第二の評価軸は、論議を呼ぶかもしれません。それは「知的に新しい（Novel）」ことです。

いいか悪いかは別として、研究が「Novel」であることは、この分野で業績を残すためには決定的に重要です。先ほども述べましたように、経営学者は知的好奇心をドライビングフォースにしていますから、その知的好奇心をくすぐるような「いままでになかった視点」を持つ研究が高く評価されるのです。したがって、より斬新な理論を提示したり、これまで誰も注目しなかったビジネスの側面を分析したりした研究ほど「新しい」「面白い」とされ、上位の学術誌に掲載される傾向があります。結果としてトップ学術誌への論文掲載を目指す学者ほど、「自分の論文がいかにNovelか」を強調しがちになります。

厳密である、知的に新しい、役に立つ、のトリレンマ

さて厄介なのは、この「厳密である（Rigorous）」「知的に新しい（Novel）」に加えて、「実務に役に立つ（Practically useful）」も同時に追求できればいいのですが、それがきわめて難しいことです。この三者はいわばトリレンマの関係にある、と私は考えています。

図表2－1をご覧ください。例えば成功したビジネスパーソン・経営者あるいはコンサルタントが書くビジネス啓蒙書には、一見とても斬新（Novel）で役に立ちそうな（Practically useful）教訓・名言が書かれています。しかしこの教訓が本当に理論的にそういえるのか、ある一つの企業から得られた教訓が一般的に他企業にも当てはまるのかは、こういった本では語られません。これは啓蒙書がダメということではなく、こういう本を書く方々が厳密性（Rigorous）まで同時に追求するのは難しいからです。

他方で、先に述べたように経営学者は「Rigorous」と「Novel」を追求しがちです。その結果

図表2－1　「厳密である」「知的に新しい」「役に立つ」のトリレンマ関係

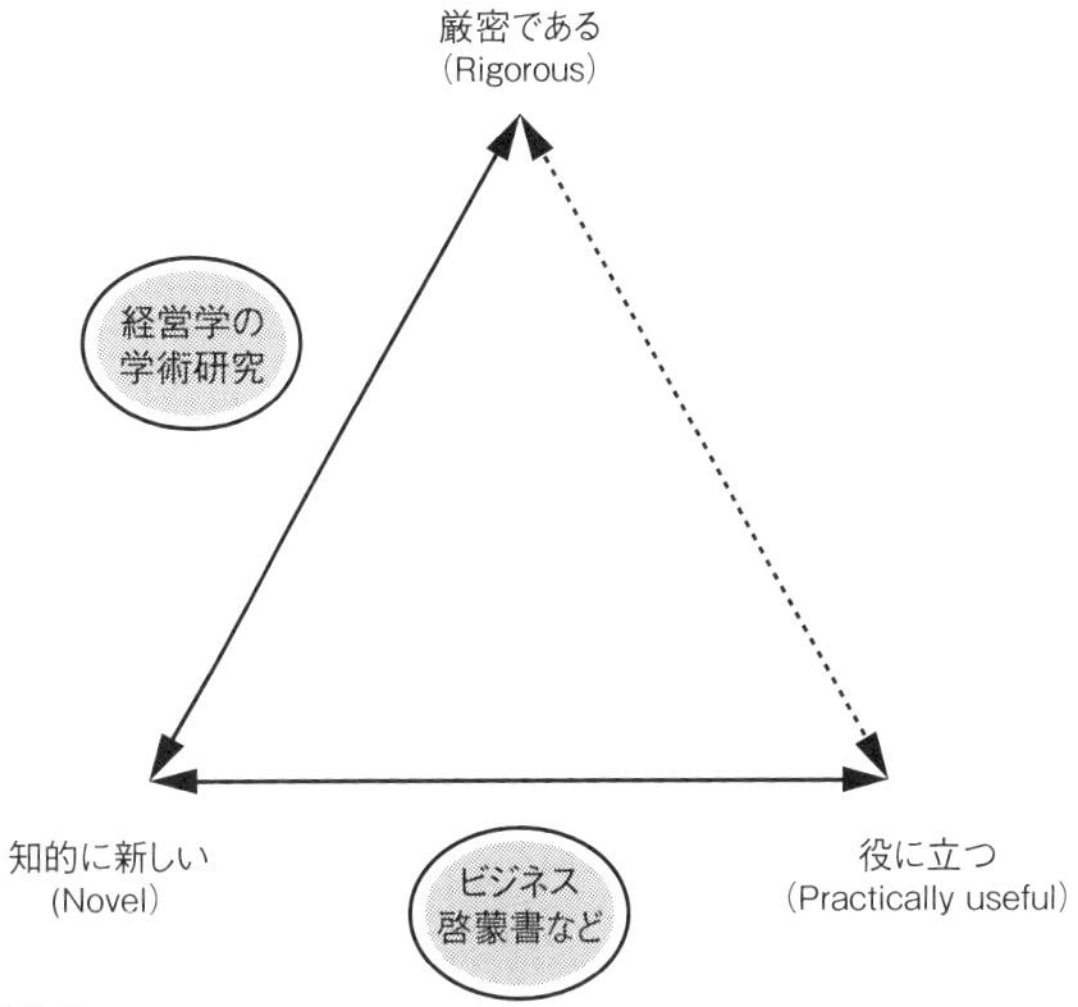

出所：筆者作成

として「Practically useful」のウエートは小さくなってしまいます。

実際、経営学の主要学術誌に掲載される論文で、「Practically useful」が強調されることはほとんどありません。せいぜい論文の最後のほうで「実務への示唆」が1段落で議論される程度です。試しに、経営戦略論のトップ学術誌の一つである「ストラテジック・マネジメント・ジャーナル」に２０１２年に掲載されていた論文全73本を確認しましたが、「実務への示唆」の議論に2段落以上を割いていた論文は、わずか8本にすぎませんでした。

ではどうすれば、このトリレンマを解消できるのでしょうか。そのための第一歩について私は、図表2－1の三角形の点線になっている一辺、すなわち「RigorousとPractically usefulを同時に追求する」部分を充実させることだと考えています。

繰り返しですが、三つの目的を同時に達成するのはそもそも難しいのです。したがって、一つの研究・書籍だけで三つの実現を目指すのではなく、今後は「役に立ちそうな経営法則を地道に、厳密に実証する」ことを積み重ねるべきではないでしょうか。そうすれば三角形が完成し、経営学がビジネスパーソンにもっと身近になるはずです。

既に、世界の経営学ではその兆しが見え始めています。

「役に立つ」に舵を切りだした世界の経営学

前章で述べたように、経営学最大の学会はアカデミー・オブ・マネジメント（ＡＯＭ）といいます。このＡＯＭが最近、新学術誌「Academy of Management Discoveries」の創刊を発表しました。そしてこのＡＭＤが目指していることこそ、まさに「Practically useful」と「Rigorous」を追求する研究なのです。例えばこの新学術誌で求められる研究の要件の一つは、以下のようなものです。

“Timely evidence about phenomena that have or may have implications for public policy or managerial practice"「政策や経営の実践に示唆のあるビジネス事象についての、時流に即したエビデンス」（ＡＯＭのホームページより筆者訳））。

他の要件も「これまで提唱されてきた経営法則を（統計分析などで）再現・検証した研究」や、「学者間で意見が分かれている論争へのエビデンスの提供」「経営法則を実務に応用したエビデンス」など、とにかくビジネスに関する現実の証拠（エビデンス）を重視しているのが特徴です。従来、経営学で重視されてきた「新しい知的な視点（Novel）」は、必ずしも求められていません。

ＡＭＤの創刊は画期的なことだ、と私は評価しています。ＡＯＭを運営するような世界のトップクラスの学者たちが、「経営学をもっと実務に役立てるにはどうしたらいいか」を真剣に考え、その一つの回答がこの新学術誌だと考えられるからです。

今後、図表２－１の最後の一辺「Rigorous」「Practically useful」の間は、着実に埋まっていくであろうと私は予想します。経営学の「Rigorous」「Novel」「Practically useful」の三角形が完成する時代がそこまでやってきているのかもしれません。

さて、ここまで「経営学は役に立つ・立たない」を解き明かす上での第一の誤解について述べてきました。しかしこれよりも、次から述べる第二の誤解のほうが深刻かもしれません。それは、一般に多くの人が、経営学に「答え・正解」を求めているということです。

誤解2：経営学は「答え」を与えてくれる

そもそも「経営学が役に立つ」とは、どういうことでしょうか。「役に立つ」とは、実に漠然とした表現です。私たちは何をもって経営学が「役に立つ」というのか、一定の評価尺度があるわけではありません。

私がこれまでビジネスパーソンと交流してきたなかで興味深かったのは、経営学の知見について「こんなことは当社では既にやっていることだ」と言う方がいる一方で、「今まで考えたこともなかった」と言う方もいたことです。経営学の知見への目新しさは、企業や個人でかなり濃淡があるようです。

そしてそれ以上に興味深かったのは、どちらの意見の中にも「だから経営学は役に立つ」と言う方もいれば、「だから役に立たない」と言う方もいたことなのです。

なぜ、バラバラの感想が出てくるのでしょうか。私は、それは「経営学に『答え・正解』を求める方と、経営学を『思考の軸』と捉える方がいるからではないか」と考えるようになりました。そもそも求めているものが違うために、「役に立つ」と感じる人と、そうでない人が分かれるのではないかというのが私の大きな仮説です。

図表2－2　経営学に何を求めるか、の違い

	経営学に「答え」を求める方	経営学を「思考の軸」として使う方
経営学で主張されることが、もう自社で取り入れられていた場合	❶「既に取り入れていることなので、経営学は役に立たない」と感じる	❷ 自社で取り入れていることの是非を、論理的に確認する
経営学で主張されることが目新しかった場合	❸「抽象的すぎて、すぐに役に立たない」と感じる	❹ その考えを軸に、実務への思考を深める

出所：筆者作成

図表2－2をご覧ください。図左側の象限1、3は、「経営学を学べば、自社の経営課題への答え・正解がすぐ分かるのではないか」と期待される方々です。

「答え・正解」を期待していると、もし経営学の主張と自社の方策が同じなら「それはもう知っているから役に立たない」となります。逆に自社が取り入れていないことだと「抽象的ですぐに実務に応用できない（＝答えにならない）」と感じがちで、だからやはり「役に立たない」となるのではないでしょうか。

他方で、経営学をうまく使っている方々の多くは、答えそのものよりも、経営学の知見を、あくまで「思考の軸・ベンチマーク」として使っている、というのが私の感触です。

例えば、ある大手事業会社の経営者とお会いしたとき、私はその方から「入山さんが紹介する経営学の知見は、当社で取り入れていることばかりだ。しかし、我々が試行錯誤して出した結論と同じことが経営学でも主張されていると分かったのは、大きな収穫だった」と言われたことがあります。

この方は、図表2－2でいえば右上の象限2に当てはまるでしょう。ご自身のビジネスで考えに考え、思考を積み重ねて得た結論が本当に正しいのか、なぜそういえるのかを常に考えており、その一つのヒントとして経営学を使われたのです。

経営学は「思考の軸」にすぎない

経営学は、それぞれの企業の戦略・方針に「それは正解です」「間違っています」と安直に答えを出せる学問ではありません。企業は一社ごとに、直面する事業環境も社内事情も異なるからです。そもそも、経営ほど複雑で難しいことに、「正解」などないのかもしれません。あるいはあったとしても、それを見つけるのはきわめて難しいからこそ、みなさんは日々悩まれているはずです。

では経営学は何を提供できるかというと、それは（1）理論研究から導かれた「真理に近いかもしれない経営法則」と、（2）実証分析などを通じて、その法則が一般に多くの企業・組織・人に当てはまりやすい法則かどうかの検証結果、の二つだけです。

そして、この二つを自身の思考の軸・ベンチマークとして使うことが、経営学の「使い方」だと私は考えています。

例えば、部署間の垣根を取り払って社員が交流を直接深める「オープンな組織づくり」を目指す会社が増えています。最近なら、ホンダは米国の本社機能をオハイオ州の拠点に集約させていますが、そこには「オープンな米国本社」をつくる狙いがあるのかもしれません。ゼネラル・エレクトリック（GE）出身の藤森義明社長が就任して以来躍進しているLIXILグループは、まさにオープンな組織づくりを標榜しています。そもそもオープンな組織とは、そのGEの中興の祖である「経営の神様」、ジャック・ウェルチが進めていたことでもあります。

このように「オープンな組織」が企業にとってプラスであることが、何となく肌感覚で分かっている方も多いはずです。しかし「では、それはなぜなのか」と考えると、論理的な説明は必ずしも簡単ではありません。

他方で経営学には、研究者が仮説検証を繰り返した結果、この点に説明を与える学術的知見が確立されつつあります。例えばトランザクティブ・メモリーという概念があります。本書の第9章で詳しく紹介しますが、トランザクティブ・メモリーとは、組織の記憶力を高めるのに重要な考え方で、多くの実証研究で組織のパフォーマンスにプラスであることが分かっています。
では、どのような組織がトランザクティブ・メモリーを高められるかというと、それは直接交流によってメンバーが顔を突き合わせる組織である、という研究結果も出てきています。すなわち「オープンで社員の直接交流が活発な組織は、組織の記憶力を高められる」ことが、学術的に予見できるのです。

このように経営学は、みなさんが持たれているオープンな組織への肌感覚に、「それはトランザクティブ・メモリーを通じて組織の記憶力を高められるから重要なのだ」という理論的な背景を与えてくれます。これは、いま組織で取り入れていることへの説得性を高める効果もあります し（図2−2の象限2）、「もっと組織をオープンにすべきか」「別組織に応用するにはどうすればよいか」といった、経営上のさらなる疑問を考える出発点になってくれるかもしれません（図2−2の象限4）。

思考の羅針盤を持って、考えてみよう

このように、経営学はあくまで「思考の軸」として使われるべきだと私は思っています。ある

いは、羅針盤といってもいいでしょう。

航海に出るとき、羅針盤は方角を示すだけで、「どうすれば一番早く安全に目的地に着けるか」は決して教えてくれません。航海ごとに、風向きも、風の強さも、潮の動きも、天候も違うからです。会社ごとに事業環境が異なるのと同じです。

では航海に羅針盤は不要かというと、もちろんその逆です。羅針盤があるからこそ、それが航海ルートを決めるための軸となり、その上で風を読み、潮の動きを読み、天候を読むことで、経営に最善と思われる方向を見つけ出すことを手助けしてくれるのです。

羅針盤があっても航海にリスクは伴うように、経営学があるからビジネスがすぐうまくいくわけではありません。しかし、ビジネス思考に軸があれば、みなさんの考えに一本筋が通り、より深く考察が進むに違いありません。みなさんには、ビジネスを考えて、考えて、考え抜くための軸・羅針盤として、経営学を使っていただければと思います。

その軸・羅針盤になり得る世界最先端の経営学の知見を、いよいよ次章から紹介していきましょう。

経営学ミニ解説 1

メタ・アナリシス

本書でこれから何度も登場する分析手法の一つが、「メタ・アナリシス」です。これは経営学に限らず、現在の社会科学研究でよく使われる分析手法です。

メタ・アナリシスとは、「過去の統計分析の結果を、さらに統計的に総括する手法」とご理解いただければいいと思います。第1章で述べたように、現代の経営学は、データを用いた統計分析が重視されています。経営学者は、何百、何千、何万といった企業・組織・個人のデータを集め、ある経営法則が一般に広く当てはまるかどうかを検証します。

とはいうものの、同じ法則でも、その実証分析の結果が論文ごとに同じとは必ずしも限りません。実証分析は、データの対象期間や対象産業・対象国が違ったり、論文ごとに細かい分析手法も異なったりします。そういった差異が、結果に影響を与えるのです。

統計分析をさらに統計的に総括

例えば仮に、「企業が他企業を買収した場合、一般に買収した側の企業の業績は低下する」という法則を実証分析した論文が100本あったとします。そのうちの、60本はその法則を支持し、残りの40本は支持しなかったとき、私たちは結局「この法則は支持されている」と見なせばいいかは、微妙なところでしょう。このような問題を解消するのが、メタ・アナリシスです。

先の例なら、各論文で検出された主要な統計量（回帰分析の係数、相関係数、決定係数など）を100本の論文から取り出します。そして、その100の結果全体で、本当に「100本全ての論文の総括として、M&Aは業績にマイナスなのか」を検証するのです。結果として、統計的に有意な結果が出れば、「過去の経営学の研究をまとめあげた結果としては、『M&A（合併・買収）は買収企業の業績にマイナス』という法則が支持される」、といえるのです。

ちなみに、この例に挙げた法則は、実際に経営学で検証されているものです。

例えば、米インディアナ大学のジェフリー・コーヴィンらが2004年に「ストラテジック・マネジメント・ジャーナル」に発表した研究では、過去のM&Aに関する93本の論文を集計したメタ・アナリシスから、実際に買収企業は業績が下がることを明らかにしました。やはり、M&Aとは一般的に失敗する確率のほうが高いといえそうです。

「はじめに」で述べたように、「経営学の知見」の基準にできるだけ客観性を持たせるため、本書ではメタ・アナリシスの研究成果を複数紹介していきます。

《参考文献》

King, D. et al. 2004. Meta-Analyses of Post-Acquisition Performance: Indications of Unidentified Moderators. *Strategic Management Journal*, vol.25: 187-200.

Part 2

競争戦略の誤解

第3章 あなたの会社の戦略がうまくいかない、最も根本的な理由

2013年に日本に帰国して以来、私は日本の様々な業種の方々と交流する機会が増えました。そして、その中で、あらためて分かったことがあります。それは、多くのビジネスパーソンが自社の戦略に悩んでおり、それを考えるヒントを得るために「経営戦略」の考え方・フレームワークを勉強されているということです。

マイケル・ポーターの『競争の戦略』のような経営書を読んで勉強される方は多いですし、専門のコンサルタント・大学教授のセミナーに参加される方もいます。「戦略が優れている」といわれる他業界の企業を分析し、自社に取り込もうとする方もいます。「戦略」に対するビジネスパーソンの関心は、ますます高まっているようです。

しかし同時に私が驚いたのは、戦略がうまくいかないそもそもの「根本的な理由」について、

ビジネスパーソンの間で経営学の知識共有が進んでいないことです。その「根本的な理由」とは、「企業の『戦略』にはそれぞれ通用する範囲がある」ということです。

「範囲・限界」があるのですから、ビジネス本で提示されている戦略をうのみにしたり、他業種の優良企業が取り入れている戦略をそのまま自社に応用したりしても、うまくいかないのは当然なのです。一見当たり前のようなこのポイントですが、いくらビジネス書を眺めてみても、この点を明快に説明しているものはありません。

本章では、日本企業を考える上で有用な「戦略の通用する範囲」について、世界の経営学による知見を紹介していきましょう。

代表的な二つの競争戦略

本題に入る前に、「経営戦略」についておさらいします。経営学は、企業の戦略を「競争戦略（事業戦略）」と「企業戦略」に大別します。前者は「特定の業界・市場で、企業がどのような戦い方をしていくか」を考えるもので、後者は「複数の業界にまたがってビジネスする企業が、全体としてどのように戦略を進めるか」を考える分野です（広義の多角化戦略といえます）。今回は、前者の競争戦略に焦点を絞りましょう。

競争戦略で特に代表的で、欧米MBAの授業で誰もが学ぶのは、いわゆる「ポーターの競争戦略」と「リソース・ベースト・ビュー」（RBV）です。それは以下のようなものです。

●ポーターの競争戦略（SCP戦略）

SCP戦略（注1）とも呼ばれるこの戦略は、米ハーバード大学のマイケル・ポーターが中心となって発展させたもので、1980年代以降の競争戦略の代名詞になっています。代表的なフレームワークが、「ポジショニング戦略」です。

ポジショニングとは「業界内のライバルと比べて、自社がどのような製品・サービスを顧客に提供していくか」を考えるものです。この「ポジション」は2種類に分かれます。一つは、同業他社と差別化した製品・サービスを提供して顧客に追加価値を提供する「差別化戦略」であり、もう一つはコスト削減に注力して、例えば同業他社よりも低い価格をつけて市場シェアをとる「コストリーダーシップ戦略」です。

一般に両戦略を同時に実現することは難しいと言われており、企業・経営者にはそのどちらかを重視するか、メリハリのあるポジショニングが求められます。

●リソース・ベースト・ビュー（RBV）

（注1） SCP = structure-conduct-performance の意。

ＳＣＰ戦略と対比するように使われるのがＲＢＶです。米ユタ大学のジェイ・バーニーを中心に90年代に打ち立てられた考えで、「企業の競争優位に重要なのは、製品・サービスのポジションではなく、企業の持つ経営資源（リソース）にある」とする考え方です。

経営資源の代表例は、なんといっても人材や技術でしょう。優れた人材、他社がまねできない技術、といった自社の「強み」を磨くことで企業は安定して高いパフォーマンスを実現する、という考え方です。

ＳＣＰとＲＢＶは、ＭＢＡの授業で学ぶ二大戦略フレームワークであり、他方で両者は主張が対照的なことから、よく比較されてきました。日本でも十数年前に、どちらがより有用なのかを議論する「ポーターvs.バーニー論争」が専門家の間で展開されていたようです。

さて、ここからが本題です。ポイントは、ＳＣＰvs.ＲＢＶなどと言う前に、そもそも両戦略はそれぞれ適用範囲が限定的ということなのです。有効な範囲が違うのですから、実は両者を比較することに意味すらないのかもしれません。そして、この点を考える上で有用なのが、「競争の型」とでも呼ぶべき視点です。

●三つの競争の型

競争の型は、先のＲＢＶを発展させたバーニーが、１９８６年に「アカデミー・オブ・マネジメント・レビュー」（以下AMR）で提示した考えです。[注2]バーニーは、競争戦略を考える上では「三つの競争の型」の理解が重要であり、型ごとに適用できる経営理論が違うことを説明します。それは以下の三つです。

①IO（Industrial Organization、産業組織）型：

業界構造が比較的安定した状態で、その構造要因が企業の収益性に大きく影響する業界です。例えば「参入障壁が高くて、新規企業が参入しにくい」「大手2〜4社が市場シェアの大部分を占める寡占状態」「各社が緩やかに差別化しながら、ガチンコ競争を避けている」といった状況です。

IO型競争の代表は、米シリアル業界やコーラ飲料業界でしょう。シリアル業界はケロッグ、ゼネラル・ミルズなど上位4社が寡占状況を何十年も保っていますし、コーラ業界がコカ・コーラとペプシコの2社寡占なのはいうまでもありません。他にも化学分野や、鉄鉱石などの国際的な資源分野にも、IO型の業界が多くあります。日本でIO型に近いのは、例えばビール業界でしょうか。

そして、IO型競争をしている業界で有効な戦略は、ポーターのSCP戦略です。なぜなら、SCP戦略はそもそも「競争環境が寡占化に進むほうが、企業は安定して高い収益を上げられ

（注2）Barney, J. 1986. Types of Competition and the Theory of Strategy: Toward an Integrative Framework. *Academy of Management Review*, vol.11: 791-800.

る」という前提に立った考えだからです。「（寡占状態を維持するために）新規参入をどうやって阻むか」「自社はライバル社とどのように異なるポジションをとって、ガチンコ競争を避けるべきか」などを考えるのです。

②チェンバレン型：

ＩＯ型よりも参入障壁が低く、複数の企業がある程度差別化しながら、それなりに激しく競争する型です。この型では「差別化しながら競争すること」が前提になっているので、その「差別化する力」を磨いていくことこそ、各社が重視すべき戦略になります。結果、各社は少しでも優れた（差別化された）製品・サービスを提供するために、自社の技術力やサービス力に磨きをかけます。従ってこの型の業界では、技術・人材などの経営資源に注目するＲＢＶに基づく戦略が有用なのです。

「これまで日本から国際競争力のある企業を生み出してきた業界の多くは、チェンバレン型だった」というのが、私の認識です。例えば、自動車産業はいまだに国内主要乗用車メーカーだけでも8社あって、各社が高品質・信頼性・低燃費などを軸にした差別化をしながら、激しく競争しています。そして各社とも高品質・差別化のために優れた人材を育成し、技術力を積み上げることを重視しています。

③シュンペーター型：

この型の最大の特徴は、「競争環境の不確実性の高さ」にあります。例えば、「技術進歩のスピードが極端に速い」「新しい市場で顧客ニーズがとても変化しやすい」といった競争環境です。もちろんＩＯ型でもチェンバレン型でもビジネスに不確実性はつきものですが、それが際立って顕著な環境といえます。

現在なら、ネットビジネスを中心としたＩＴ（情報技術）業界は典型的なシュンペーター型といえるでしょう。ネット技術は日進月歩で、顧客ニーズもすぐに変わります。国内ＳＮＳ（交流サイト）サービスも数年前まではグリーやミクシィが人気でしたが、いまは無料対話アプリのＬＩＮＥや短文投稿サイトのツイッターが主流です。とはいえ、この２社だって５年後に安泰かどうかは読み切れない、そんな業界なのです。

バーニーが１９８６年のＡＭＲ論文で提示したこの「競争の型」を、いまこそ日本に当てはめることが重要だ、と私は考えています。なぜなら（これは私の仮説ですが）、「競争の型」と「そこで求められる各社の戦略」の関係がビジネスパーソン・経営者に理解されていないが故に、日本企業が取る戦略がちぐはぐになっているのではないか、と考えているからです。

図表3－1　競争戦略と「競争の型」の関係

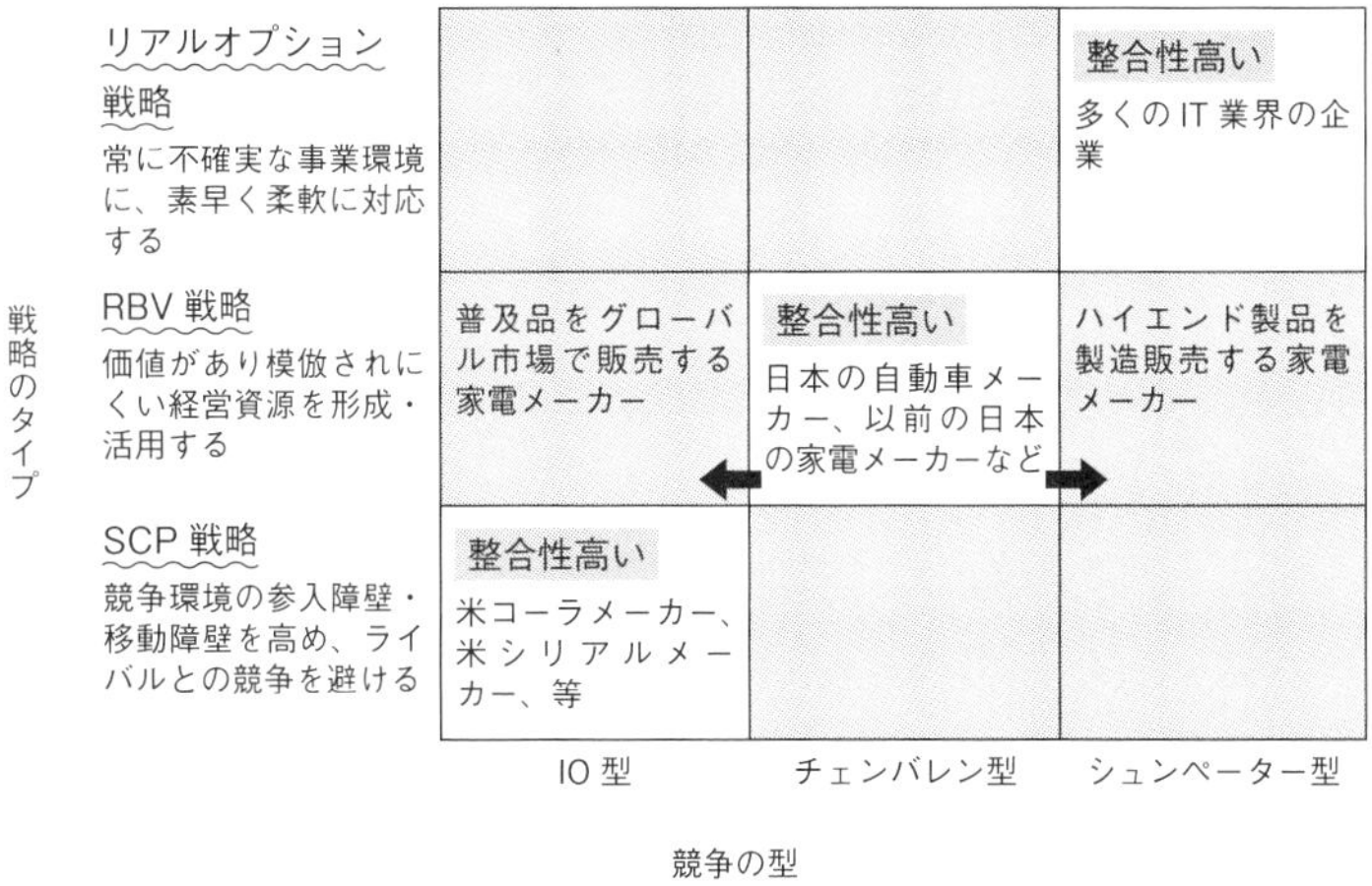

	IO型	チェンバレン型	シュンペーター型
リアルオプション戦略 常に不確実な事業環境に、素早く柔軟に対応する			整合性高い 多くのIT業界の企業
RBV戦略 価値があり模倣されにくい経営資源を形成・活用する	普及品をグローバル市場で販売する家電メーカー	整合性高い 日本の自動車メーカー、以前の日本の家電メーカーなど	ハイエンド製品を製造販売する家電メーカー
SCP戦略 競争環境の参入障壁・移動障壁を高め、ライバルとの競争を避ける	整合性高い 米コーラメーカー、米シリアルメーカー、等		

注：網掛けの部分は、競争の型と重視すべき戦略がマッチしていない（整合性が低い）。
出所：筆者作成

チェンバレン型の崩壊に対応できない日本企業

先にも述べたように、これまで成功してきた日本企業の業界の多くは、チェンバレン型にありました。例えば家電業界です。日本国内の家電業界は顧客の要求水準が高く、（寡占というには数の多い）ライバル同士が、高い技術水準と高機能の製品で競い合ってきました。結果として、優れたエンジニアの育成に注力するRBV戦略が有効だったのです。図表3－1でいえば、ちょうど真ん中の位置で示されるように、チェンバレン型の競争環境と、日本企業の「技術力・人材力重視」の戦略がマッチしていたわけです。

しかし近年、日本の家電メーカーにとっての有望市場は海外にシフトしています。そして海外各国の家電市場を見渡すと、その多くの競争はチェンバレン型ではありません。

例えば中国・インド・東南アジアなどの新興国市場では、消費者のボリュームゾーン拡大と地場企業の台頭により、高機能製品の競争ではなく、「普及品をボリュームゾーンに売る」「高い販売シェアで小売りに強い交渉力を持ち店舗の棚を確保する」「消費者のブランド認知を高める」といったことが重要になっています。すなわち、競争がＩＯ型に近いのです。

ＩＯ型競争で有効なのはＲＢＶ的な戦略ではなく、ポーター的なＳＣＰ戦略です。すなわち、それぞれの国・市場で「コストリーダー」か「差別化」なのか、はっきりしたポジションを取ることです。

もしコストリーダーを取るなら、例えば「規模の経済を追求して、性能が限定的な普及品を低価格で大量に売る」という戦略を明確に打ち出す必要があります。逆に差別化を選ぶなら、ブランドによる徹底した訴求が重要になります。従って、日本で使ってきた以上に広告・各種販促活動に予算を回す必要も出てきます。

しかし、そもそも国内でチェンバレン型競争をしてきた日本企業は、このＳＣＰ戦略の主張する「割り切ったポジショニング」が得意ではありません。かつての日本企業には「（ポーター的な）戦略など必要ない」と公言する方もいらっしゃいました。日本企業が国内でチェンバレン型競争をしてきたことを考えれば当然の感覚なのでしょうが、しかしＩＯ型の競争になるとそのままではうまくいかないのです。図表３－１でいえば、本当は左下の部分に行くべきなのに、中央から真左の部分に移ってしまい、結果として、競争の型と戦略がマッチしていないのです。

シュンペーター型では戦略を立てる意味がない

他方で家電業界の中には、スマートフォン（スマホ）やウエアラブル端末など、ハイエンドな製品を主軸にしようとする企業もあります。このハイエンド製品では技術革新のスピードは以前よりさらに速くなっており、しかも競合企業は米グーグルだったり、米シリコンバレーや中国の新興ＩＴ企業であったりすることすらあります。すなわち、シュンペーター型の競争をしているのです。

そして、この不確実性の高いシュンペーター型競争では、ポーターのＳＣＰ戦略やＲＢＶに基づいた戦略は通用しなくなります。なぜなら、この手の戦略は「競争環境が当面変わらない」「顧客ニーズに対応するための自社の強み（リソース）は、当面変わらない」といった前提で立てられるからです。すなわち、不確実性がある程度低いときにだけ有効な戦略なのです。不確実性が低いから「それなりに将来が見通せる」ので、戦略・事業計画が立てられるのです。

しかしシュンペーター型競争では、そういった前提が通用しません。例えば、仮にライバルと差別化したユニークな製品を提示しても、急速な技術変化でそのユニークさの価値がすぐになくなるからです。顧客ニーズも目まぐるしく変わりますから、それによって求められる企業の経営資源も変化します。

このシュンペーター型の競争で必要なのは、ＳＣＰやＲＢＶと異なる戦略です。経営理論でいえば、例えばリアル・オプションを基礎においた考えは有用かもしれません。

リアル・オプション的な思考の有用性

リアル・オプションについては68ページからのミニ解説で詳しく紹介しますが、これは事業環境の不確実性が高いことを前提にした考えです。その含意を平たくいえば、「不確実性の高いときには、とにかくまずは少額でもいいから投資をしたり、小ロットでいいから製品・サービスを市場に出したりしてみよう」という感じでしょうか。

不確実性が高いのですから、そもそもどのような製品・サービスが当たるのか、どのような技術が有用になるか、誰にとっても判断するのが難しい状態です。ですから、小規模・小ロットでいいから、まずは素早く投資をしたり製品・サービスをローンチしたりして、反応を見ることが重要なのです。

もちろん不確実性が高いのですから、こういった行動の多くはうまくいきません。しかし、少額投資であればダメージは大きくありません。製品・サービスも、小ロットならすぐに販売中止ができるので、痛みは小さくて済みます。

他方で、不確実性が高いということは「上ぶれのチャンス」も大きいということですから、当たったときのリターンは非常に大きくなります。2011年に米国の起業家エリック・リース氏が上梓した『リーン・スタートアップ』（翻訳書は日経BP社）という本が日本でも話題になりましたが、これはまさにリアル・オプションに近い発想です。シュンペーター型競争の聖地ともいえるシリコンバレーで起業して成功すれば、その発想がリアル・オプションに近づくのは当然かもしれません。

競争の型を狭めるパナソニック、広げたまま進むソニー

このようにシュンペーター型競争で求められる戦略は、SCPともRBVとも異なります。そして、それを「じっくりと経営資源を育てあげる」チェンバレン型で戦ってきた日本企業が採用するのは、非常に難しいのです。

ちなみに、この意味で近年のパナソニックの事業転換は興味深いといえます。同社は、2012年に津賀一宏社長が就任以来、それまで主力だった家電分野を大胆にリストラし、旧松下電工の事業ドメインを中心とした住宅・自動車関連への大胆なシフトを進めています。逆にいえば、これはシュンペーター型競争への深入りを避け、チェンバレン型（一部はIO型）に軸足を戻していると解釈できます。

対照的なのはソニーです。同社はパソコン事業を切り離したものの、依然シュンペーター型に近いスマホやゲームを主要事業に位置づけています（2015年10月現在）。そこに（国内ではチェンバレン型、海外ではIO型の）テレビなどの家電事業があって、さらに（恐らくチェンバレン型に近い）保険などの金融事業も手がけているのです。

私はどちらかといえば「ソニーの近年の改革の方向性は必ずしも悪くない」と考えている一人ですが、他方でこのように異なる競争の型を持つ業種を内包しながら全体をマネージしなければならないところに、今後の同社が直面する経営のチャレンジがあるといえるでしょう。

競争の型が違えば、求められる戦略は異なるのです。それを理解せずに戦略を適用している限り、いつまでも「戦略がうまくいかない」のは当然なのです。ぜひみなさんもご自身の業界の「競争の型」を客観的に眺めてみることをお勧めします。

第4章

成功しやすいビジネスモデルの条件とは何か

最近は「ビジネスモデル」という言葉が定着した印象があります。書店に行けば「ビジネスモデル」とタイトルについた書籍が並び、ネットメディアでもビジネスモデルの話題には事欠きません。

これは起業を志す方が増えていることと、連動しているのかもしれません。新しい事業を始める上で、ビジネスモデルの検討は欠かせません。また、現状では先行きが厳しい既存企業が新事業を求めていることも、背景の一つなのでしょう。

しかし、では「優れたビジネスモデルの本質は何か？」という問いに、一体どのくらいの方が答えられるでしょうか。もちろん「それは企業によって異なる」ということかもしれませんが、「～によって異なる」のであれば、結局何の基準を頼って我々は新しいビジネスモデルを描いたらいいのか、分かりません。

参考のため、私も書店で平積みになっている「ビジネスモデル本」を数冊買って眺めてみました。どの本も面白くて私にはとても勉強になったのですが、やはりその多くは成功企業のビジネスモデル例を集めるのが中心で、「結局のところ優れたビジネスモデルの本質は何か」という問いまでは、なかなか答えてくれないようです。

では、世界最先端の経営学では、ビジネスモデルをどのように捉え、どのような知見が得られているのでしょうか。いまビジネスモデル研究を主要学術誌に最も多く発表しているのは、米ペンシルベニア大学のラファエル・アミットとスペインIESEのクリストフ・ゾットです。本章は、この二人の一連の研究を中心に、「優れたビジネスモデルの条件」を考えていきましょう。

学術的定義のない用語「ビジネスモデル」

そもそも「ビジネスモデル」とは何なのでしょう。多くのみなさんが、この言葉を、ご自身なりの何となくの解釈で使っているのではないでしょうか。実際、先のビジネスモデル本でも、その定義はバラバラでした。

実は、これは経営学も同じです。経営学者の間で「ビジネスモデル」について完全に決まった定義はいまだにありません。とはいえ、このままでは話が進みませんので、アミットとゾットが２００１年に「ストラテジック・マネジメント・ジャーナル」（ＳＭＪ）誌に発表した論文の定義を紹介しましょう。(注1)

"The business model depicts the design of transaction content, structure, and governance so as to create value through the exploitation of business opportunities" (Amit & Zott, 2001: 511).

「ビジネスモデルとは、事業機会を生かすことを通じて、価値を創造するためにデザインされた諸処の取引群についての内容・構造・ガバナンスの総体である」（筆者意訳）。

この文の要素は五つです。まず（１）価値の創造です。当然ながらビジネスモデルは価値を生み出さねばなりません。そしてそのために（２）社内外でどのような相手にどのような取引をするかを選び、（３）それらを構造的に結びつけ、（４）その取引の担当主体（ガバナンス）を決めることになります。さらに、（５）それら取引群の全体をまとめたデザインが、「ビジネスモデル」ということになります。

(注1) Amit, R. & Zott, C. 2001. Value Creation in E-Business. *Strategic Management Journal*, vol.22: 493-520.

優れたビジネスモデルの4条件

さて、このアミット＝ゾットの２００１年論文は、米アマゾン、イーベイ、MapQuest、Priceline、欧州のAmadeusなど59のネット系企業を分析した結果、「価値を創造するビジネスモデル・デザイン」の条件を帰納的に導出しています。それは以下の四つです。

（1）効率性（Efficiency）

従来よりも取引上のコストを抑えられるビジネスモデル・デザインのことです。例えば、多くのB-to-C、C-to-Cのネット・ビジネスはこれを実現しています。通常、人と人の対面取引は、相手の素性や情報が分からないことも多く、取引に余分な交渉・契約のコストがかかります。しかし、例えばアマゾンや自動車取引のAutobytelなどは、ウェブ上でユーザーに商品・取引相手の詳細な情報・評価を提供することで、そのような取引コストを抑えているわけです。日本なら、オンライン・フリーマーケットのサービスを提供するメルカリなどが、現在の代表例でしょうか。

（2）補完性（Complementarity）

複数の取引主体を結びつけることで、単体では得られなかった効果を得ること、いわゆる「シナジー効果」です。例えば現在、大手製薬メーカーとバイオ企業の間の業務提携が盛んですが、これは「バイオ企業が開発した製品パイプラインを大手製薬会社の販路で販売する」というビジネスモデルを描こうとしているのが背景の一つです。

（3）囲い込み（Lock-in）

顧客を同業競合他社の製品・サービスに流出しにくくすることです。典型例が、いわゆる「ネットワーク効果」を活用したビジネスモデルです。例えば、なぜ多くの人々が好き嫌いにかかわらずマイクロソフト社のOS・ソフトウエアを使っているかというと、「皆がマイクロソフトの製品を使っているから、その互換性を考えると使わざるを得ない」という側面があるからです。

（4）新奇性（Novelty）

いわゆる「イノベーティブなビジネスモデル・デザイン」のことです。これは技術的なイノベーションとは異なり、取引主体との関係性や構造に変革を起こすことです。中でも代表的なのは、「それまで結びついていなかった取引主体同士をつないだり、あるいはその関係性を変えたりする」ことです。

例えば、近年流行している、クラウドファンディング系のビジネスモデルは、従来だったら投資できないような小さなプロジェクトに、従来だったら投資しないような個人が投資するという意味で、新しい主体と主体をつないでいます。個人と個人（C-to-C）の間を初めてオークション取引でつないだのはイーベイです。また米Priceline.comは、宿泊したいホテルの条件を顧客が先に指定しそこにホテル側が提案するという意味で、取引の構造を逆転させたといえます。

企業価値を押し上げるビジネスモデルの条件

現実には、これら4条件すべてを満たすビジネスモデルを描くのは難しいでしょう。そうであれば関心が出てくるのは、特にどの条件が重要かということです。そして、アミット＝ゾットは、この問いに答える実証研究もしているのです。

彼らが2007年に「オーガニゼーション・サイエンス」誌に発表した論文では、欧米のネット系の新興上場企業190社を対象に4条件を統計分析しています。(注2) もちろん4条件の定量化は難しいわけですが、彼らは効率性については13項目、補完性は9項目、囲い込みは15項目、新

(注2)　Zott, C. & Amit, R. 2007. Business Model Design and the Performance of Entrepreneurial Firms. *Organization Science*, vol.18: 181-199.

奇性は13項目の評価軸を基に各社のビジネスモデルを評価し、指数化しています。

もちろん、この指数の正当性も統計手法で確認しています（Construct validity checkといいます）。そして、各企業のビジネスモデル・デザインの4条件と企業価値の関係を統計分析したところ、以下のような結果が得られました。

結果1　「効率性」の高いビジネスモデルを持つ企業は、企業価値が高いこともあるが、そうでないこともある。

結果2　「補完性」と「囲い込み」は、企業価値と統計的に有意な関係を持たない。

結果3　「新奇性」が高いビジネスモデルの企業は、一貫して高い企業価値を実現する。

結果4　しかし「新奇性」と「効率性」の両方が高いと、むしろ企業価値が低下する。

シンプルなビジネスモデル・イノベーションが必要

これらの結果が普遍性を持つのであれば、「優れたビジネスモデルの本質」についていくつかの重要な示唆が得られます。

第一に、新興企業のビジネスモデルにおいて決定的なのは、そのデザインが「新奇性」が高いこと、すなわちイノベーティブであるということです（結果3）。すなわち「いままでつながっていなかった人と人をつなぐ」「いままでつながっていなかった企業と人をつなぐ」あるいは「そのつなぎ方を新しくする」といったデザインです。逆に、この点で従来の企業と大差ないビジネスモデルを組んでいる限り、企業価値は高まらないことになります。

第二に、それ以上に興味深いのが、結果1と4です。結果1が示すように「効率性」を追求するビジネスモデルも企業価値を高める可能性があるわけですが、しかしイノベーティブなビジネスモデルの企業が「効率性」も同時に追求すると、それは逆効果となり得るのです（結果4）。「新奇性と効率性の二兎は追わず、メリハリをつけたほうがよい」ということでしょう。

第三に、「囲い込み」と「補完性」が企業価値と関係ないのも、興味深い結果です。なぜなら、これら二つは「優れたビジネスモデルの代表条件」としてＭＢＡ（経営学修士）の授業でもよく紹介されるからです。もしかしたらこの2条件は、一定の地位を確立した成熟企業にだけ有用なのかもしれません。

あるいは、この「囲い込み」「補完性」の2条件を満たすビジネスモデルは複雑で柔軟性を欠くので、上場したての若い企業には必要ないとも解釈できます。新しい事業に求められるのは「イノベーティブでかつ、シンプルなビジネスモデル」といったところでしょうか。

ビジネスモデルは、戦略ではない

さらにアミット＝ゾットは翌2008年にも、SMJに別の角度からの論文を発表しています。(注3) それは「ビジネスモデルと競争戦略の相互作用について」です。

みなさんのなかには、そもそも「戦略とビジネスモデルは同じようなもの」と考えている方もいらっしゃるかもしれません。冒頭に述べたようにビジネスモデルの定義が曖昧なわけですから、それも当然です。

しかし、ビジネスモデルをアミット＝ゾットに準じて定義するなら、ビジネスモデルと戦略は全く異なる概念です。前者は「社内外のビジネス取引全体のデザイン」のことであり、後者（なかでも競争戦略）は「業界内で企業がどのようなポジショニングを取るかなどの行動パターン」

（注3）Zott, C. & Amit, R. 2008. The Fit between Product Market Strategy and Business Model: Implications for Firm Performance. *Strategic Management Journal*, vol.29: 1-26.

のことです。したがって、「企業が何かの戦略をとっても、それがビジネスモデルとフィットしていなければ結局うまくいかない」可能性があります。

この点を検証するため、アミット＝ゾットは1996年から2000年までの欧米のネット系企業170社を実証分析しました。彼らはまず各社のビジネスモデルを、2007年の論文で効果のあった「新奇性」と「効率性」に絞って指数化しました。

他方で競争戦略は、ポーターの戦略論で有名な「コスト優位戦略」と「製品差別化戦略」について指数化しました。前者は「コストを下げて低価格製品・サービスを提供する」戦略で、後者は「同業他社よりもユニークな製品・サービスを提供して、プレミアム価値を取る」戦略です（この点は、第3章でも触れています）。

そして統計分析を通じて、以下のような結果が得られたのです。

結果1　2007年の論文同様、ビジネスモデルの「新奇性」が高い企業は、やはり企業価値が高い。

結果2　競争戦略のほうでは、差別化戦略が一貫して企業価値を高める。しかもその効果は、企業のビジネスモデルの「新奇性」が高い時にさらに強まる。すなわち、「差別化戦略をとって新奇性の高いビジネスモデルを持つ企業」が最も企業価値が高い。

結果3　コスト優位戦略そのものは、企業価値と統計的に有意な関係を持たない。

結果4　しかし、その企業のビジネスモデルの「新奇性」が高いときに限り、コスト優位戦略も企業価値を押し上げる可能性がある。

価格の勝負ほど、ビジネスモデルが重要

これらの結果は、大変示唆に富むと私は考えます。なぜなら競争戦略の通説と合致するからです。競争戦略論では通常、「コスト優位戦略よりも、差別化戦略のほうがよい」とされます。実際、結果2が示すように、差別化戦略はそれだけでも企業価値とプラスの関係を持っています。

それに比べると、コスト優位戦略は他社と価格で勝負することですから、どうしても最後はコスト削減による体力勝負となり、企業が疲弊していきます。したがってコスト優位戦略だけでは決して企業にプラスとは限りません。結果3がまさにそれを表しています。

しかし、もしその企業が同時に「新奇なビジネスモデル・デザイン」も持っていれば、やはり

企業価値は高まり得るのです（結果4）。

この結果から筆者がすぐ思いつく例が、米大手小売業のウォルマート・ストアーズです。同社はコスト優位戦略をとる典型的な企業ですが、同時に小売業界では画期的なビジネスモデルを構築してきたといえます。黎明期のウォルマートは、後に2代目CEO（最高経営責任者）となるデビッド・グラスが積極的なIT（情報技術）投資に踏み込み、それをロジスティックやマーケティング機能と関連付けるなど、まさに小売業界の取引の仕組みを革新するビジネスモデルを作ってきました。つまりイノベーティブなビジネスモデルが、同社のコスト優位戦略を支えてきたからこそ、コスト競争による体力勝負で厳しいはずなのに、これだけ成功できているのです。

みなさんの中には、まさにいま、新しい事業プランで価格勝負をしかけようとしている方もいるかもしれません。アミット＝ゾットの結果が正しいなら、そういう事業プランにこそ、「新規性」の高いビジネスモデルの裏付けがないと、長期にわたって勝つのは難しいといえるのです。

「ビジネスモデルの本質」研究はこれから

実は、このアミット＝ゾットのように「優れたビジネスモデルの本質は何か」を、厳密に探求した研究は、最先端の経営学でもまだ多くありません。ビジネスモデル研究は緒についたばかりなのです。アミット＝ゾットが２０１１年に「ジャーナル・オブ・マネジメント」に発表したサーベイ論文によると、１９７５年から２００９年までの34年間に、ＳＭＪなどの九つのトップ学術誌に掲載された（総数はおそらく数千以上の）論文のうち、ビジネスモデルを主要テーマに研究した論文は、わずか10本だったそうです。(注４)

しかし二人は、経営学者のビジネスモデルに対する関心が高まっていることも示しています。例えば「トップ水準ではない学術誌」も幅広く含めれば、ビジネスモデルについての論文の総数は１７２９本にもなり、しかもその内訳は１９７５年～94年にはわずか１６６本だったのが、１９９５～２０００年には１５６３本と10倍近くに増えているのだそうです。

私は２０１４年10月にスペインで開かれた、世界最大の経営戦略論の学会であるStrategic Management Societyの年次総会に参加してきました。そこで「ビジネスモデルに関する特別セッション」に出席しようとしたのですが、参加者が殺到して会場に入れませんでした。やはりビジネスモデルは、世界中の経営学者にとってホットな関心事になりつつあるようです。「優れたビジネスモデルの本質は何か？」という問いについて、さらに色々な研究成果が出てくるのを期待したいところです。

（注4）Zott, C., Amit, R. & Massa, L. 2011. The Business Model: Recent Developments and Future Research. *Journal of Management*, vol.37: 1019-1041.

経営学ミニ解説

2 リアル・オプション理論

第3章で紹介したリアル・オプション理論は、本書の第19章と第20章でも再度登場します。そこで、リアル・オプションの考え方をもう少し詳しく解説しましょう。

リアル・オプションを端的に言うと、それは「不確実性が非常に高い事業環境下では、何らかの手段で投資の『柔軟性』を高めれば、事業環境の下ぶれリスクを抑えつつ、上ぶれのチャンスを逃さない」という発想です。

例えば、日本メーカーがある新興国市場で新たに事業を始めようとしており、現地に100万ドルの工場建設を検討しているとします。一方でこの市場は「今後10年で年平均15%成長するかもしれないが、逆に平均2%成長にとどまる可能性もある」という、非常に不確実性の高い状態だとします。(図表II-1a)

このような不確実性の高い市場に100万ドルの投資をするのは、きわめてリスクが高いことになります。15%成長が実現すれば大もうけですが、2%なら大赤字です。結果として、このようなリスクの高い市場は投資をされなくなりがちです。

一方リアル・オプションでは、この投資に柔軟性を与えることを考えます。例えば、「当初計画より4割規模の工場をつくってとりあえず事業を始め、事業を展開することで市場について学び、何年か後にその市場が本当に『15%に近い成長を実現できる』と確信できた（＝いい意味で不確実性が下がった）ときに限り、追加で残り6割を投資する」という発想です。（図表Ⅱ－１ｂ）

逆に、数年後に市場が「2%しか伸びない」と分かれば（＝悪い意味で不確実性が下がれば）撤退を検討すればよいわけですが、それでも損失は4割で済みます。他方、まだ「15%か2%か分からない（＝不確実性が高いまま）」なら4割規模の工場で事業を続ければよい、と考えるのです。

一見当たり前のような思考ですが、ここの本質を理解することは重要です。なぜなら、もしこのリアル・オプション型の柔軟性ある投資をしないなら、「15%かもしれないが2%かもしれない」という不確実性の高い市場では、そもそも投資されないからです。投資をしなければ、もし15%成長してもそのチャンスをみすみす逃してしまいます。しかし4割規模でもいいからとりあえず投資をすれば、2%成長だったときの損失も抑えつつ、一方で15%成長が実現したときのチャンスを逃さないのです。では、さらに図表Ⅱ－１ｃ下のように、「20%成長にもマイナス2%にもなり得る」という極端に不確実生の高い市場だったどうなるでしょうか（図表Ⅱ－１ｃ）。一般に、このような不確実性の高い市場には投資されません。しかし、リアル・オプションでは逆になります。

なぜなら仮にマイナス2%成長が実現しても損失はやはり4割（40万ドル）で済みますが、20%成長が実現したときのリターンは計り知れないからです。このようにリアル・オプション型の投資をすると、不確実性が高いほど投資をしたほうが潜在的なリターン（オプション価値）が増えるのです。

第3章で述べたように、不確実性が高いシュンペーター型の競争環境では、このリアル・オプション型の戦略が有効になります。例えば日本でも、IT（情報技術）業界で成功している企業は「とりあえずお客が求めていることなら、何でもどんどんやってみよう」「結果は分からないが、新しいサービスをどんどん出そう」という企業が多くあります。IT業界は非常に不確実性が高いですから、まずは少額・小規模ロット・短期間の開発でどんどん製品・サービスを出すことで「下ぶれリスクを抑えながら、上ぶれチャンスを逃さない」という発想が求められるのです。

第19章と第20章で述べるように、この思考法は、「起業するか、しないか」の意思決定にも重要です。起業は不確実性が高いですから、そこで起業家の下ぶれリスクを抑える施策をとれれば、彼らが上ぶれチャンスを取りに行きやすくなるので、起業が活性化しやすいのです。

最先端の経営学では、リアル・オプションの発想は、他にも海外事業戦略・技術投資戦略・事業売却など、様々な文脈に応用されています。日本を取り巻く事業環境の不確実性が今後高まるのなら、リアル・オプションの思考法はますます必要となるでしょう。

リアル・オプションの考え方

図表Ⅱ－a　一般的な投資法

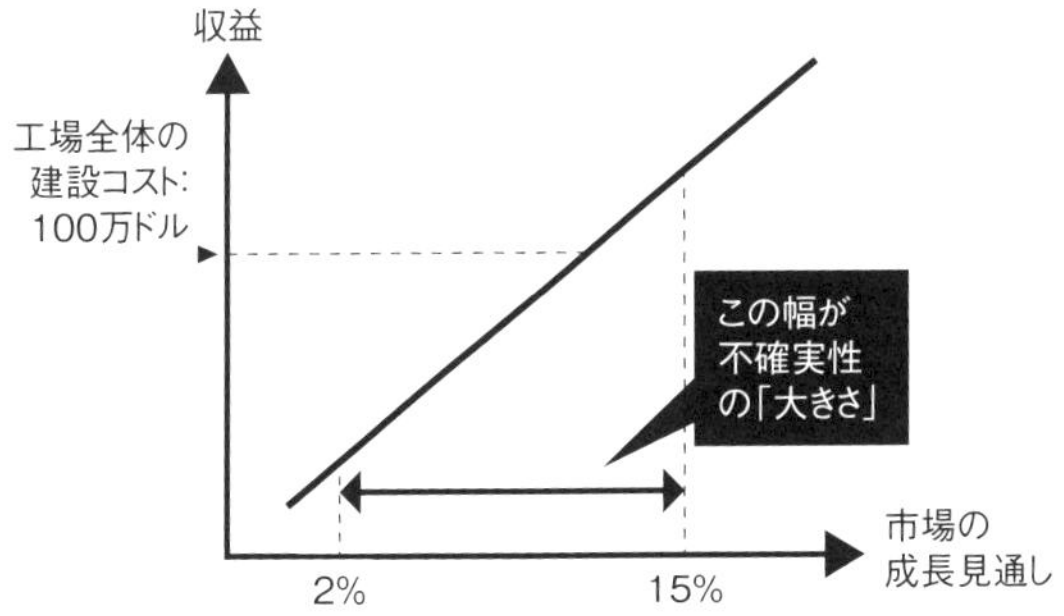

図表Ⅱ－b　リアル・オプションの投資法（1）

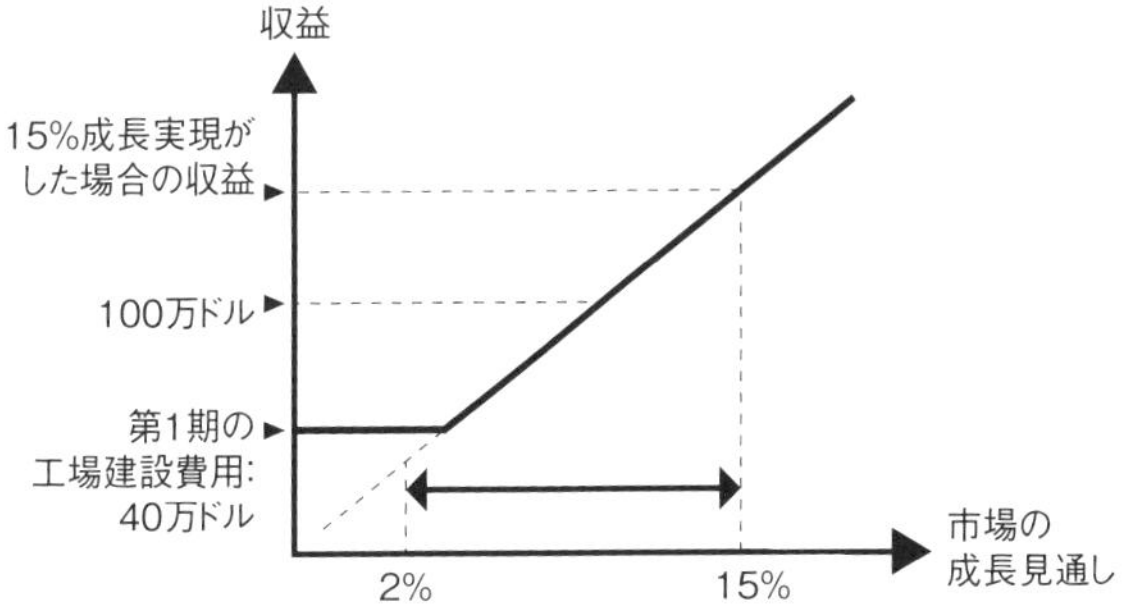

図表Ⅱ－c　リアル・オプションの投資法（2）

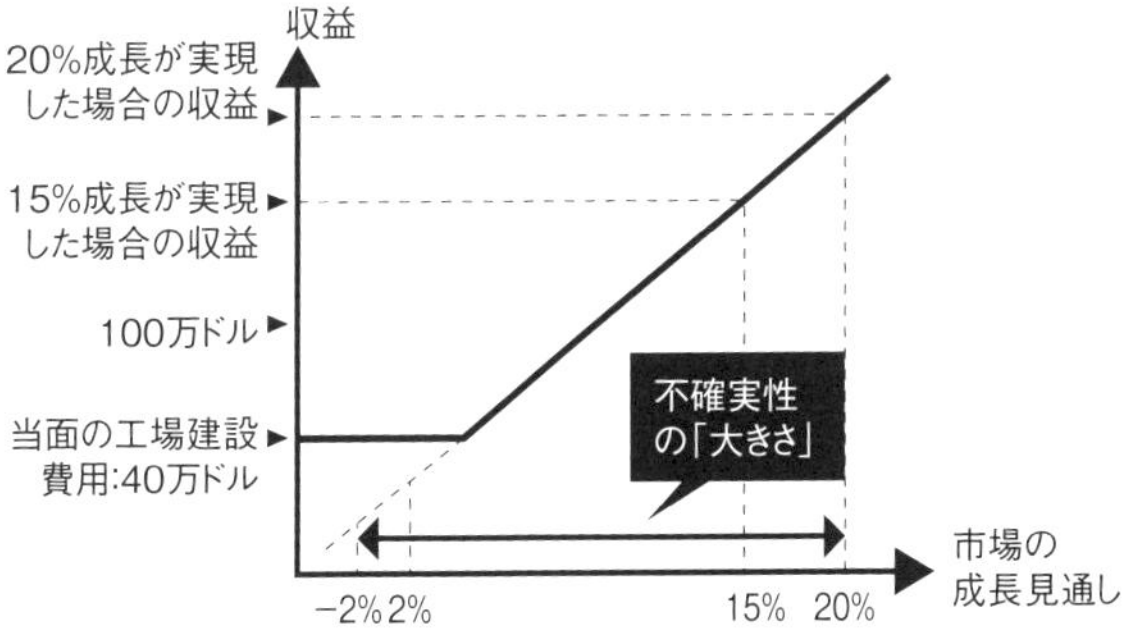

出所：筆者作成

Part 3

先端イノベーション理論と日本企業

第5章

イノベーションの絶対条件！「両利きの経営」を進めるには

この第5章からは、多くのみなさんに関心があると思われる「イノベーション」について、最先端の経営学の知見を紹介していきたいと思います。

日本では、イノベーションと聞くと米ハーバード大学のクレイトン・クリステンセンによる『イノベーションのジレンマ』（翻訳書は翔泳社刊）を思い浮かべる方が多いようです。しかし、世界の経営学で最も研究されているイノベーション理論の基礎は、「Ambidexterity」という概念にあるといって間違いありません。この言葉には「両利き」という意味があるので、本章では「両利きの経営」とでも呼びましょう。そして、バランスの良い両利きができない企業が陥る罠を、コンピテンシー・トラップといいます。

本章では、経営学の先端で展開されるイノベーションの理論を説明しながら、日本企業への示唆を探っていこうと思います。

知の探索と深化のかじ取りをする「両利きの経営」

「両利きの経営」の基本コンセプトは、「まるで右手と左手が上手に使える人のように、『知の探索』と『知の深化』について高い次元でバランスを取る経営」を指します。

イノベーションの源泉の一つは「既存の知と、別の既存の知の、新しい組み合わせ」にあります。これは「イノベーションの父」とも呼ばれた経済学者ジョセフ・シュンペーターがNew Combination（新結合）という名で80年以上前から提示している考えです。言われてみれば、これはある意味当たり前です。人間は、ゼロからは何も新しいものを生み出せません。したがって、常にいまある知と、それまでつながっていなかった別の既存の知が新しくつながることで、新しい知が生まれるのです。

実際、みなさんも日頃様々なビジネスのアイデアを出されていると思いますが、それは多くの場合、頭の中のどこかで既存の何かと別の既存の何かを、新しく組み合わせているはずです。例えば「この案件は、以前は途中で立ち消えたけれど、このお客さんと新しく組み合わせてみたらどうだろうか」「この素材を、あの開発中の製品と組み合わせたらどうだろうか」といった感じです。

したがって、企業・人は様々な知の組み合せを試せたほうがいいですから、常に「知の範囲」を広げることが望まれます。これを世界の経営学では「Exploration」といいます。本書では、「知の探索」と呼びましょう。

一方、そのような活動を通じて生み出された知からは、当然ながら収益を生み出すことが求められます。そのために企業は一定分野の知を継続して「深める」ことも必要です。これを「Exploitation（知の深化）」と呼びます。この知の探索と深化をバランスよく進めていくことを、両利き（Ambidexterity）というのです。これらの考え方は、1991年に、米スタンフォード大学の著名経営学者ジェームズ・マーチが「オーガニゼーション・サイエンス」誌に掲載した論文で提示して以来、世界の経営学のコンセンサスになっています。(注1)

「知の深化」に偏りがちな企業組織

ところが現実には、企業組織はどうしても「知の深化」に偏り、「知の探索」を怠りがちになる傾向が本質として備わっています。そもそも人・組織には認知に限界がありますし、毎年の予算を立てないといけない企業が目先の収益を高めるには、いま業績のあがっている分野の知を

(注1) March, J. 1991. Exploration and Exploitation in Organizational Learning. *Organization Science*, vol.2: 71-87.

図表5 「知の探索」と「知の深化」の関係

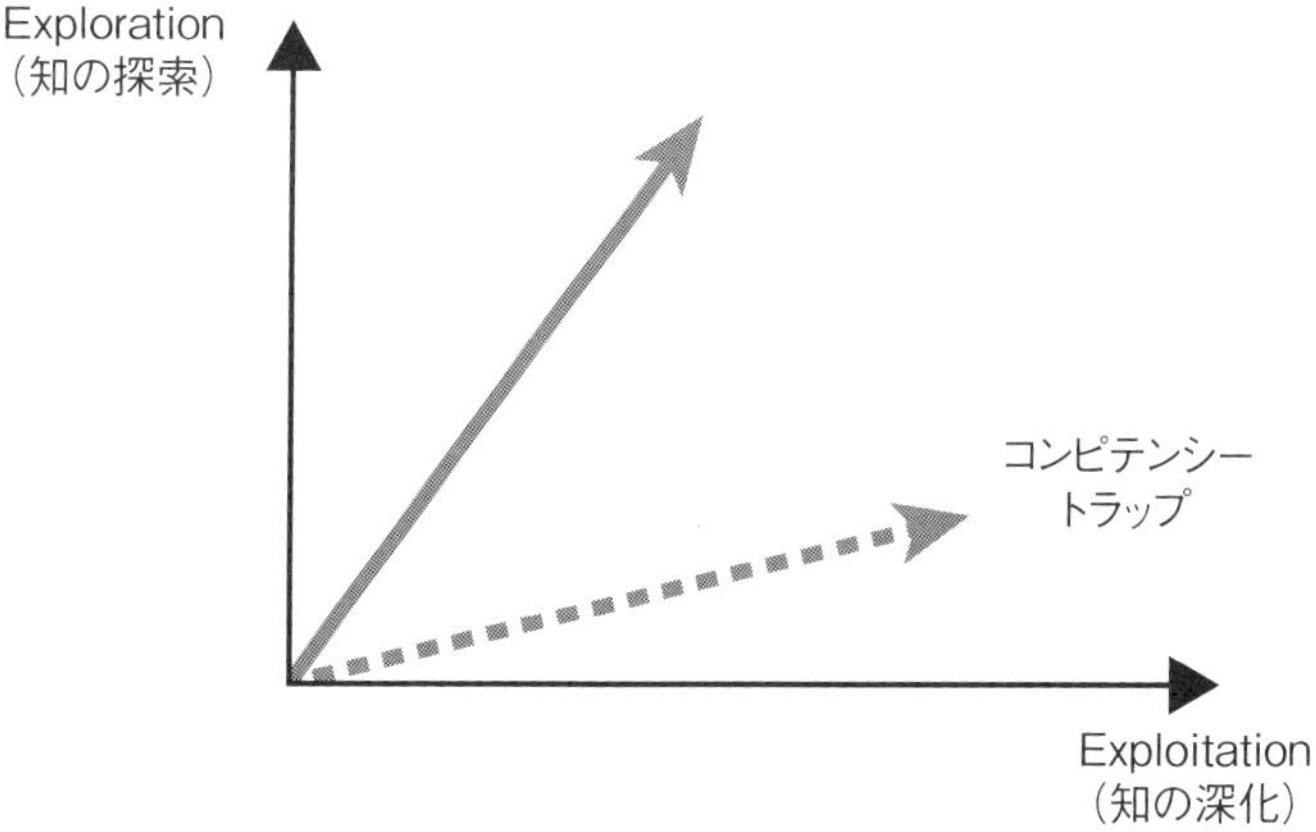

出所：筆者作成

「深化」させることのほうがはるかに効率がいいからです。他方で「知の探索」は手間やコストがかかるわりに、収益には結びつくかどうかが不確実で、敬遠されがちになります。

この企業の知の深化への傾斜は、短期的な効率性という意味ではいいのですが、結果として知の範囲が狭まり、企業の中長期的なイノベーションが停滞するのです。これを「コンピテンシー・トラップ」と呼びます。図表5でいえば、点線矢印の方向に傾いてしまうことです。

いま多くのビジネスメディアで「日本企業にイノベーションが足りない」と言われます。その表層上は様々なことが言われますが、その根底にあるのは、日本企業の多くがコンピテンシー・トラップに陥っているからだといえるのです。

「両利きの経営」が実践できる企業は、業績がよい

従って、イノベーションを目指す企業には、コンピテンシー・トラップに陥らないように、「知の深化」を継続しながらも、「知の探索」を推し進める組織体制・ルールづくりが求められます。図表でいえば、実線の矢印のように、バランスよく知の探索と深化をすることです。

実際に、世界の経営学の実証研究では、「イノベーションにたけた企業ほど、この両利きの経営をうまく実現している」といった結果が発表されるようになってきています。代表的なものに、米ミシガン大学のゴータム・アフージャと米スタンフォード大学のリタ・カティーラが、2002年に「アカデミー・オブ・マネジメント・ジャーナル」に発表した研究があります。(注2)

彼らは世界のロボット企業124社の特許データから各企業の「知の探索」と「知の深化」を計測しました。そして統計分析の結果、知の探索と深化を同時に実現している企業ほどイノベーティブな製品を生み出しやすい、という結果を得たのです。これはまさに、両利きの経営の効能を示す結果です。

では、いくつかの事例から、さらにその示唆を探っていきましょう。

(注2) Katila, R. & Ahuja, G. 2002. Something Old, Something New: A Longitudinal Study of Search Behavior and New Product Introduction. *Academy of Management Journal*, vol.45: 1183-1194.

日本の名経営者も「探索」をしていた

両利きの経営を実現するために大事なことは、まずはビジネスパーソン・経営者自身が「知の探索」を怠らないことでしょう。イノベーションの出発点は知と知の新しい組み合わせであり、それには知の探索が欠かせないからです。

実際、日本を代表する企業家の方々が革新的なビジネスモデルを生み出した背景には、彼らの「知の探索」活動があることが少なくありません。

例えば、トヨタ生産方式の生みの親として有名な大野耐一氏があの「かんばん方式」を着想したきっかけが、同氏が米国のスーパーマーケットの仕組みを知ったからであることはよく知られています。

従来の自動車生産は、素材・部品を一定数つくり、それを完成車の組立工程に流すという、いわば上流から下流へ「押し出す」流れでした。結果として、在庫などのムダが発生していました。それに対して、当時の米スーパーマーケットは、店頭での売れ行きによって必要な分だけを調達するという、下流が上流に「引き取りに来る」という仕組みができていました。この「下流から引き取りに来る」という発想を自動車生産に取り入れたのが、かんばん方式の由来といわれています。「米国のスーパーマーケット」と「日本の自動車生産」という、いままでつながっていなかった知と知が結びついて、日本が誇るイノベーションが生まれたのです。

さらにいえば、例えばヤマト運輸の中興の祖である小倉昌男氏が、同社の「個人の宅配だけに絞り込む」配送ビジネスの着想を、「牛丼単品で勝負する」吉野家から得たのも有名な逸話です。これも、小倉氏が日頃から別の業界を幅広く探索されていたからこそ得られた着想と言えます。

いまではすっかり定着したコンビニエンスストアの業態も、背景には知の探索があります。1970年前後に、現セブン&アイ・ホールディングス会長の鈴木敏文氏が（同社のような）大規模店と地元の零細小売店との共存共栄の可能性に悩んでいた時に、米国で当時台頭していたコンビニエンスストアのフォーマットに着目し、それを日本風にアレンジしてセブン-イレブンを大成功させたのです。

この「自動車生産とスーパーマーケット」「配送と外食」「米国と日本」の知の組み合わせの特徴は、いずれも自社の既存の知と「自社の範疇からだいぶ外れたところにある知」を組み合わせていることです。革新的なビジネスモデルを生み出す一つの方法は、このように「内容的、地理的、時間的に遠いところから得た知」を、自分のいま持っている知と組み合わせる「知の探索」なのです。

世界で注目される「両利きの組織」

ところが先に述べたように、企業は組織としてどうしても知の深化に傾いてしまうという、コンピテンシー・トラップが「組織の本質」として備わっています。したがって、組織としてバランスよく両利きの経営を実現するための施策が重要です。

両利きのバランスをとる手段は様々あるのですが、ここでは、イノベーション研究の第一人者である、米ハーバード大学のマイケル・タッシュマンが米スタンフォード大学のチャールズ・オライリーと2004年に「ハーバード・ビジネス・レビュー」（HBR）に発表した組織構造についての事例分析の論文を紹介しましょう。(注3) 同論文でタッシュマンとオライリーは、企業が新しいビジネスを試みる（知の探索をする）ことを支える仕組みとして、新規事業担当部署を中心とした「両利きの組織体制」の構築を提案しています。

それは、新しい事業を探求する部署には、（1）そのビジネスに必要な機能（例えば開発・生産・営業）をすべて持たせて「独立性」を保たせること、（2）他方でトップレベル（例えば担当役員レベル）では、その新規部署が既存の部署から孤立せずに、両者が互いに知見や資源を活用し合えるよう「統合と交流」を促すこと、が重要であるという主張です。

（注3） O'Reilly, C. & Tushman, M. 2004. The Ambidextrous Organization. *Harvard Business Review*, April.

すなわち、新規事業部署にはなるべく「知の探索」を好きなようにやらせて、他方で「知の深化」は上層部で既存事業分野との融合を図ることで実現すべきだ、ということなのです。

タッシュマンらは、両利きの組織体制の成功事例として、米大手新聞社のＵＳＡトゥデーを取り上げています。

１９９０年代に販売部数が落ちてきた同社は、トム・カーリー社長のもとUSAToday.comというオンラインのニュース配信サービスを立ち上げ、成功を収めました。このUSAToday.com事業を始めるときに、カーリー氏は同事業を既存の（紙媒体の）新聞事業から完全に切り離した新しい部署に担当させ、人材も、事業方針も、ビルのフロアまでも分けました。しかし他方で、この新規事業の担当役員には社内でもカーリー氏と意見の近い人物を登用し、新聞部門の担当役員と頻繁に情報をシェアさせて互いに事業の知見を共有することを促したのです。

この論文でタッシュマンらは、このように革新的なビジネスを生み出した企業の35の事例を分析し、その多くが両利きの組織体制をとっていたと結論づけています。

両利きのリーダーを目指せ

しかしながら、ここまでの話を読んで、「確かにこれは理想的だけれど、この体制が機能するには、それに資する能力が経営トップになければ意味がないだろう」と感じられた方もいらっしゃるのではないでしょうか。

まさにこの疑問に呼応するかのように、タッシュマンは別の研究者たちと、2011年にHBRで「両利きのCEO（最高経営責任者）」というタイトルの論文を発表しました。(注4) この論文では、両利きの経営を企業が実現するために必要なリーダーシップのあり方が議論されています。

例えば、新規開発を担うチームは、既存の開発部門のもとに置かれることが多いはずです。しかし、その開発部長は他の既存部門との予算獲得競争にさらされることも多く、そして往々にして、いま目に見える成果の出ている「知の深化」型の既存部門に予算が割かれてしまいがちです。これは、コンピテンシー・トラップの遠因になっているかもしれません。

このような事態を避けるため、経営者には三つの「両利きのリーダーシップ」が求められる、とタッシュマンたちは説きます。それは（1）自社の定義する「ビジネスの範囲」を狭めず、多様な可能性を探求できる広い企業アイデンティティーを持つこと、（2）「知の探索」部門と「知の深化」部門の予算対立のバランスは経営者自身がとること、（3）そして「知の探索」部門と「知の深化」部門の間で異なるルール・評価基準をとることをいとわないこと、だと述べています。

（注4） Tushman, M., Smith, W. & Binns, A. 2011. The Ambidextrous CEO. *Harvard Business Review*, June.

いかがでしょうか。「両利きの経営」は、海外の経営学で統計分析などによる研究が積み重ねられているだけでなく、タッシュマンの一連の論文のように、実務家への示唆となるような論文も発表されてきています。そして何より、日本を代表する経営者たちの行動・着想法にも通じるところがあるのです。

繰り返しですが、私は少なからぬ日本企業がコンピテンシー・トラップに陥っていると考えています。この状況を打破するには、「両利き」の組織体制とリーダーシップが求められており、そして何よりみなさん自身が「知の探索」に出ることが必要なのではないでしょうか。

第6章

なぜ大企業は革新的イノベーションについていけないのか

前章では、企業・組織がイノベーションを起こすための視点として、「両利きの経営」を紹介しました。しかし、企業が常に「イノベーションを起こす」側にあるとは限りません。新たな革新的なイノベーションを生んだ競合他社に、対抗する立場になることも多いからです。そして多くの場合、企業はなかなか外部の新しいイノベーションに対応できません。

この点を考える上で有用な視点が、組織の知を「コンポーネントな知」と「アーキテクチュラルな知」に区別することです。本稿では、経営学で議論される「知の種類」についての知見を紹介しながら、イノベーションが起こせなくなる組織と、常にイノベーションを起こし続ける企業の違いを議論していきましょう。

部分的な知、組み合わせの知

この「知の区別」を提示したのは、当時米マサチューセッツ工科大学（MIT）にいたレベッカ・ヘンダーソンと米ハーバード大学（当時）のキム・クラークが、1990年に「アドミニストレイティブ・サイエンス・クオータリー」誌に発表した論文です。(注1)

「コンポーネント（部分的）な知（Component Knowledge）」とは、製品・サービス開発における「特定部分の設計デザイン」についての知識です。ヘンダーソン=クラーク論文ではエアコンの例が取り上げられています。例えば室外エアコンの場合、それを構成する室外ファン、モーター、コンプレッサー、電磁弁などは「部品」であり、その部品ごとの設計デザインの知識が「コンポーネントな知」となります。

他方で、それらの部品を組み合わせて一つの最終製品にするための知が、「アーキテクチュラルな知（Architectural Knowledge）」です。この言葉が直感的でなければ、「組み合わせデザインの知」と理解してください。例えば一見似たようなエアコンでも、室外ファン、モーター、コンプレッサーなどをどのように組み合わせてまとめあげるかで、その性能や特性が変わってくる、というわけです。

(注1) Henderson, R. & Clark, K. 1990. Architectural Innovation: The Reconfiguration of Existing. *Administrative Science Quarterly*, vol.35: 9-30.

通常、業界で新しい製品が生まれてからしばらくは、部品同士の最適な組み合わせについて試行錯誤が続きますから、企業に主に求められるのは「アーキテクチュラルな知」になります。しかし時間がたつにつれ、組み合わせについて業界で標準化が進んでいきます。これを「ドミナント・デザイン」と呼びます。一旦ドミナント・デザインが確立されると、その後は部品それぞれの機能を高めるための「コンポーネントな知」が重要になっていきます。

組織構造は、ドミナント・デザインに従う

ここで重要なのは、製品やサービスのドミナント・デザインが確立するにつれ、企業の組織構造やルールもそれに順応していくことです。

例えば、もし「モーターとコンプレッサーの配置関係」がエアコンの機能向上に重要と分かったら、それらの部品の開発部門間では情報交換が密になるでしょう。また、「さらなる機能向上のためにどの部品（部門）に注力すべきか」といった優先順位も、組織のルールとして決まってきます。ポイントは、表面上の組織構造に加え、企業内でのふだんのインフォーマルな情報交換の緊密さなども、ドミナント・デザインに影響されてしまうことです。

そして、こうした経緯が蓄積されていくことで、ドミナント・デザインを確立した組織は、部

門間のコミュニケーションの大胆な変更・調整が難しくなっていきます。したがって既存の大企業ほど、その後出てくる「新しい組み合わせ」によるイノベーションに対応できないのです。すなわち、革新的イノベーションに対応できないのは、技術問題以上に、ドミナント・デザインに端を発する組織問題なのです。ドミナント・デザインはある程度の規模以上であれば、どの企業も抱える本質的な問題といえます。

ヘンダーソン＝クラーク論文で紹介されているのは、1950年代にソニーが米国でRCAを駆逐した例です。当時日本の新興企業であったソニーが小型のトランジスタラジオを開発した際、各部品それぞれの性能は特段優れたものではなかったといわれています。しかしソニー創業者の井深大氏は部品同士の「組み合わせ」を変えることで小型化に成功し、米国市場に参入しました。

興味深いことに、迎え撃つ側のRCAはトランジスタラジオの「部品」それぞれの技術には優れていました。それどころか、なんとソニーに一部の技術をライセンス供与までしていたのです。RCAのエンジニアは、恐らくソニーの打ち出した新しい「組み合わせ」の脅威を十分に認識していたはずです。それにもかかわらず自らは新しい「組み合わせ」に移行できず、ソニーに市場を奪われたのは、RCAの組織構造・ルールが旧来型のドミナント・デザインになじみすぎてしまったためである、とクラーク＝ヘンダーソンは述べています。

逆にいえば、そのソニーが半世紀後にアップルが出したiPodに対抗する製品をすぐに出せなかったのは、大きな組織はやはり時間が経つとドミナント・デザインに縛られることを象徴する事例なのかもしれません。

これは、サービス業でも同じです。私は日本のビジネスパーソンの方と対話させていただくなかでドミナント・デザインの話をすることがあるのですが、サービス業でも共感を持って受け止めていただくことが少なくありません。例えば、あるサービスに強みのある金融系の企業では、やはりそのドミナント・デザインにしたがった部署間の情報交換だけが知らずしらずのうちに緊密になっているようです。

「アーキテクチュラルな知」を高めるには

トランジスタラジオの例のように、イノベーションの源泉の一つは「組み合わせ」を変えることにあります。「知と知の組み合わせ」の重要性は、前章でも述べました。多くの方は、イノベーションと聞くと、なんだか大幅な技術革新を想起しがちです。しかし、このように部品（部分）ごとの変化は小さくとも、全体の組み合わせを変えることで、革新的なイノベーションが起き得るのです。

そして、組織構造に既存のドミナント・デザインが染み付いている大企業がこの変化に対応できないのは、ある意味当然といえます。「大企業なのに外部イノベーションになぜ対応できないのか」とよく議論されますが、大企業だからこそ対応できないのです。逆に言えば、このような企業にこそ新たな「アーキテクチュラルな知」、すなわち組み合わせをつくり出す知が促される組織作りが求められるといえます。

この点をさらに探求したのが、前述の論文の著者の一人であるレベッカ・ヘンダーソンが、加ブリティシュ・コロンビア大学のイアン・コックバーンと1996年に「ストラテジック・マネジメント・ジャーナル」（SMJ）に発表した論文です。(注2) ヘンダーソンらは、世界中の大手医薬品メーカー10社が1975年から88年までに実施した3210の研究プログラムを統計分析しました。そしてその結果、やはり「アーキテクチュラルな知を促す組織」の特性を持つ研究プログラムほど、特許件数などでみたイノベーションの実績が高くなったのです。

この論文で発見された、医薬品産業における「アーキテクチュラルな知を高める組織特性」は二つです。それは、（1）研究者が会社の枠を超えた広範な「研究コミュニティー」で知識交換することが評価される組織であること、そして（2）社内でも分野の垣根を幅広く越えて情報を交換することです。

これらの発見は、前章で紹介した「知の探索」と関連していると解釈することもできます。前

(注2)　Henderson, R. & Cockburn, I. 1994. Measuring Competence? Exploring Firm Effects in Pharmaceutical Research. *Strategic Management Journal*, vol.15: 63-84.

章では、「イノベーションの源泉は知と知の組み合わせである」こと、他方で「企業は『身近な知』だけを活用しがちなので、イノベーションを起こすには自分たちの知らない遠い分野への『知の探索』が重要である」ことを述べました。ヘンダーソンとコックバーンが発見した「アーキテクチュラルな知を高める組織特性」の（1）は、まさに「知の探索」そのものです。やはり知の探索ができる人がいる組織は、イノベーションを生み出しやすいのです。

さらに（2）は、「企業内での部門を超えた知の探索」の重要性を示唆しています。先にも述べているように、企業は製品・サービスのドミナント・ロジックに支配されるため、自部門と関連のない部門との交流が減っていきます。逆に言えば、分野の垣根を越えた幅広い情報交換による知の探索が企業内でできれば、新しい組み合わせを生んでいくことができるのです。

まだ理論化していない「デザイン思考」

もう一つ、「アーキテクチュラルな知」を高めるために大事な点があります。それは、「最適な『組み合わせ』を見出し、まとめあげる力」です。いうなれば「デザイン力」です。実は最初に紹介したヘンダーソン＝クラーク論文の「アーキテクチュラルな知」の考えは、エンジニアリング・デザインの研究に起源があります。

そしてここでいう「デザイン」とは、製品・サービスデザインにとどまらず、より広義の「組織のデザイン」までを意味します。というのも、これまで述べたように、組織構造・ルールは製品のドミナント・デザインに従う傾向があるからです。「アーキテクチュラルな知」を高めるためには、そのための組織デザインが重要だからともいえます。

実は、「製品デザイン力を高めるための組織デザイン」についての研究は、世界の先端の経営学でも研究蓄積が十分ではない、というのが私の認識です。ここ10年のデザイン研究分野は、製品デザインを超え、ビジネスモデルのデザインやデザイン思考（デザイン・シンキング）へと領域を広げつつあります。とはいうものの、この分野の専門家に話をうかがっても、「デザインに優れた組織」については、やはりまだ体系だった理論はないようです。

しかし、経営学では変化の兆しが少しずつ見え始めています。例えば、経営戦略論のトップ学術誌であるＳＭＪは２０１２年に「戦略と組織アーキテクチャーのデザイン」（Strategy and the Design of Organizational Architecture）という、まさに組織デザインをテーマとした特集を組みました。その姉妹誌である「グローバル・ストラテジー・ジャーナル」誌も、２０１３年に多国籍企業の組織デザインについての特集を組んでいます。

研究よりも先行しているのは、ビジネススクール教育かもしれません。例えば米スタンフォード大学ではビジネススクールとエンジニアリングスクールが協力して、デザインスクールを立ち上げました。米マサチューセッツ工科大学（ＭＩＴ）はロードアイランド・スクール・オブ・デザインと、米クレアモント大学はインスティチュート・オブ・アートと共同プログラムを持っています。日本でも慶応義塾大学がシステムデザイン・マネジメント研究科を立ち上げました。

第1章で「最先端の経営学の知見はビジネススクールでも学べない」と述べましたが、逆にこの分野では、デザインスクールと連携することなどで「ビジネス教育」が研究より先行しているのかもしれません。

私は「経営学分野」と「デザイン分野」の共同研究が進むことを期待する一人です。ここまで議論したように、イノベーションの源泉の一つは新しい組み合わせを生み出せる「アーキテクチュラルな知」であり、そしてその源泉は広義のデザイン思考だからです。デザインスクールとの協力が進むことで、そこで得られた「デザインの実践知」が経営学に還元され、イノベーションを生む組織デザインの研究がさらに進むことに期待したいところです。

第7章 「チャラ男」と「根回しオヤジ」こそが、最強のコンビである

本章でも引き続き、イノベーションについて先端の経営学の知見を紹介していきます。

さて最近は、イノベーションと並んで「クリエイティビティー（創造性）」という言葉も、ビジネスメディアでよく使われるようになりました。人の創造性はある意味イノベーションの源泉ですから、これは当然かもしれません。

「イノベーション」と「創造性の違い」とは

しかし、ここで私が問題提起したいのは、多くの方々が「イノベーション」と「創造性」を、同じ意味合いで使っていることです。実際、「創造的な人＝イノベーションを起こせる人」とい

うのが、世間一般のイメージではないでしょうか。

実は欧米を中心とした世界の経営学では、近年、「創造性」と「イノベーション」を明確に区別した上での研究が増えています。そしてそれらの結果を総合すると、実は「創造的な人ほどイノベーションが起こせない」という結論すら得られるのです。なぜこのような結論になるのでしょうか。逆に、日本企業はこの課題をどう克服すればよいのでしょうか。

本章は「イノベーションと創造性」について、世界の経営学における近年の研究成果を紹介しながら、日本企業への示唆を考えてみましょう。

創造性の基本条件は「新しい組み合わせ」

まず、創造性（クリエイティビティー）から始めましょう。言うまでもなく、これは「新しいアイデアを生み出す力」のことです。では新しいアイデア・知はどうやって生まれるかというと、それは第5章で述べたように、「既存の知」と「別の既存の知」の「新しい組み合わせ」です。人間はゼロから新しい知を生み出せませんから、それは既にある知同士が新しく組み合わさることで起こるということは、第5章で詳しく紹介しました。したがって、企業・個人が新しい知を生み出すには、なるべく自分から離れた遠い知を幅広く探し、それを自分が持つ知と組み合わせることが求められます。それが「知の探索」です。

さて、この知の探索の手段について、経営学には多くの研究成果があることは第5章で述べました。しかし、そこでは語りきれなかった有用な手段が他にもあります。中でも経営学者が重視している一つが、「人のつながり・人脈」、すなわち人のネットワークです。今回は中でも1977年に米スタンフォード大学のマーク・グラノベッターが提示して以来、世界のネットワーク研究の中心命題となっている「弱い結びつきの強さ（Strength of weak ties）」に焦点を当ててましょう。（注1）

なぜ弱いつながりのほうが優れているのか

人脈・友人関係など「人のつながり」には、強弱があります。例えば親友同士は「強いつながり」で、ただの知り合い同士は「弱いつながり」です。直感的には強いつながりのほうのメリットが大きそうですが、実はこれまでの社会学・経営学の研究蓄積により、「新しい知の組み合わせには、むしろ弱いつながりが効果的である」ことが、経営学者のコンセンサスになっているのです。これは、二つの理由に基づきます。

（注1） Granovetter, M. 1973. The Strength of Weak Ties. *American Journal of Sociology*, vol.78: 1360-1380.

図表7－1　「強いつながり」と「弱いつながり」のネットワーク

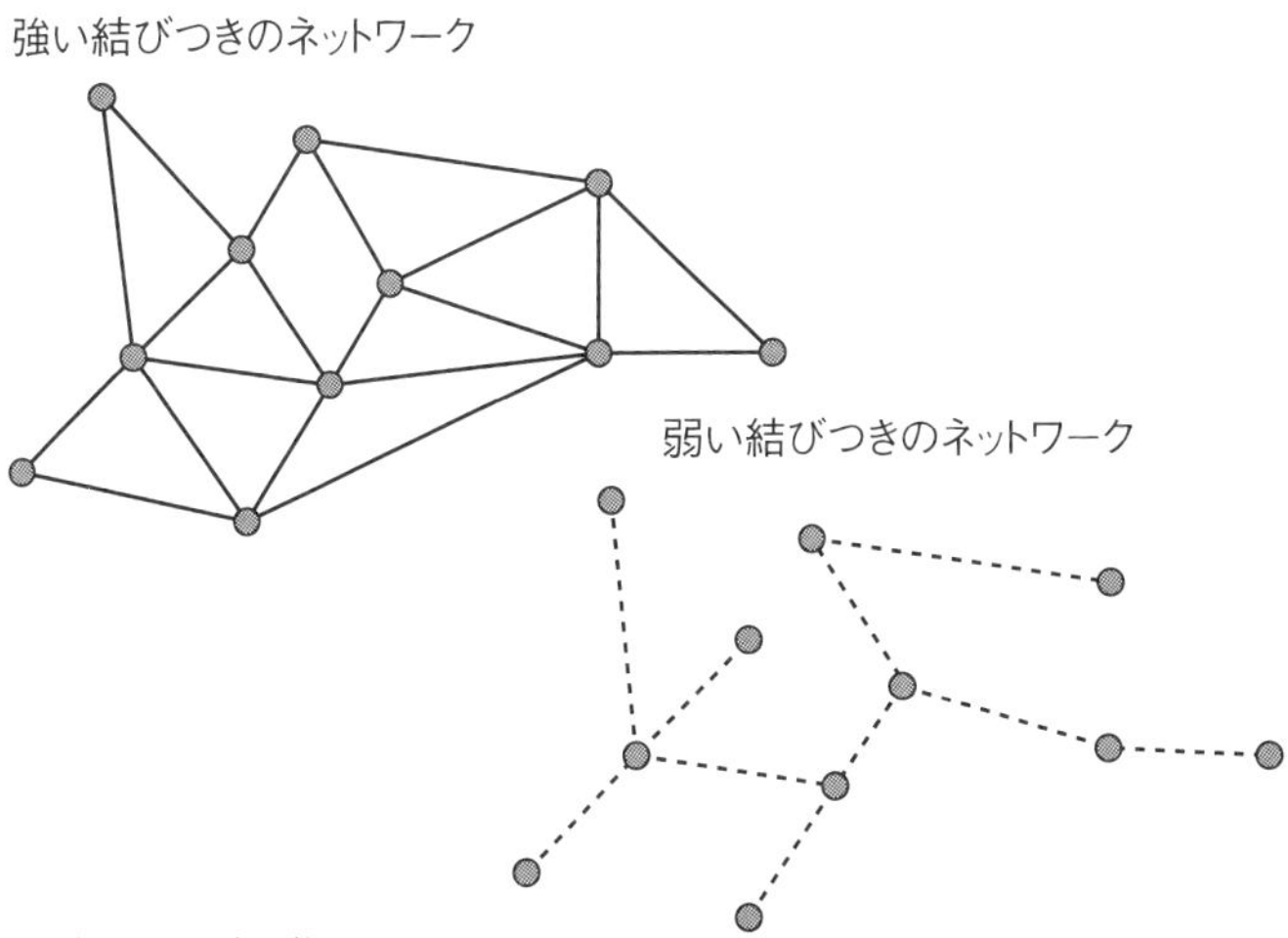

注：左右の図とも点の数は同じ
出所：筆者作成

第一に、弱いつながりからなるネットワークは、全体的にムダが少なく効率的です。例えば、AさんとBさんがただの知り合い（弱いつながり）で、AさんとCさんもただの知り合いだとすると、もともとつながっていないBさんとCさんが知り合う機会はほとんどありません。結果として3人の関係は、BとCがつながらないままの、一辺の欠けた三角形になります。

ここで、この「一辺の欠けた三角形」が数多くつながっているネットワークを描いたのが、図表7－1の右下の図です。このネットワークは、全体に隙間の多い、スカスカしたネットワーク（Sparse Network）になるのがお分かりでしょう。このネットワークでは、全体として情報波及の効率が高くなります。なぜなら、例えばそのネットワークの端にいる人から反対側の端にいる人に情報が届くのに、重複するルートが少なくて済むので、ムダがないのです。

これに対して、Aさん＝Bさんが親友同士でAさん＝Cさんも親友同士だと、BさんとCさんもやがて知り合う可能性が高く、結果としてA＝B＝Cの完成された三角形ができがちです。そしてこの完成された三角形が多くつながることでできるネットワークは重層的（Dense Network）で、情報がすみずみまで届くまでに重複するルートが多すぎて、ネットワーク全体としては情報波及の効率が悪いのです（図表7－1の左上の図）。イメージがわかないなら、この図表を水道管だと考えてください。同じ1トンの水を流すなら、ネットワーク全体として効率がいいのは、図の左より右のほうなのは明らかでしょう。

第二に、弱いネットワークは簡単に作れます。誰かと親友になる（強いつながりをつくる）のには時間がかかりますが、とりあえず名刺交換してメールをするくらいの関係になるのは、それほど難しくありません。結果として弱いネットワークは遠くまで伸び、そこには多様な知見・背景を持った人がいますから、そういった人たちと弱いネットワーク上でつながれるのです。

ここまでくれば、お分かりかと思います。「知と知の新しい組み合わせ」すなわち、前々章で述べた知の探策のためには、「幅広い人々からの多様な情報が効率的に流れる」ネットワーク上にいるほうが有利です。そして、そのようなネットワークは、「弱いつながり」からできているのです。したがって、弱いつながりの人脈を多く持つほうが、人はクリエイティブになれるのです。

「チャラ男」のほうが、クリエイティブになれる

実際、これまでの経営学の実証研究で、「弱いつながりを多く持つ人は、創造性を高められる」という命題を支持する結果が多く得られています。例えば、米エモリー大学のジル・ペリースミスが２００６年に「アカデミー・オブ・マネジメント・ジャーナル」（ＡＭＪ）に発表した論文がそれに当たります(注2)。

この論文でペリースミスは、米国の某研究所96人の研究員を分析対象とし、各研究員が所内でどのくらい「強いつながりの人間関係」と「弱いつながりの人間関係」を持っているかを調べました。そして、上司が評価する各研究員の創造性スコアとの関係を統計分析したところ、やはり弱い人間関係を多く持つ研究員のほうが、創造性スコアが高くなったのです。他方で、「付き合いの長さ」で測った強いつながりの人間関係を多く持つ人は、むしろ創造性が落ちるという結果となりました。

(注2) Perry-Smith, J. 2006. Social Yet Creative: The Role of Social Relationships in Facilitating Individual Creativity. *Academy of Management Journal*, vol.49: 85-101.

似たような結果は、ほかの研究でも得られています。ネットワーク研究の世界的権威である米ケンタッキー大学のダニエル・ブラスら5人の研究者が2009年に「ジャーナル・オブ・アプライド・サイコロジー」に発表した論文では、中国のハイテク企業151人の従業員の人間関係を使ったデータを用いた統計分析から、弱いつながりをある程度の数まで持った従業員のほうが、創造性が高まるという結果を得ています。(注3)

このような主張は、職人気質の強い日本企業の開発部門などでは受け入れにくいかもしれません。あちこち色々なところに顔を出したり、異業種交流会・勉強会に頻繁に参加したり、名刺を配って人脈を広げることは、日本では「チャラチャラしている」「あいつは名刺コレクターだ」といったイメージを持たれがちです。しかし、これまでの研究結果が示すように、そういうフットワークが軽い人こそ、実は長い目で見ると多くの「新しい知の組み合わせ」を試し、創造性を高めている可能性があるのです。

クリエイティビティーとイノベーションは違う

ここからがさらに重要なポイントです。では弱いつながりを多く持って創造性を高めれば、それがそのままイノベーションに直結するかというと、実はそうではありません。

(注3) Jing, Z. et al. 2009. Social Networks, Personal Values, and Creativity: Evidence for Curvilinear and Interaction Effects. *Journal of Applied Psychology*, vol.94: 1544-1552.

本章冒頭で述べたように、そもそも創造性とイノベーションは、学術的にも実務でも、互いに異なる概念です。なぜなら、いくら創造的で新しいアイデアを出しても、それが製品化、会社での導入・特許化など、実際に活用されるところまでたどり着かなければ「イノベーティブ」とはいえないからです。

アイデアは「実現（Implement）」されて、初めて周囲からイノベーティブと評価される可能性が出てきます。すなわち、創造性とはあくまでイノベーションをゴールとするプロセスの通過点に過ぎず、イノベーションという成果を得るには、まずアイデアが「実現」される必要があるのです。

この点に注目したのが、米ワシントン大学のマーカス・バエアーが、2010年にAMJに発表した論文です。(注4) バエアーはこの論文で、企業内のクリエイティビティーの高い人（発案者）が、さらにそのアイデアを「実現化」するために、何が必要かを研究しました。バエアーは、そのためには発案者に二つの条件が必要だと主張します。

第一に「発案者の実現へのモチベーション」です。これは言うまでもないでしょう。例えば、「アイデアを実現まで持っていけば、上司に評価される」「給料に反映される」と発案者が期待していれば、当然実現への意欲は高まります。

しかし意欲だけ高まっても、本人にその力が備わっていなければ実現はできません。そこでバ

（注4） Baer, M. 2012. Putting Creativity to Work: The Implementation of Creative Ideas in Organizations. *Academy of Management Journal*, vol.55: 1102-1119.

エアーが注目した第2の条件は、その発案者の「社内での人脈」です。しかも、「その人脈は『強い』ものでなければならない」という主張なのです。

いくらクリエイティブな人でも、アイデアを実現するまでに持っていくには、社内の多くの人の賛同を得なければなりません。組織が大きくなればなるほど、稟議書を何カ所も通す必要がありますし、根回しも必要です。ここで発案者が社内で強い人脈を張り巡らしていれば、それは大きなアドバンテージになります。社内に強いつながりのある人を多く持っていれば、彼らがサポーターとなってくれるので、アイデアが実現にたどり着く可能性は高まるからです。

この考えを基に、バエアーは米国を本拠とする巨大農産品加工企業の531人の従業員と111人の上司からデータを収集し、統計分析をしました。その結果、予想通り「従業員の創造性の高さ」→「アイデアの実現」の関係は、その人が（1）実現へのインセンティブを強く持ち、（2）社内に強い人間関係を多く持っている場合にのみ、大きく高まる、という結果を得たのです。

足りないのは「創造性」か「実現への橋渡し」か

これら一連の研究結果は、日本企業にも重要な示唆があると私は考えます。

図表7－2　イノベーション実現への段階における「弱い人脈」と「強い人脈」の効果

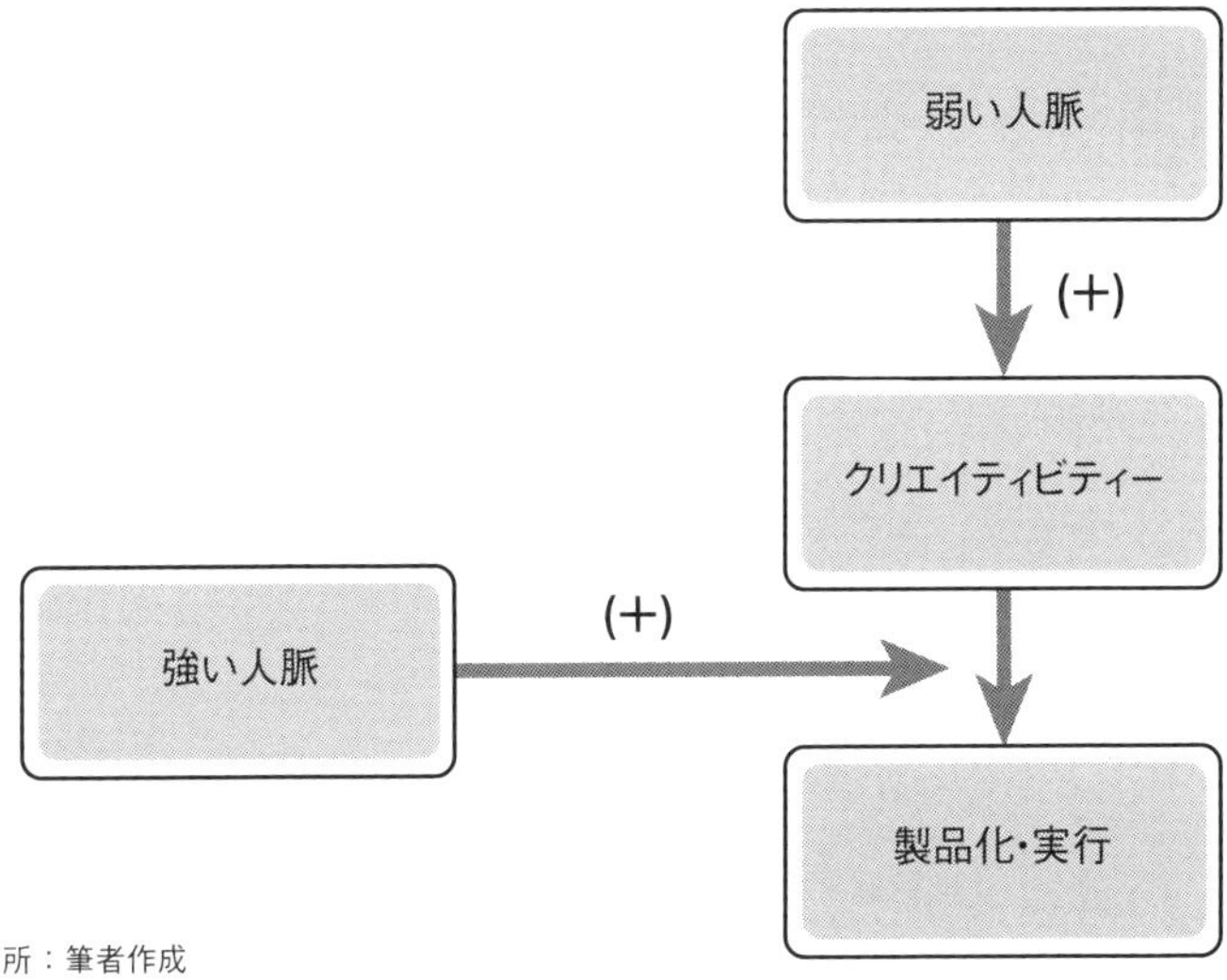

出所：筆者作成

日本のイノベーションに関する議論は「創造性」と「イノベーション」を混同していることも多く、結果として一辺倒な処方箋が示されがちです。しかし「創造性の欠如の問題」と「創造性から（イノベーションのための）実現への橋渡しの欠如という問題」は、まったくの別物なのです。

さらに重要なのが、「創造性」に求められる要件と「創造性から実現への橋渡し」の要件が、まったく逆なことです。図表7－2は、これまでの議論をまとめて図示したものです。まず、ペリースミスらの研究が示すように、そもそも人がクリエイティブになるには「弱い人脈」が重要です。しかし、いざ創造的なアイデアを出したら、それを社内で売り込むため、むしろ「強い人脈」を多く持つことが求められるのです。強いつながりと弱いつながりに逆の効果があることは経営学では以前から主張されていたのですが、バエアーのＡＭＪ論文はこれをイノベーション・プロセスの文脈で浮き彫りにしたのです。

ここまでの議論をまとめると、日本企業に向けての示唆は三つあると私は考えます。

第一に最も基本的なこととして、「創造性」と「イノベーション」は別ものであることを理解した上で、自社の問題が「創造性の欠如」なのか、「創造性→実現の橋渡しの欠如」なのかを把握することです。もちろん「うちの会社は両方足りない」という場合も多いでしょうが、これまで述べたように、どちらが欠如しているかで、打ち手は全く逆になるのです。

例えば「うちの会社はアイデアが足りない」と思っていても、実は社内のエンジニアやクリエイターはそこそこ創造的なのに、彼らが社内で強い結びつきを持っていないために、実現に至っていないだけの場合もあるはずです。このように、日本企業のイノベーションを考えるうえでは「創造性」と「イノベーション」の峻別が必要で、その上で自社を見つめ直すことが肝要なのです。

「チャラ男」と「根回しオヤジ」がタッグを組むと？

第二に、もし自社の問題が「クリエイティブな人が足りないことにある」と判断したら、社員が「弱いつながり」を社内外にのばせるサポートをしてやることです。実際、近年増えているＩＴ（情報技術）系のベンチャー経営者のなかには、日ごろから異業種交流会や勉強会に参加する人が多くいます。これは典型的な「弱いつながり」をつくる行為です。

それに比べると、既存の大企業や中堅企業のエンジニア、クリエイター、企画部門の社員らはどうしても内にこもって組織に埋もれがちです。先のＩＴ経営者のようなことをすると「チャラチャラしている」と、冷ややかに見られるかもしれません。しかし、そういう方々こそなるべく社外に出て、あるいは社内でも部門間の垣根を越えて、弱いつながりを多くつくることが、組織として創造性を高めるのに不可欠なのです。

しかし第三に、この弱いつながりを持った創造性の高い人を「アイデアの実現化」まで橋渡しするには、全く異なるサポートが必要になります。もちろん弱いつながりを持つ人自身が強いつながりも持って社内の根回しをできればいいのですが、人間はスーパーマンではないので、これは簡単ではありません。

私は、この問題の解消には、人と人の「ペアリング」やチームのメンバー構成を工夫することが重要と考えています。例えば開発チーム内で「弱いつながりを持つ開発者は、強いつながりを持つ監督者とペアを組ませる」といった組み合わせです。

フットワークが軽くて弱いつながりを持つ開発者が、やがて創造性を高め、結果として有望なアイデアを出したら、今度は強いつながりで根回しにもたけた上司がそれを実現まで持っていくのです。もちろんこれには、その上司が「チャラ男」の創造性を理解できることが条件になります。

いま、日本企業に求められているのは、チャラ男と、根回し上手な目利き上司のコンビなのではないでしょうか。

経営学ミニ解説 3

知の探索

世界最先端のイノベーション研究で最も重視されている理論、それは第5章で紹介したExploration（本書では「知の探索」）とExploitation（本書では「知の深化」）です。米スタンフォード大学の経営学者ジェームズ・マーチが1991年に「オーガニゼーション・サイエンス」に発表して以来、多くの研究が蓄積されてきました。

第6章で述べたように、イノベーションを起こすには、「なるべく自分から離れた遠くの知を幅広く探し、今自分の持っている知と新しく組み合わせる」ことがその第一歩となります。これが「知の探索」です。一方、組み合わせた知が収益性のあるビジネスになりそうなら、当然それは深掘りする必要があります。これが「知の深化」です。

しかし、組織はどうしても知の深化に傾斜し、探索をなおざりにする傾向があります。これは短期的には効率性を高めるのですが、その結果、中長期的なイノベーションが枯渇することをコンピテンシー・トラップと呼ぶと、述べました。

では、知の探索を促してイノベーションを活性化させたり、組織学習を高めたりするには、具体的にはどのような施策が必要でしょうか。第5章ではUSAトゥデーの事例を紹介しましたが、ここではより根源的な視点を紹介しましょう。それは、先のマーチの1991年論文の研究成果です。

実はマーチの1991年論文は、「知の探索」「知の深化」という概念を提示したことだけが功績なのではありません。それは論文の前段に書かれていることで、後半は、むしろどうすれば組織は知の探索を促しながら、組織学習を高められるかを分析しています。

その手法として、マーチはコンピュータ・シミュレーションを使いました(イノベーション・組織学習分野では、シミュレーション分析はよく使われます)。

マーチは、組織において「組織の考えをメンバーが学ぶ」「組織がメンバーの考えを学ぶ」という双方向の学び合いがあったときにどのようなことが起きるかを、シミュレーションで分析しました。その結果、以下のような発見があったのです。

- 発見1:メンバーが組織の考えを学ぶスピードが遅いほうが、最終的な組織全体の学習量は増加する。

これは、マーチの1991年論文以前から指摘されてきたことなのですが、メンバーが組織から学ぶスピードは、実は早いほうがいいとは限りません。なぜなら、組織から早く学んでしまうと、メンバーが組織の考えに「染まって」しまい、知の探索が起きなくなるからです。結果として、最終的な組織としての学習量は減ってしまいます。私たちはなんとなく「学習は速い方がいい」と思いがちですが、ゆっくりと学ぶスロー・ラーナー(Slow learner)が組織にいるほうが、組織全体の知の探索には向いているのです。

発見2：組織の考えを学ぶのが速いメンバーと、遅いメンバーが混在しているほうが、最終的な組織全体の学習量は増加する。

これはまさに13章で述べるダイバーシティーの効果を示していると言えます。組織には、多様な考えや能力を持ったメンバーがいて、全員が同じペースで組織の考えに染まらないほうが、知の探索が起きるからです。

発見3：組織のメンバーは一定の比率で入れ替えがあったほうが、組織の最終的な学習量は増加する。

メンバーが入れ替われば、新しく来たメンバーは組織の考えに染まっていないため、知の探索を起こすからです。日本でもよく「組織に新陳代謝が必要」と言われますが、この結果はまさにそれを示しています。

発見4：発見3で得られた効果は、特に組織を取り巻く環境の不確実性が高い時に強くなる。

事業環境が不確実な時ほど、知の探索が必要になるということです。現在のビジネス環境は、以前より不確実性が高くなっているかもしれません。そうであれば、やはり知の探索は必要ということになりそうです。

私は、このマーチの1991年の論文を読むたびにいつも驚嘆させられます。ダイバーシティの効能や、組織の新陳代謝、不確実性化での知の探索の重要性など、現在のビジネスや経営学にきわめて重要な示唆を、四半世紀も前の論文のシンプルなコンピュータ・シミュレーションで、マーチは既に示していたのです。

《参考文献》

March, J. 1991. Exploration and Exploitation in Organizational Learning. *Organization Science*, vol.2: 71-87.

Part 4

最先端の組織学習論

第8章

組織の学習力を高めるには、「タバコ部屋」が欠かせない

前章まで、イノベーションを生み出すために必要なことについて、最先端の経営学の知見を紹介してきました。例えば、社員一人ひとりが、幅広い知を探索して、それを新しく組み合わせることなどがそれにあたります。

本章からはさらに踏み込んで、「企業はこの探索した知をどう活用して、学習すべきか」について考えてみましょう。

そのための第一歩は、情報の共有化です。各社員が持っている知を「新しく組み合わせる」には、企業内において社員が、その知を共有している必要があります。この情報の共有化あるいは「組織の記憶力」において、最先端の組織学習研究で重要視されているのが、トランザクティブ・メモリーという考えです。

本章ではトランザクティブ・メモリーを紹介しながら、日本企業への示唆を考えていきましょう。

大事なのは「情報の共有化」ではない

トランザクティブ・メモリーは、世界の組織学習研究ではきわめて重要なコンセプトと位置づけられています。その要点は、組織の学習効果、パフォーマンスを高めるために大事なのは、「組織のメンバー全員が同じことを知っている」ことではなく、「組織のメンバーが『ほかのメンバーの誰が何を知っているのか』を知っておくことである」というものです。英語で言えば、組織に必要なのはWhatではなく、Who knows what である、ということです。

よくビジネス誌などで「情報の共有化」という言葉が使われます。そして多くの方は、情報の共有化とは、「組織のメンバー全員が同じことを知っていることである」と認識されているはずです。

しかし考えてみてください。ヒト一人の知識のキャパシティーには限界があります。それなのに全員が同じことを覚えていては、効率が悪いはずです。組織の本来の強みとは、メンバー一人ひとりが、マーケティングの人なら商品の知識、開発者なら技術の知識、法務の人は法律の知識、ある営業は顧客Aの知識、別の営業は顧客Bの知識と、それぞれの専門知識を持って、それを組織として組み合わせることにあるはずです。

他方で、その専門知識がいざ必要なときに、組織として引き出せなければ意味がありません。したがって組織に重要なことは、いざとなったときに「あの部署の○○さんならこのことを知っているから、そこで話を聞けばいい」というWho knows whatが組織全体に浸透していることなのです。

トランザクティブ・メモリーはパフォーマンスを高める

1980〜90年代に米ハーバード大学の社会心理学者ダニエル・ウェグナーによって確立されたこの考えは、今も世界の組織学習の研究者により研究が進められています。(注1)そして多くのグループ実験や統計分析などから、トランザクティブ・メモリーがグループの記憶力やパフォーマンスを高める効果があることが確認されているのです。

では、どうすればトランザクティブ・メモリーを高めることができるのでしょうか。真っ先に思いつくのは、やはり組織メンバー間のコミュニケーションを増やすことでしょう。もちろん大企業になるほど、社員の間で交流を図ることは難しくなるわけですが、いまでは社内メールや社

(注1) Wegner, D., Raymond, R. & Erber, R. 1991. Transactive Memory in Close Relationships. *Journal of Personality and Social Psychology*, vol.61: 923-929.

内イントラネットを活用することで、バーチャルなコミュニケーションを促し、互いの「誰が何を知っているか」を共有することができるかもしれません。

ここでみなさんにも示唆のある研究として、米テキサス大学オースティン校のカイル・ルイスが2004年に「マネジメント・サイエンス」に発表した論文を紹介しましょう。(注2)

大事なのはメール・電話か、直接対話か

この研究でルイスは、ある米国大学のMBA（経営学修士）の学生261人からなる61チームが、地元企業で実施したコンサルティング・プロジェクトを分析しました（米国のビジネススクールでは、MBAの学生が授業の一環として企業にコンサルティングをすることがよくあります）。

学生とはいえ社会人経験のあるMBAのチームですから、各チームにはマーケティング・財務・営業・企画・製品開発など、多様なバックグラウンドを持つメンバーがいます。ルイスは、各チームのメンバーにアンケート調査をし、「同チームの他メンバーの専門性をよく知っているか」「同チームの他メンバーから得られる専門知識を信頼しているか」などについて質問しました。

そしてそれらのデータを集計することで、各チームのトランザクティブ・メモリーの高さを指

(注2)　Lewis, K. 2004. Knowledge and Performance in Knowledge-Worker Teams: A Longitudinal Study of Transactive Memory Systems. *Management Science*, vol.50: 1519-1533.

数化しました。さらに、コンサルティング・プロジェクト終了後のクライアント企業の評価などから、各チームのパフォーマンスも指数化しました。

さらにルイスの研究が興味深いのは、「各チームがコンサルティング・プロジェクトを遂行中に、どのくらいの頻度でメンバー間のコミュニケーションをとったか」をデータ化したことです。しかもルイスは、メンバーがとったコミュニケーション手段を、(1)メール・電話によるもの、(2)フェイス・トゥー・フェイスでの直接対話によるもの、に分けてそれぞれの頻度を指数化しました。

ルイスは、これらの情報を基に統計分析をしました。その結果からは、まず「トランザクティブ・メモリーが高いチームほどプロジェクトのパフォーマンスが高い」という結果が得られました。これは、ほかの多くの研究と同じ結果です。

注目すべきは、もう一方の結果です。では、どのようなチームがトランザクティブ・メモリーを高めているかというと、それは「直接対話によるコミュニケーションの頻度が多いチーム」に限られたのです。それどころか結果の一部からは、「メール・電話によるコミュニケーションが多いことは、むしろ事後的なトランザクティブ・メモリーの発達を妨げる」可能性も示されました。

「目は口ほどにものを言う」のは本当である

トランザクティブ・メモリーの形成に直接対話が重要であることを主張したのは、ルイスの研究が初めてではありません。1998年に米イリノイ大学アーバナ・シャンペーン校のアンドレア・ホリングスヘッドが「ジャーナル・オブ・パーソナリティー・アンド・ソーシャル・サイコロジー」に発表した実験研究でも、興味深い結果が出ています。(注3)

この実験でホリングスヘッドは、34組の男女のカップルに共同作業をしてもらい、その成果を比較する実験をしました。この実験の特徴は、カップルを以下の条件で三つのタイプに分けたことです。それは（1）共同作業の際に、会話することも、互いの顔を見ることもできるカップル、（2）会話はできるけれど、互いの顔を見ることはできないカップル、（3）会話はできないが、互いの顔を見ながら書面の交換によって意思疎通できるカップル、です。

みなさんは、この3種類のカップルの共同作業の成果はどうなったと思いますか。

まず、3タイプの中でパフォーマンスが最も低かったカップルは、（2）になりました。これは興味深い結果ではないでしょうか。「（2）互いの顔は見えないが、会話はできる」状態は、「（3）会話はできないが、顔を見ながら文書交換できる」状態より、パフォーマンスは悪くなる

（注3） Hollingshead, A. 1998. Retrieval Processes in Transactive Memory Systems. *Journal of Personality and Social Psychology*, vol.74: 659-671.

のです。さらに、(1)と(3)のタイプでは、作業のパフォーマンスに違いはありませんでした。互いの顔さえ見えれば、口で話そうが、文書交換だろうが、コミュニケーションの効果は大差ない、ということです。

この結果をもって、ホリングスヘッドは、目と目を合わせる「アイコンタクト」や顔の表情を通じてのコミュニケーションが、トランザクティブ・メモリーを高める効果を主張します。例えばカップルやグループが、何かこれまでに経験のない課題や疑問に遭遇したとき、彼らは言葉以上に互いの表情や目を見ることで、「誰が何を知っているか」を即時に判断するのではないか、というのです。まさに「目は口ほどにものを言う」ということです。

日本企業はトランザクティブ・メモリーを失っている

ルイスやホリングスヘッドの研究結果に普遍性があるなら、それは、組織がトランザクティブ・メモリーを高めるには、メールや電話のやりとりだけでは得られない、互いに顔を突き合わせての、アイコンタクトや表情、あるいは身振り手振りも含めた、「言語を超えたコミュニケーション」を増やすことの重要性を示唆しています。

その意味で私が危惧しているのは、最近の日本企業です。ここからはあくまで私個人の意見ですが、少なくとも一部の日本企業では、昔は当然のように用いられていた直接対話によるコミュニケーションの機会が減っている印象があるからです。

その代表例は、平場のオフィスです。個室主義の欧米と違い、かつての日本企業は平場のオフィスが特徴的でした。しかし最近は、各自の作業スペースをパーティションで仕切るオフィスも多くなっています。結果として、同じ部屋にいる同士なのに互いにメールでやりとりする人たちさえいます。このような職場環境の変化は、実はトランザクティブ・メモリーを妨げる遠因となっているのかもしれません。

社員の間の「インフォーマルな直接会話」を促す場も減っているように感じます。例えば、タバコ部屋はどうでしょうか。最近は禁煙ブームで、喫煙者は肩身が狭くなってきています。他方でタバコ部屋は、異なる部署の人たちがインフォーマルに集まれる場所でもあります。そこで気軽に雑談をするなかで、自分の部署だけではあまり聞くことのない、「他部署の誰が何を知っているか」を知ることも、思い出すこともあるはずです。

さらに、同僚との飲み会も直接対話を促す機会かもしれません。最近の若い社員は会社関係の飲み会を敬遠しがちなようですが、例えば異なる部署同士で飲み会を開けば、それはWho knows whatの効果を高めるかもしれません。

日本企業が失い、シリコンバレー企業が取り入れたもの

私は、もっとタバコを吸えとか、若い社員も飲み会に行け、と言っているのではありません。現代では敬遠されがちな、このような古き時代の慣習が、日本企業のトランザクティブ・メモリーを高めていた可能性に注目しているのです。だとすれば、これらに代わる、トランザクティブ・メモリーを高める新たな仕組みを意図的につくり出すことが、日本企業の大事な課題なのかもしれません。

例えば興味深いことに、米シリコンバレーで最近注目されている先端ハイテク企業のなかには、昔の日本的な「直接対話の場」と似た機会を提供しようとするところが多くあります。例えば、少なからぬ企業が、平場のオフィス環境を使っています。

また、検索エンジンの巨人・米グーグルのオフィスは色々な「遊び」の施設があり、豪華で無料のカフェテリアがあることも有名です。こういった場が、同僚や他部門の人との直接対話による交流を深め、それがもしかしたらトランザクティブ・メモリーを高める遠因になっているのかもしれない、と私は考えています。

さらに注目すべきは、コーヒー飲み場です。米国のビジネスパーソンの多くはタバコを吸いま

せんが、コーヒーは大好きです。シリコンバレーの某大手デザイン企業では、オフィスの真ん中にあえてコーヒー飲み場を置くことで、色々な案件をやっている社員がコーヒーを飲むときは一カ所に集まる機会をつくっている、と聞いたこともあります。

実際、日本企業でもこれと同じ仕掛けをしているのが、オフィス用品通販大手のアスクルです。岩田彰一郎社長率いる同社は、まさに平場を意識したオフィス設計をしており、しかも真ん中にお茶飲み場を置いています。

このように、組織学習を高める上で大事な、フェイス・トゥ・フェイスの仕掛けは、かつての日本企業には多くあったのに、いまそれが様々な理由で失われているのではないか、と私は考えています。一方で、日本企業では失われたものを、シリコンバレーの企業が取り入れるようになっているのです。ぜひ、アスクルのように、フェイス・トゥー・フェイスを意図的に生み出す仕掛けを、日本企業にもっと実践してほしいと私は考えています。

と、ここまで書いて、「教授それぞれが研究室にこもる大学こそが、一番トランザクティブ・メモリーが足りないのではないか」とふと思ったのですが、それはここだけの話にしておきましょう。

第9章 「ブレスト」のアイデア出しは、実は効率が悪い！

先のPart3（第5章〜7章）では、イノベーションというキーワードを中心に、どうすれば企業が新しい知を生み出せるかについて、先端の経営学の知見を紹介してきました。

その知を生み出す手段として、よく使われる手段の一つが「ブレーン・ストーミング」いわゆる「ブレスト」です。複数の人が共にアイデアを出し合うブレーン・ストーミングは、ビジネスでは新製品企画、キャンペーン企画など「新しいアイデア出しの場」としてよく使われています。みなさんのなかにも、ブレストをする方は多いかと思います。

ブレストの目的が「アイデアを出す」ことにあるのは、みなさんの共通認識でしょう。ところが世界の経営学研究では、「ブレストでアイデアを出すのは、実は効率が悪い」という結果が得られています。まるで本末転倒な印象ですが、しかしこれは、ブレスト研究者の間ではよく知られたことなのです。

なぜブレストはアイデアを出すのに、むしろ効率が悪いのでしょうか。本章は、「組織に求められるブレイン・ストーミングのあり方」について、世界の経営学の知見を紹介していきましょう。

ブレストではアイデアを出せない

「アイデア出しが目的のはずのブレストが、アイデアを出すのに効率が悪い」ことは、「プロダクティビティー・ロス」という矛盾として、経営学や社会心理学では古くから知られてきました。このテーマに関する研究の多くは、実験手法からその傾向を見つけています。

この手の研究では、例えば数十人を集めて5人くらいずつの組をつくり、「5人が顔を突き合わせてブレストする組」と「5人が個別にアイデアを出して最後にアイデアを足し合わせる組」に分けて、それぞれから出てきたアイデアを比較します。そしてこれまでの多くの研究で、前者よりも後者のほうが、よりバラエティーに富んだ質の高いアイデアが多く出ることが示されているのです。

例えば、米シラキュース大学のブライアン・ミューレンら3人の研究者が1991年に「べイシック・アプライド・ソーシャルサイコロジー」に発表した論文では、「メタ・アナリシス」手法を使って、それまでに発表された18本のブレイン・ストーミングの実証研究結果を集計した分析をしています(注1)（メタ・アナリシスについては38ページの経営学ミニ解説1をご参照ください）。そして過去の研究の総合的な結果として、やはり個人がバラバラでアイデア出しをするほうが、ブレストよりも、出てくるアイデアの数（バラエティー）も、アイデアの質も高まる傾向を示しています。

ブレストはなぜ失敗するのか

なぜブレストではプロダクティビティー・ロスが起きるのでしょうか。経営学（および社会心理学）では、主に二つの説明がされています。第一は「他者への気兼ね」です。複数人だと、どうしても「自分のアイデアを他の人はどう評価しているか」が気になります。もちろんブレストでは「他人の意見を否定しない」ことが基本ルールなのですが、それでもやはり人は他人の評価を気にするものです。この気兼ねにより、参加者からは思い切った意見が出にくくなります。

さらに、前述のミューレンたちのメタ・アナリシス研究からは、この傾向が特に「権威のある人」がブレストに参加すると顕著になることも示されています。みなさんも、ブレストと称して

（注1）　Mullen, B., Johnson, C. & Salas, E. 1991. Productivity Loss in Brainstorming Groups: A Meta-Analytic Integration. *Basic and Applied Social Psychology*, vol.12: 3-23.

会議をしながら、同席した本部長に気兼ねして意見が出せず、結局本部長だけがしゃべり続ける、という場面に遭遇したことがあるかもしれません。

第二の理由は、「集団で話すときは思考が止まりがち」なことです。個人でアイデアを考えている限りは、思考はいくらでも飛躍させられます。しかしブレストでは相手の話も聞く必要があり、その間は自分の思考は止まってしまいます。「せっかく何か思い付きかけていたのに、他人の話が思考をさえぎった」という経験のある方は多いのではないでしょうか。これが、全体のロスを生むのです。

もちろん複数人のアイデアを組み合わせることは、前章まで述べてきたように、知と知の新しい組み合わせを生みますから、それは創造性の源泉でもあります。しかし、そのメリットを上回ってプロダクティビティー・ロスが深刻な場合は、ブレストではアイデアが出にくくなるのです。

では、みなさんがブレストをすることは、何の意味もないのでしょうか。興味深いことに、世間で「クリエーティブ」と呼ばれる組織がいまだにブレストを重視しているのも事実です。では彼らは、なぜ効率が悪いはずのブレストをするのでしょう。

この疑問に正面から取り組んだのが、米スタンフォード大学（当時）の二人の経営学者、ボブ・サットンとアンドリュー・ハーガドンです。

世界最高のクリエーティブ集団のブレスト

サットンとハーガドンが1996年に経営学の主要学術誌「アドミニストレイティブ・サイエンス・クオータリー」に発表した論文では、米デザイン企業のIDEOで行われているブレイン・ストーミングが分析されています。(注2)

IDEOはご存じの方も多いでしょう。世界で最も成功したデザイン会社であり、世界で最もイノベーティブな会社と呼ばれることもあります。そのアイデアを生み出す手法は、多くのクリエーター、デザイナー、エンジニアから注目されています(同社は東京にもオフィスを構えています)。

サットンとハーガドンは、IDEOのシリコンバレー本社で、1994年から96年にかけて徹底的な内部調査をしました。具体的には、社内の約60人のデザイナーやスタッフと四つのデザインチームにインタビューし、またほかの多くのデザイナーと数百回もインフォーマルに議論し、さらに同社の顧客10社にも取材しています。さらに、二人はIDEOの社内会議に出席し、社内のブレストに参加し、多くのブレストの様子を録画して分析しました。

(注2) Sutton, R. & Hargadon, A. 1996. Brainstorming Groups in Context: Effectiveness in a Product Design Firm. *Administrative Science Quarterly*, vol.41: 685-718.

そしてサットンとハーガドンが出した結論は、「ＩＤＥＯのブレストは、『アイデアを生み出す』ことを超越した役割を持っている」というものだったのです。

ブレストは組織の記憶力を高める

その役割は六点にも及ぶのですが、本章のテーマに関連して特に重要なのは以下の二つです。

第一に、ＩＤＥＯでのブレストには「組織（ＩＤＥＯ）全体の記憶力を高める」効果があることです。

ＩＤＥＯには、世界中から多様な業界の製品デザインの依頼が来ます。この多様な業界・製品の知の組み合わせこそが、ＩＤＥＯの創造力の源泉といえます。しかしそのためには、それらの多様な情報・知が組織内で蓄積され、共有される必要があります。

サットンとハーガドンは、デザイナーたちが顔を突き合わせてブレストをすることは、「誰がどのようなアイデアを持っているか」「誰がどの製品に詳しいか」などについて広く知る機会となり、それがＩＤＥＯの「組織の記憶力」を高める結果になっている、と主張したのです。

ここで注目したいのが、前章で取り上げた「トランザクティブ・メモリー」です。

トランザクティブ・メモリーは、組織学習研究の重要なコンセプトです。その骨子は「組織に重要なのは、組織の全員が同じことを知っていることではなく、『組織の誰が何を知っているか』を組織の全員が知っていることである」というものです。

ヒト一人の記憶力には限界があるのですから、組織全体に蓄積されている知全体を各自が覚えるのは非効率です。そうではなく、「誰が何を知っているか」だけを共有しておき、ある知識が必要になったときには、すぐ「その知を持っていると思われる人」に聞けばよい、というのがトランザクティブ・メモリーの考え方です。

そして、前章で述べたように、トランザクティブ・メモリーを高めるには、顔を突き合わせての直接交流が重要である可能性が、複数の研究で指摘されています。

アイコンタクトや身振り手振りを交えてブレストをしたり、あるいは（デザイン会社なら）製品のプロトタイプなどに共に触れながらブレストをしたりするほど、知らずしらずのうちに「この製品の知識のことは彼に聞けばよい」といったことが組織全体で共有化されていくのです。

ブレストはメンタルモデルを揃える

ブレストの第二の役割は、参加メンバーが組織の「価値基準・行動規範」を共有しやすいことです。例えばＩＤＥＯのブレストでも、一般的なブレストのルール同様、互いのアイデアを肯定することが尊重されます。そしてこの価値基準は、「より突飛で大胆なアイデアを出す」行動を促します。

さらに、この行動規範はブレストの場を超えて、組織全体に浸透することが期待できます。ブレストを繰り返すほど、多様なメンバーが入り交じって同じ価値を共有し、それが日ごろの業務でも意識されるようになるのです。実際、サットンとハーガドンの論文によると、ＩＤＥＯではブレストが終了した後もデザイナーたちがそのまま意見交換を始めることがよくあり、そうしたインフォーマルな交流から新しいアイデアが出てくることも多いようです。

経営理論では「シェアード・メンタル・モデル」がこの考えに近いといえます。これは「組織学習では、組織メンバーがメンタル・モデル（＝基本となる思考体系）を共有していることが重要」という考えです。先の価値基準・行動規範はまさにメンタルモデルです。そしてトランザクティブ・メモリー同様、顔を突き合わせての直接交流のほうが組織はシェアード・メンタル・モデルを高めやすい、という研究結果も出ています（例：米テューレーン大学のメリー・ウォラーたちが２００４年に「マネジメント・サイエンス」に発表した研究など[注3]）。

このように、ブレストは「その場でアイデアを出す」機能としては実は効率が悪いのですが、他方でブレストの場を超えて、企業全体での学習能力を高める効果がある、というのがサットンとハーガドンの主張なのです。

(注3)　Waller, M., Gupta, N. & Giambatista, R. 2004. Effects of Adaptive Behaviors and Shared Mental Models on Control Crew Performance. *Management Science*, vol.50: 1534-1544.

アイデアが出ないことを恐れるな

もちろんこれはＩＤＥＯという一企業の事例から得た結論ですから、どれだけ他企業に一般化できるのかは分かりません。しかし、この結論が組織学習の理論と整合的なことも、先に述べた通りです。そして、もしこれらの主張が一般性を持つなら、日本企業への示唆も大いにあるのではないでしょうか。以下、私見を述べさせてください。

第一に、ブレストでは「アイデアが出ないことを恐れない」ことでしょう。そもそもブレストとは、アイデアを出しにくいものなのです。ブレスト中に「アイデアを出さねば」とプレッシャーを感じたり、「いいアイデアが多く出なかった」とガッカリしたりする必要はない、ということです。

第二に、ブレストをプロジェクトの初期段階ですることも重要かもしれません。そもそもブレストには組織の記憶力を高めたり、価値基準を共有したりする役割があるのですから、早めのほうがいいはずです。

「ブレストだけで終わらない組織づくり」を

最後に、「ブレストだけで終わらない組織作り」も重要でしょう。そしてそのためにこそ、ブレストをうまく活用すべきなのかもしれません。例えばありがちなのは、「日ごろ社員間の交流が乏しい組織が、突如人を集めてブレストを一度やっておしまい」というパターンです。

しかし、これはトランザクティブ・メモリーやメンタルモデルを共有する視点からは、かけ離れたやり方です。社員はその瞬間だけアイデア出しをして充実感があるかもしれませんが、その後交流がパッタリ止まってしまっては、ブレストを通じてせっかく高まりそうな組織の記憶力をうまく使えません。そうではなく、企業内から多様なメンバーを幅広く募って、メンバーを少しずつ入れ替えながら何度もブレストをするほうが、長い目で見ると記憶力が高くクリエーティブな組織づくりに結びつく、といえるのではないでしょうか。

このように、「アイデアを出す」のが目的のブレストですが、真の効用はそれ以外のところにあるのです。ブレストをするみなさんは、「アイデア出し」だけにとらわれず、ぜひこういった裏の効能を意識してみてください。

第10章 「失敗は成功のもと」は、ビジネスでも言えるのか

この第10章では「組織学習」編の最後として、「組織は失敗経験と成功経験のどちらからより学ぶか」という興味深いテーマについて、最先端の経営学の知見を紹介したいと思います。

私たちはよく「失敗は成功のもと」という言葉を使います。失敗をすることが、その後の成功につながるという考え方です。逆に「失敗の原因になるのは、それ以前の成功体験である」ともよく言われます。例えば、セブン&アイ・ホールディングス会長の鈴木敏文氏などは、「成功体験こそが次の失敗につながる」という成功経験のリスクをよく強調されます。ヤマト運輸の故・小倉昌男氏も、著書『小倉昌男　経営学』（日経BP社）の中で、成功体験のリスクを強調されています。

これらの諺や経験則は、「失敗体験→その後成功しやすくなる」「成功経験→その後失敗しやす

くなる」と言っているわけで、ある意味矛盾しているように見えます。そもそも我々は誰もが成功したくて日々頑張っているわけで、それでもやはり失敗をすべきなのでしょうか。成功する組織や著名経営者は、失敗をしたから成功しているのでしょうか。

実はこのような疑問に対して、いま世界の経営学の研究で少しずつ知見が得られてきています。本章では、最先端の経営学で分かってきた組織の「成功体験」「失敗体験」の効果について紹介していきましょう。

組織が学習した先にあるもの

「成功体験と失敗体験のどちらが望ましいか」についての研究は、世界の経営学では組織学習(Organizational Learning)分野の範疇になります。同分野では「組織はどのように過去の経験・体験から学ぶか」について、これまで様々な形で研究されてきました。

例えば、統計分析などを使った実証研究で、組織学習について以下のようなことが分かっています。

1．一般に、組織は過去の経験から学習できる。実際、過去に同じような経験を繰り返すほど、その後の生産性・効率性などの組織パフォーマンスが向上することは、多くの統計分析を使った実証研究で確認されている。例えば、「同じチームのメンバーで手術を繰り返すほど、手術の時間は短くなる」「造船所でチームが同じ作業を繰り返すほど、生産性は向上する」などといった効果が、確認されている。

2. ただし、組織がどのくらい学習できるかは、組織や業界の特性で異なる。例えば2010年にUCLAのマーヴィン・リーバーマンらが「ストラテジック・マネジメント・ジャーナル」に発表した研究では、1973年から2000年までの全米の製造プラント約5万5000のデータを使って「経験の学習効果」を推計し、特に医薬産業やコンピュータ産業では学習効果が高く、製紙業や製糸業などは学習効果が低いことを明らかにしている。(注1)

3. 組織の学習メカニズムは、個人の学習メカニズムとは異なることも分かっている。例えば、組織には「トランザクティブ・メモリー」「シェアード・メンタル・モデル」といった記憶のメカニズムがあり、これらをうまく活用できるか否かで、組織学習の効果が変わってくる(これらの考えについては、第8章・9章を参照のこと)。

このように組織学習については、既に色々な知見が得られています。しかし興味深いことに、

(注1) Balasubramanian, N. & Lieberman, M. 2010. Industry Learning Environments and the Heterogeneity of Firm Performance. *Strategic Management Journal*, vol.31: 390-412.

「成功体験と失敗体験のどちらが、組織学習に効果的なのか」という大事な疑問については、長い間、システマティックな研究がありませんでした。「組織の失敗・成功」を示すはっきりしたデータを包括的に取るのがなかなか難しいことなどが、その理由です。

しかし、2010年に風穴をあけるような論文が発表されたのです。

世界の経営学で「最優秀賞」候補になった論文

それは、米ブリガム・ヤング大学のピーター・マドセンと米コロラド大学デンバー校のヴィニット・デサイが、「アカデミー・オブ・マネジメント・ジャーナル」（AMJ）に発表した論文です(注2)。ちなみにこの論文は、2010年度のAMJの最優秀論文賞の最終候補に残ったほどの論文です。

この研究でマドセン=デサイが対象にしたのは、なんと、宇宙軌道衛星ロケットの打ち上げについての、成功体験・失敗体験です。

「宇宙ロケットなど我々のビジネスと関係ない」と言う方もいらっしゃるでしょうが、「組織が過去からどのように学ぶか」を研究する上では、格好の材料になります。

第一に、軌道衛星ロケットの打ち上げは、「成功」と「失敗」の区別がつきやすいからです。

(注2) Madsen, P. & Desai, V. 2010. Failing to Learn? The Effects of Failure and Success on Organizational Learning in the Global Orbital Launch Vehicle Industry. *Academy of Management Journal*, vol.53: 451-476.

うまく衛星が地球の軌道に乗れば成功ですし、「衛星が軌道に乗らない」「そもそもロケットが飛ばない」など、様々な理由でそこまでたどりつかなければ、失敗です。

そして第二に、意外にも、軌道衛星ロケットの打ち上げは失敗が多いのです。この研究では、世界各国で行われてきた軌道衛星ロケット打ち上げ４６４６件の包括的なデータが分析に使われていますが、そのうちの４２６回、すなわち約１割は「失敗」なのだそうです。はっきりとした失敗のデータが十分に取れるので、統計分析に向いているのです。

マドセン＝デサイは、１９５７年から２００４年までに世界９カ国の30の機関で行われた軌道衛星ロケット打ち上げ４６４６回を分析対象としました。彼らは、各打ち上げ機関が新しくロケットを打ち上げるまでに経験した「打ち上げ成功」と「打ち上げ失敗」の数を集計しました。そして、それら「成功体験の数・失敗体験の数」と、各機関の「新しい打ち上げ」が成功する確率との関係を統計分析したのです。そしてその結果、以下のようなことが明らかになってきました。

発見１：一般に成功体験そのものは、「その後の成功」確率を上げる

まず、打ち上げの「成功体験」と「その後の打ち上げ失敗確率」の関係は、マイナスになりま

した。「成功すればするほど、その後も失敗しなくなる（＝成功する）」わけです。すなわち「組織は成功体験から学んで、パフォーマンスを上げる」ということですから、冒頭に述べた「成功体験はむしろ足を引っ張る」という見方は間違っている、ということになります（しかし実は必ずしもそうではないことを、後で述べます）。

発見2：とはいえ、大事なのは成功体験よりも失敗体験

次に、打ち上げの「失敗体験」と「その後の打ち上げ失敗確率」の関係はどうだったかというと、実はこれもマイナスになりました。すなわち、組織は失敗からも学習して、その後のパフォーマンスを高められるのです。

だとすればポイントは、「成功体験と失敗体験のどちらのパフォーマンス向上効果のほうが大きいか」ですが、マドセン＝デサイの分析では、それは「失敗体験のほうである」という結果になったのです。

例えば、「成功体験」と「失敗体験」のその後のパフォーマンス向上効果（回帰分析の係数でみた失敗減少の確率）をみると、前者はマイナス０・０２なのに後者はマイナス０・０８で、明らかに後者の影響力が強い結果になっています。その他の各種統計テストでも、やはり失敗効

果のほうが強いことが示されました。

成功すると「サーチ行動」をしなくなる

なぜ成功体験よりも失敗体験のほうが、その後のパフォーマンス向上に貢献するのでしょうか。マドセン＝デサイは、それを組織の「サーチ行動」の理論に求めます。

世界の経営学では、組織学習に最も重要な基本原理の一つが「サーチ行動」だというのは、学者のコンセンサスになっています。これはノーベル経済学賞を受賞したハーバート・サイモンの時代から、認知科学分野で打ち立てられてきた考えです。

組織というのは、サーチ行動をすることで学習していきます。サーチ行動とは、一言でいえば「新しい考え方・アイデア・知見・情報などを常に探す」ことです。学習するということは、常に経験を通じて新しい考えや情報を自分に取り込んでいくことです。そして一般に、なるべく幅広くサーチ行動をすればするほど、「広い世界」の中から多様な情報を取り込み、また「広い世界」での自身の立ち位置が客観的に分かってきます。本書を最初からお読みいただいている方にはお分かりでしょうが、第5章で紹介した「知の探索」は、サーチの概念が基になっています。(注3)

そして組織は、失敗を経験すればするほど「これまで自分がしてきたことは、正しくないので

(注3)「知の探索」(Exploration)を提示したジェームズ・マーチが1991年に「オーガニゼーション・サイエンス」に発表した論文では、知の探索はサーチに加えて、「実験」「変化」「柔軟性」などを含む広義の企業行動を包括した概念として定義されています。

はないか」と考えるので、新しい知見を求めてサーチ行動をするようになります。したがって長い目で見ると学習効果が増して、成功確率が上がってくるのです。逆に成功体験を重ねると、「自分のやっていることは正しい」と認識しますから、いつのまにかサーチ行動をとらなくなるのです。

さて、ここで一つの疑問が生じます。もしサーチ理論が正しいなら、成功した組織はサーチ行動をとらなくなるのですから、「成功体験は、組織のパフォーマンスを下げていく」はずです。しかし発見1にあるように、このマドセン＝デサイの研究では「一般に成功体験は（失敗体験ほどではないが）、その後の組織パフォーマンスを高める」という結果になっているのです。この矛盾をどう説明すればいいのでしょうか。

実はこの矛盾を解消する分析結果も、マドセン＝デサイは得ているのです。

それは、以下のような発見です。

発見3：組織に失敗体験が乏しい場合に限り、その組織の成功体験はむしろその後の失敗確率を高める（パフォーマンスを下げる）

すなわち「全般的には成功体験はよい効果をもたらす」（発見1）のですが、しかし「失敗経験が乏しいまま、成功だけを重ねてしまうと、むしろその後は失敗確率が高まっていく」（発見3）のです。

逆に言えば、これは発見1のサンプルには「失敗経験を十分に重ねてから、その上で成功を重ねた組織」が含まれていたことを示唆します。そしてこういう組織は、むしろその後の成功確率が著しく高まるため、その効果がサンプル全体を引っ張って、発見1のような結果が得られていると解釈できます。

成功体験と失敗体験には、望ましい順序がある

この研究結果から得られる示唆は何でしょうか。

私なりに解釈すれば、この結果は「成功体験と失敗体験には、望ましい順序がある」ということを示しているといえます。

すなわち「失敗をほとんどしないまま、成功だけ積み重ねる」と、サーチ行動が十分でないまま成功してしまうので、結果長い目で見た成功確率が下がるのです。日本でもよく、若くして（失敗経験の乏しいまま）成功した起業家・ベンチャー企業がその後長期低迷する事例がありま

すが、それはまさにこのパターンにあてはまります。

逆に、長い目で成功確率を上げられるのは、「最初は失敗経験を積み重ねて、それから成功体験を重ねていくパターン」ということになります。

世界の最大成功者は、失敗王でもあった

私がこのパターンですぐに思いつくのは（「組織」ではなく「個人」ですが）、２０１４年に史上最高額でのＩＰＯ（新規株式公開）を果たした中国アリババ集団の創業者であるジャック・マー氏です。

最近は同社の株価もやや低迷中のようですが、いずれにせよマー氏が世界で最も成功した起業家の一人であることは疑いないでしょう。そして、その半生はまさに極端なまでの失敗の連続であったといわれています。そもそもマー氏は高校受験に二度、大学受験には三度失敗しています。その後も様々な失敗を重ね、起業家になってからもインターネット事業で二度の失敗を経験しています。アリババを創業したのは１９９９年と、わずか16年前のことです。

様々な名言のあるマー氏ですが、そのなかにはこういうものがあります。「アリババを設立するときに『世界中からやりにくいビジネスをなくす』と私は言った。これは私の信念だ。この信

念は間違っていない。ただし、やり方は正しいのか、戦略は間違っていないかと、常に自分を疑い、自分に問いただしている」（『ジャック・マー　アリババの経営哲学』張燕編著、永井麻生子翻訳、ディスカヴァー・トゥエンティワン刊、22ページより引用）。この言葉に象徴されるように、マー氏は失敗を繰り返した結果として、成功に必要な、精度の高い「サーチ行動」が身についたのかもしれません。

冒頭で述べたように、この「成功体験・失敗体験」の研究は緒についたばかりで、今回の話が常に一般的に当てはまる法則と断言するのは、時期尚早です。しかし、世界でいま最も成功している経営者であるマー氏の半生が、世界の経営学で「最高論文賞」候補になった分析結果が支持するパターンと符合することは、なかなか興味深いといえます。

「若いうちは失敗経験を積め」とはよく言われることですが、どうやらその教訓は、「真理法則」である可能性が十分にありそうです。

経営学ミニ解説

4 トランザクティブ・メモリー

第8章、第9章で紹介したトランザクティブ・メモリーは、本書の他箇所でも出てきます。そこで、もう一度この考えをおさらいしましょう。

企業にとって、社員間の情報共有が重要なのは言うまでもありません。各社員は客先や取引先などから、様々な情報を持ち帰ります。それらは、当然社内で共有される必要があります。

ここで問題なのが、「情報の共有化＝組織の全員が同じことを覚えていること」という先入観が、多くのビジネスパーソンにあることです。しかし、そもそも一人の情報処理力には限界がありますから、それは無理な話といえます。

一方でトランザクティブ・メモリーは、組織の情報共有で重要なのは「組織の全員が同じことを覚えていること」ではなく、「組織の誰が何を知っているかを、組織の全員が知っていることである」という考えです。英語で言えば、一人ひとりが覚えるべきは「What ではなく、Who knows what である」ということになります。

「誰が何を知っているか」を覚える程度なら、それは人の情報処理力でも十分に可能です。例えば、各社員が「このことは自分では分からないけれど、あの部署の彼なら知っているのではないか」と思い出せることです。米ハーバード大学のダニエル・ウェグナーが1987年に提示したこの考えは、その後経営学者や心理学者により多くの検証がなされ、一般にトランザクティブ・メモリーが高い組織・グループはパフォーマンスが高くなる傾向が分かっています。

近年の経営学では、フェイス・トゥ・フェイスでの交流を直接持つことが、トランザクティブ・メモリーを高めやすいという研究成果が挙がっていることも、第8章で述べました。

では、日本ではどのような企業が高い水準のトランザクティブ・メモリーを持っているのでしょうか。これは私もよく聞かれる質問ですが、私は個人的な経験から「日本では、総合商社に高いトランザクティブ・メモリーを持っているところがある」と考えています。

私個人の経験では、いくつかの総合商社には「この問題は自分では分からないけれど、あの部署の○○なら知っているかも」という認識が広まっており、そしてその人に内線一本をかけるだけで、気軽に直接聞きにいける雰囲気があると感じています。実際、総合商社の方とお話をしても「確かに、うちの会社にはトランザクティブ・メモリーがあります（昔はありました）」という方が、多くいらっしゃいます。

興味深いのは、そういった方々の中には、その背景に独身寮を挙げる方が多いことです。商社では新人の頃は多くが独身寮に入ることが多く、そこで同期同士のフェイス・トゥ・フェイスの交流が高まるのだそうです。その後社員は様々な部署や国に配置されるわけですが、独身寮時代にトランザクティブ・メモリーを高めているので「Who knows what」の横のつながりがあり、分からないことがあっても「あいつなら知っているはずだから、聞いてみよう」という感覚が国境や部署を超えて行き渡っているのです。

《参考文献》
Wegner, D., Raymond, R. & Erber, R. 1991. Transactive Memory in Close Relationships. *Journal of Personality and Social Psychology*, vol.61: 923-929.

Part 5

グローバルという幻想

第11章 真に「グローバル」な企業は、日本に3社しかない

最近はとかく「グローバル」という言葉をよく耳にします。メディアでこの言葉を見ない日はありません。「グローバル化」や「グローバル企業」をはじめ、最近は「グローバル人材」という言葉もはやっています。

正直、これらの言葉にやや食傷気味の方もいるのではないでしょうか。その理由の一つは、そもそも「グローバル化」とは正確に何を指すのか、「グローバル企業」はどのくらいあるのか、などの基本知識を我々が十分に共有していないからかもしれません。そこで本章と次章では、最先端の経営学における「グローバル」の知見を紹介していきましょう。

まずは「グローバル企業」です。実は、近年の世界の経営学では「グローバル企業はほとんど存在しない」と主張されています。それどころか、これは学者たちのコンセンサスになりつつあ

ると言ってよいかもしれません。本章は、なぜこのような議論が起きているかを紹介しましょう。

そもそもグローバル企業とは？

そもそもグローバル企業とは、何なのでしょうか。色々な定義があると思いますが、真にグローバルな企業の条件の一つは、「世界で通用する強みがあり、それを生かして世界中でまんべんなく商売ができている」ことではないでしょうか。

例えば優れた商品・サービスを持つ企業であれば、それは世界中で売れるはずです。もちろん国ごとに消費者の好みや商慣習は違いますから、現地に適応することは必要です。とはいえ、商品力・技術力・あるいは人材・ブランドなどが圧倒的に強い世界的企業なら、アジア、北米、欧州を問わず、どこでも成功できるはずです。このような、海外で成功する企業の強みのことを、経営学では「企業固有の優位性（Firm Specific Advantage, FSA）」と呼びます。

では仮に、ＦＳＡを持って世界中でうまく商売できている企業、すなわち「世界中からまんべんなく売り上げを得ている企業」を「真にグローバルな企業」としましょう。このような企業はどのくらいあるのでしょうか。

この疑問を分析し、近年の国際経営学に大きな影響を与えたのが、米インディアナ大学の重鎮、アラン・ラグマンです。彼が２００４年に「ジャーナル・オブ・インターナショナル・ビジネス・スタディーズ」（以下、ＪＩＢＳ）に発表した論文は、大変な反響を呼びました[注1]（カナダ・カルガリー大学のアレン・ヴェルビクとの共著）。

この論文でラグマンたちは、２００１年時点で米フォーチュン誌ランキング世界主要５００社の中から、売り上げデータの内訳が取れる３６５社を抽出しました。世界の海外直接投資の約９割はこの５００社によるもので、その中の３６５社ですから、主要な「巨大多国籍企業」の大部分をカバーしているといえます。

さらにラグマンたちは、世界市場を「北米地域」「欧州地域」「アジア太平洋地域」の三極に分けました。２００１年時点でこの三極を世界の主要市場と見なすのは妥当でしょう。ラグマンたちは、多国籍企業３６５社それぞれごとに、三地域での売り上げシェアを精査・集計したのです。

まず、ラグマンたちは、各多国籍企業の本社が置かれている地域（フランス企業なら欧州、カナダ企業なら北米）を「ホーム地域」（home region）と呼びました。そして企業全体での売り上げ構成のうち、ホーム地域からの売り上げが5割以下で、他の二地域からの売り上げが2割以上となっているなら、その企業は「世界中からまんべんなく売り上げられる構成になっている」という意味で、「真のグローバル企業」と呼べるだろう、と定義づけたのです。もちろんこの「ホー

（注1）　Rugman, A. & Verbeke, A. 2004. A Perspective on Regional and Global Strategies of Multinational Enterprises. *Journal of International Business Studies*, vol.35: 3-18.

ムから5割以下、他の二地域からは2割以上」という基準はあくまでラグマンたちが設定したものですが、しかし世界中でまんべんなく売り上げられるＦＳＡを持つ巨大多国籍企業なら、それほど厳しい基準ではない印象もあります。

ではこの分析を通じて、真のグローバル企業はどのくらいあったのでしょうか。ラグマンらの分析結果は、実に興味深いものでした。本稿で重要な結果は、以下の二つです。

発見1．ホーム地域への強い依存：

分析からは３６５社のうち実に３２０社が、売り上げの半分以上をホーム地域からあげていることが分かった。逆に言えば、ホーム地域外からの売り上げが半分を超える企業（＝ホーム地域だけに依存しない企業）は、45社しかない。

発見2．真のグローバル企業は9社だけ：

さらにこの45社のうちで、ホーム外の２地域（フランス企業なら、北米とアジア太平洋）の両方からそれぞれ２割以上の売り上げシェアを実現できている企業、すなわち「世界の主要三地域で、まんべんなく売り上げている企業」は、９社しか存在しない。

「真にグローバルな企業」はほとんど存在しない

この発見は、経営学者たちにとっては衝撃的なものでした。

なぜかというと、それまでの主要な国際経営理論では、「企業がグローバル化する」とは「企業が自国以外の国でビジネスをする」という単純な概念だったからです。例えば、あるフランス企業が優れた技術やブランドなどの強み（＝ＦＳＡ）を持っていれば、もちろん現地への適応は必要とはいえ、そのＦＳＡを使って米国でも、アジアでも、どの国・地域からも売り上げを増やせるだろう、と予測できました。

しかし現実には、そのような「真のグローバル化」を実現させている多国籍企業は、2001年時点で世界中見渡しても9社しかなかったのです。ちなみにこの9社はＩＢＭ、インテル、フィリップス、ノキア、コカ・コーラ、フレクストロニクス、モエ・ヘネシー・ルイ・ヴィトン、そしてソニーとキヤノンです。

例えば、グローバル企業のイメージが強いマクドナルドは、（少なくともこの分析当時は）この中に入っていません。日本を代表するトヨタ自動車やホンダも、欧州では苦戦しており、世界三地域でまんべんなくは売り上げられていません。

このことは「優れた多国籍企業でも、その優位性はホーム地域では威力を発揮するが、他地域では通用しない」可能性を示しています。フランスの優れた企業は欧州では勝てても、同時にアジアでも北米でも勝つことはきわめて難しい、ということです。極論すれば、「世界中でまんべんなく通用する優位性」を企業が持つのはほとんど不可能、ということになります。

もちろんこれは売り上げデータだけの分析ですので、結果の解釈には慎重を期さねばなりません。例えば、ホーム地域の経済規模が大きければ、それだけ企業のホームからの売り上げは大きくなります。コンシューマー向け企業とB to B企業でも、状況は違うでしょう。理想的には、利益データの分析結果も見たいところです。とはいえ、売り上げというきわめて一般的な情報の単純集計からこのような結果が出たことは、当時の経営学者を驚かせるには十分でした。

このラグマンの２００４年論文以降の国際経営学は、「企業のグローバル化」という概念を「盲目的に単純化させてはならない」という流れになっています。

真にグローバルな日本企業は？

では日本企業についてでは、はどうでしょうか。

先ほどのラグマンの２００４年論文では、真にグローバル化している大企業は世界に９社しかなく、そのうちの2社（ソニー、キヤノン）が日本企業でした。実はラグマンは、その後２００８年に英ウォーリック大学のサイモン・コリンソンと共同で「ジャーナル・オブ・インターナショナル・ビジネス・スタディーズ」（ＪＩＢＳ）に日本企業に特化した論文を発表しています。(注2)

先の論文が２００１年のデータを使ったのに対し、この論文では２００３年のデータを使っています。２００３年の時点でフォーチュン誌ランキング世界主要５００社のうち、日本企業は64社ありました。そのうち「ホーム地域」であるアジア太平洋からの売り上げが半分を超える企業は57社にのぼります。64社平均では81%が同地域からの売り上げとなりました。

なお、この論文で「世界三地域でまんべんなく売り上げている真のグローバル企業」という結果になったのは、上記のソニー、キヤノンに、マツダを加えた3社だけでした。(注2)

２０１４年の「真にグローバルな企業」は

ラグマン＝コリンソンの研究も10年以上前のデータを使っていますから、ここで当然気になるのは、最近の日本企業の状況です。そこで、２０１５年のフォーチュン誌ランキング世界主要５００社にリストされている日本企業について、私自身で調べてみることにしました。

（注2） Collinson, S. & Rugman, A. 2008. The Regional Nature of Japanese Multinational Business. *Journal of International Business Studies*, vol.39: 215-230.

まず、2015年にフォーチュン500社に選ばれている日本企業は、全部で54社でした。この10年余りで、10社減ったことになります。このうち2014年のアジアへの売り上げデータが取れた43社について計算すると、日本を含んだアジアからの売り上げが半分を超える企業は36社となりました。

そして「真のグローバル企業」の条件を満たしたのは、キヤノンとマツダだけになりました(注3)。2003年に当てはまった3社のうち、2社が2014年もこの基準に当てはまったのです。ちなみにソニーは、2014年のデータでは北米での売り上げが18・6%となり、ギリギリで当てはまりませんでした。

他企業では、例えばトヨタはアジア域内で47%、北米で34・6%の売り上げですが、欧州では9・9%とやはりまだ基準に達していません。北米で半分近くの売り上げを稼ぐホンダ(49%)と日産自動車(46%)も、欧州からの売り上げはそれぞれ5・3%、15・0%で「2割以上」の基準には届いていません。

グローバルに通用する強みと、アジアだけで通用する強み

2004年にラグマンらのJIBS論文が発表されて以降、世界の経営学におけるグローバ

(注3) みなさんのなかには、日本国内で業界中位のポジションにいるマツダが「真のグローバル企業」というのは、抵抗があるかもしれません。しかし逆に言えば、普通の企業なら、「国内業界中位なのに北米と欧州で一定の売り上げを実現する力を持つ」のは難しいはずです。やはり「世界の複数の地域でまんべんなく売り上げられる力」がマツダに備わっている可能性がある、とはいえるでしょう。

ル企業の考え方は、大きく転換しました。

先ほど述べたように、それ以前の経営学では、企業が海外ならどこでも通用する固有の強み（ＦＳＡ）を持っていると考えられていました。しかし、そのような「世界中で通用するＦＳＡを持っている企業」はこの世にほとんどないことが明らかになったからです。

さらに、大部分の多国籍企業は、売り上げの半分以上を本社のある地域からあげているのです。フランス企業はやはり欧州で強みを発揮しやすく、日本企業はアジアで強みを発揮しやすいのです。ラグマンたちは、これを企業の「地域特有の強み（Regional Specific Advantage, RSA）」と呼んでいます。

したがって日本企業にとっては、「自社のアジアで通用する強み（ＲＳＡ）が、そのまま世界中で通用するＦＳＡとはならない」という認識を持つことが肝要だ、と私は考えます。ＲＳＡとＦＳＡは明確に区別されるべきなのです。

例えば日本の自動車メーカーの強みの一つは、効率的な生産プロセスや開発能力にあります。アジアの国々の多くは、日本同様に勤勉で学習意欲が盛んな労働者に恵まれているから、日本の自動車メーカーのこの強みはアジアで発揮しやすいＲＳＡとなっているのかもしれません。また、近接性からくる日本ブランドの強さも、ＲＳＡの一つでしょう。新興市場なので有力ディーラーを確保しやすい、といったこともあるのかもしれません。

他方で欧州では、アジアほど勤勉で学習意欲のある労働者の確保が難しいことも多いはずです。また欧州の消費者は民族ブランド信仰が依然強く、優良ディーラーは現地メーカーに囲い込まれています。すなわち、日本の自動車メーカーがアジアで発揮できるRSAが欧州では通用しないのです。同じことは他国の自動車メーカーにも当てはまるかもしれません。だからこそVWなど欧州メーカーの多くは米国で苦戦し、一方で米国メーカーは日本市場に浸透できないのではないでしょうか。

こう考えると、海外事業を評価する際に「アジアや北米ではこれだけもうかっているのに、欧州でもうけられないのはおかしい」という視点自体が、そもそも修正されなければならないともいえます。まんべんなく三地域で成功している企業は、世界中見渡してもほとんど存在しないのです。この前提をもって、これからの日本企業の国際化における戦略や資源配分を考えていくことが重要だ、と私は考えています。

第12章 「世界がグローバル化した」「フラット化した」を疑え

第11章では「グローバル企業」に注目しましたが、ここでは広義の「グローバル化」に注目しましょう。昨今メディアを見渡すと、どこもかしこも「グローバル化」という言葉にあふれています。「フラットな世界」という表現もよく耳にします。

しかし、「グローバル企業」と同様に、「グローバル化」もその正確な定義や検証がないまま、印象論と言葉だけが先行している気がするのは私だけでしょうか。「グローバル」や「フラット」は、日本のビジネスパーソンへの強迫観念になっている印象すらあります。

実は、海外の経営学（と経済学）では、「現在の世界は、我々が何となく思い込まされているグローバル化とはかなり違う状況になっている」という事実が、次々に示されています。本章では、特に三つの事実を紹介しましょう。それは、「世界はほとんどグローバル化していない」「世界は狭くなっていない」「世界はフラット化していない」の三つです。

現実は「世界一国化」と「鎖国」の間にある

まず「世界はどのくらいグローバル化しているのか」について考えてみましょう。

そもそも「グローバルな状態」とは何でしょうか。この定義に切り込みながら経営学に新しい視点をもたらしたのが、米ハーバード大学経営大学院の教授だったパンカジュ・ゲマワットが2003年に「ジャーナル・オブ・インターナショナル・ビジネス・スタディーズ」に発表した論文です(注1)。

この論文でゲマワットは、「完全にグローバルな状況とは、経済活動が何もかも統合されて一体化されることだから、それは世界がまるで完全に一つの国になったかのような状態のことである」と定義しました。

この真逆になるのは「世界中の国々が全く経済交流をしない」、いわゆる鎖国状態です。すなわち、グローバル化とはあくまで程度論であり、現在はこの「世界の完全な一国化」と「鎖国」を両極端としたスペクトラム上のどこかにある、ということになります。

そしてゲマワットは、貿易、資本流出入、海外直接投資などあらゆるデータの傍証をもって、

(注1) Ghemawat, P. 2003. Semiglobalization and International Business Strategy. *Journal of International Business Studies*, vol.34: 138-152.

図表12－1　「完全なグローバル」と「鎖国」のスペクトラム

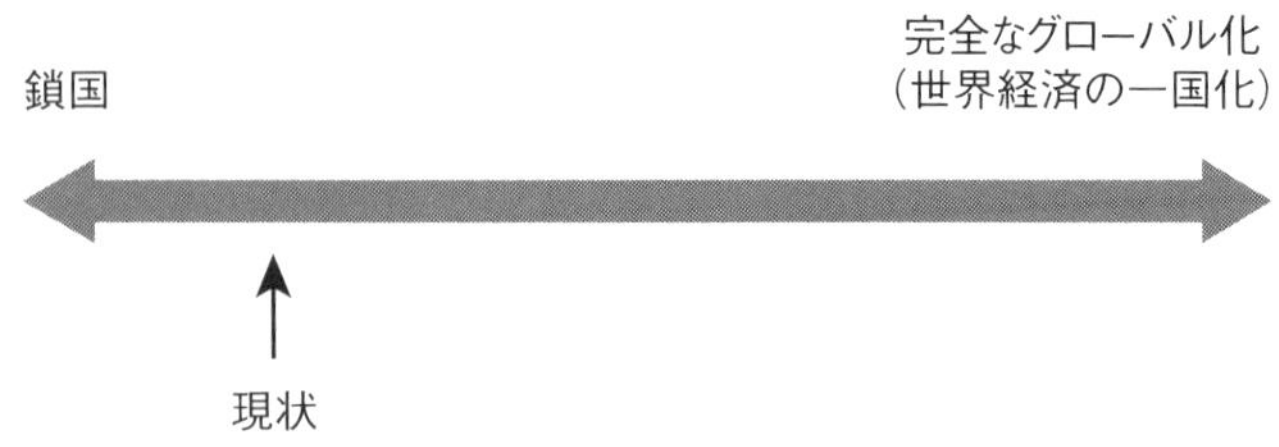

出所：筆者作成

「世界の現状は、いまだこのスペクトラム上の鎖国側に極めて近い状態にある」ことを示したのです（図表12－1）。子細については論文を読んでいただくとして、ここではなかでもＧＤＰ（国内総生産）と貿易データを使った説明を紹介しましょう。

世界は、グローバル化していない

ゲマワットは、現在米ハーバード大学の経済学者であるジェフリー・フランケルが２００１年に発表したデータ分析の結果を引き合いに出します。(注2)

例えば、２０００年に米国ＧＤＰが世界ＧＤＰ総計に占める割合は、約25％でした。「世界の生産」の4分の1を米国が賄っているわけです。もしここで世界が一つの国になったような状態、すなわち「完全なグローバル化」が実現していたらどうでしょうか。

この場合、世界中で完全なモノ・サービスの行き来があって分業するので、米国は自国で生産する部分以外のすべてを他国からの輸入で

（注2）　Frankel, J. A. (2001) Assessing the Efficiency Gain from Further Liberalization. In Porter, Roger B., Pierre Sauve, Arvind Subramanian & Americo Beviglia Zampetti, (eds.) *Efficiency, Equity, and Legitimacy: The Multilateraltrading System at the Millennium*. Brookings Institution Press: Washington, D.C.

図表12－2　各国GDPの世界総GDPに占める割合と、各国の輸入／需要比率の関係（2000年）

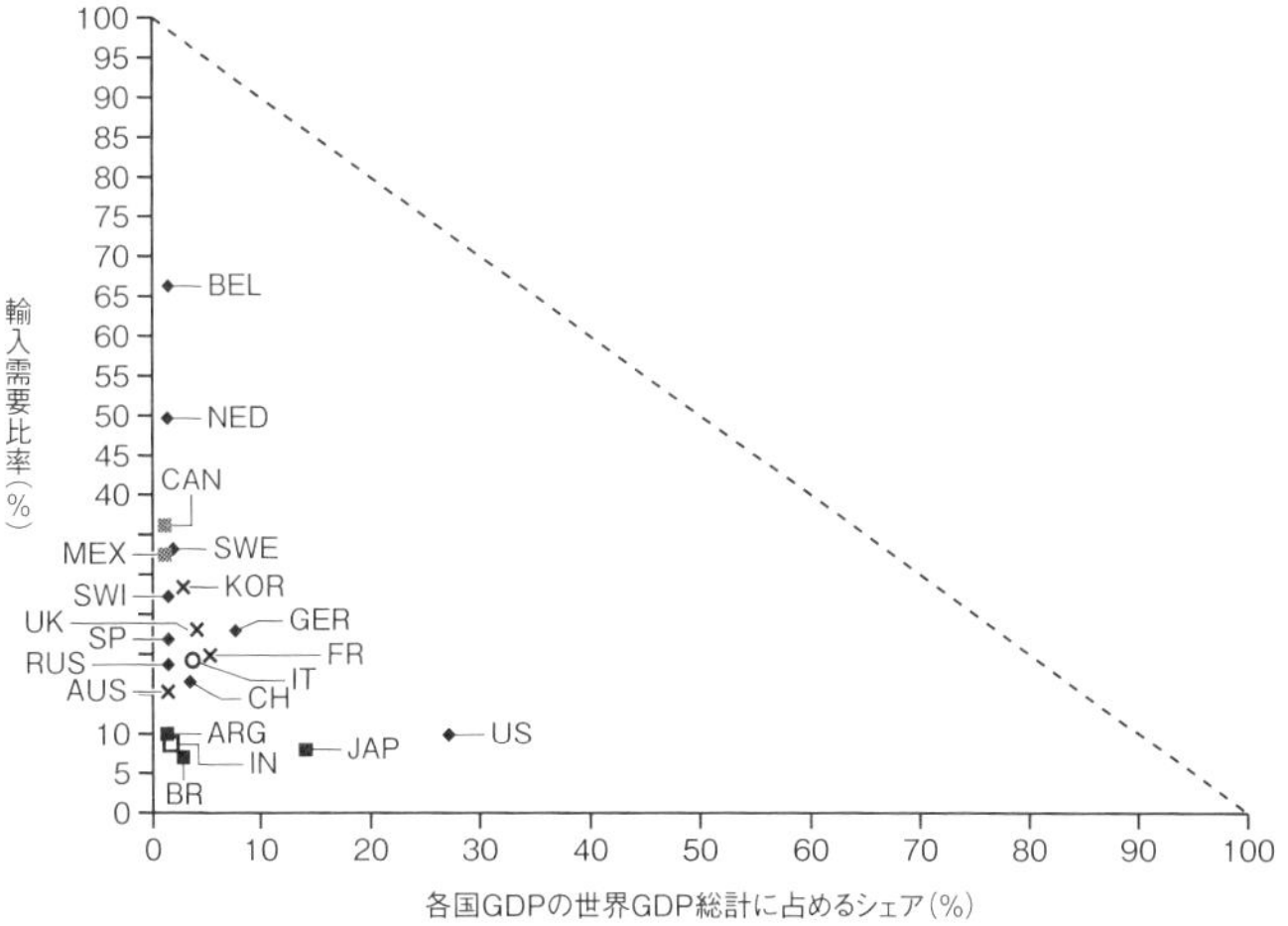

出所：Ghemawat(2003) の図表を基に筆者作成
注：US は米国、JAP は日本、BEL はベルギー、NED はオランダ、CAN はカナダ、SWE はスウェーデン、KOR は韓国、GER はドイツ、FR はフランス、UK は英国、IT はイタリア、CH は中国、ARG はアルゼンチン IN はインド、BR はブラジルを指す。

賄うはずです。すなわち「完全なグローバル」下では、国内需要のうち75％は輸入となるはずなのです。

しかし実際のデータを見ると、米国の需要に占める輸入の割合はわずか12％前後です（図表12－2）。同様に、日本は2000年時点で世界総生産のおよそ12％を占めていますから、理論的な輸入／需要比率は88％ぐらいのはずですが、現実はわずか7～8％程度です。

もちろんこの論法には幾つかの強い仮定があるのですが、とはいえ、現実の世界が「完全なグローバル化」からほど遠い状況にあることは明らかでしょう。ゲマワットはこのような傍証の数々をもって、「世界はグローバル化しておらず、あくまでセミ・グローバル化（中途半端なグローバル化）の状態にある」ことを明らかにしたのです。

世界は「狭く」なってきているか

第二の勘違いは、「世界は狭くなってきている」という通念です。ビジネスにおける「狭さ」とは、国と国の間の「物理的な距離」が経済活動に及ぼす効果のことです。「国と国の距離の壁を超えてビジネスをやりやすくなっている」と感じるからこそ、「世界が狭くなってきた」という表現が使われるはずです。

国際的なビジネス活動の代表は、貿易取引です。国際貿易において国と国の距離が障害になることは、１９７０年代から経済学で盛んに実証されてきました。国同士の距離が遠ければそれだけ物流コストがかかりますし、取引情報のやりとりも難しくなります。

この点を検証するため、経済学者は世界中の国同士の貿易データを使って統計分析をし、各国の経済規模や貿易政策などをコントロールした上でも、やはり二国間の距離が遠いほど、国同士の貿易量にはマイナスの影響を及ぼすことを示してきました（グラビティー・モデルといいます）。

ここで問題なのは、その時系列的な変化です。例えば現在は40年前と比べれば、国際間の輸送コストは低下しており、情報技術の進展で国同士の情報のやりとりも飛躍的にスムーズになっています。だとすれば、過去に見られた「国同士の距離の貿易量へのマイナス効果」は弱くなっていると予想されます。

ところが実際に検証してみると、その傾向はむしろ逆で、国同士の距離のマイナス効果が年々強くなっていることが示されたのです。これを明らかにしたのは、国際経済学の実証研究の大家である加ブリティッシュ・コロンビア大学のキース・ヘッドが仏ＩＮＲＡのアンセリア・ディスディエールと２００８年に「レビュー・オブ・エコノミクス・アンド・スタティスティクス」に発表した論文です。(注3)

世界は「狭く」なってはいない

先に述べたように、国家間の距離が貿易量に与える影響については、１９７０年代から多くの統計分析がありました。ヘッドたちは、過去に発表された１０３の実証研究から得られた１４６７の推計値を集計してメタ・アナリシス分析をしました（メタ・アナリシスについては38ページの経営学ミニ解説を参照してください）。

彼らの分析によると、例えば１９７０年代のデータを使った研究では「距離の違いによる貿易量の変化の弾性値」は平均で０・９となりました。これは国と国の距離が１％ポイント長くな

（注3） Disdier, A. & Head, K. 2008. The Puzzling Persistence of the Distance Effect on Bilateral Trade. *Review of Economics and Statistics*, vol.90: 37-48.

ることで、貿易量が0・9%ポイント減ることを意味します。そしてこの弾性値は、90年代以降では0・95に上昇しているのです。この論文をヘッドたちは以下のように締めくくっています。

These findings represent a challenge for those who believe that technological change has revolutionized the world economy, causing the impact of separation to decline or disappear.

「これらの結果は、「技術の進歩により（距離による）『世界経済における国々の間の分断』が減ってきている」と信じている人たちへの、挑戦的な結果といえるだろう」（筆者意訳）。

さて、ヘッドの論文は2001年までのデータを使っています。ではインターネット取引が充実している2010年代の現在でも、やはり距離の影響はあるのでしょうか。実は、インターネット取引も距離の影響を受けやすい、という研究成果も得られています。

加トロント大学のベルナルド・ブラムとアヴィ・ゴールドファーブが2006年に「ジャーナル・オブ・インターナショナル・エコノミクス」に発表した論文では、1999年末から2000年3月までに、米国と他の国の間においてインターネット上で取引されたデジタル製品・サービスの量と各国との距離の関係を統計分析しており、その弾性値は1・1となりました。(注4)

（注4） Blum, B. & Goldfarb, A. 2006. Does the internet defy the law of gravity? *Journal of International Economics*, vol.70: 384-405.

先のヘッドの研究の弾性値（０・９－０・９５）よりもむしろ大きな値なのです。インターネット取引だから距離の影響を受けない、とはいえないようです。

ちなみに、この弾性値が特に高い（距離的に近い取引が好まれる）傾向は、アニメ、ゲーム、ポルノグラフィーなど、インターネット上でも特に嗜好性の高いデジタル・コンテンツ取引で顕著なのだそうです。

世界はフラット化していない

さらにグローバル化のパターンについても、新しい知見が出てきました。それは、「グローバル化はフラットか、スパイキーか（フラットの逆で、ギザギザしているという意味）」という視点です。

最近は、モノ・カネ・人などが世界中のあらゆる国・地域でまんべんなく行き渡ることを、「フラットな世界（Flat World）」という言葉で総称することがあります。この言葉は、ジャーナリストのトーマス・フリードマンが２００５年に発表した著書『The World Is Flat. A Brief History of the Twenty-First Century』（Farrar Straus & Giroux刊）で使い、いまや世界中で使われています。語感もいいので、日本のメディアで使われることもあります。

しかしこれに対して、多くの経営学者（と経済学者）たちは、フリードマンのこの感覚的な主張を批判しています。先のゲマワットがまさにそうです。ゲマワットは先に述べたような傍証から世界はセミ・グローバリゼーションにあり、フラットになど全くなっていない、と述べます。UCLA（米カリフォルニア大学ロサンゼルス校）の国際経済学者エドワード・リーマーも、2007年に「ジャーナル・オブ・エコノミック・リタラチャー」に発表した論文の中で、様々な角度から「フラット化する世界」を手厳しく批判しています。(注5)

さらに加トロント大学のリチャード・フロリダは、多くの学術論文やメディアへの寄稿を通じて、「世界中の経済活動、特に知的活動や起業活動などは、特定の都市など狭い地域への集中が進んでいる。すなわち世界はむしろスパイキー化しつつある」と主張しています。

ベンチャーキャピタルの国際化に見られる矛盾

国境を超えたビジネス、投資にも、フラットではなくスパイキーな傾向が見られることを示したのは、私がニューヨーク州立大学バッファロー校のヨン・リーとピッツバーグ大学のラビ・マドハヴァンと共に、2011年に「ストラテジック・アントレプレナーシップ・ジャーナル」に発表した論文です。この論文で、私とリー、マドハヴァンは、米国を中心としたベンチャー・

（注5） Leamer, E. 2007. A Flat World, a Level Playing Field, a Small World after All, or None of the above? A Review of Thomas L. Friedman's "The World is Flat". *Journal of Economic Literature*, vol. 45: 83-126.

（注6） Iriyama, A., Li, Y. & Madhavan, R. 2010. Spiky Globalization of Venture Capital Investments: The Influence of Prior Human Networks. *Strategic Entrepreneurship Journal*, vol.4: 128-145.

キャピタル（ＶＣ）の国際投資を統計分析しました。(注6)

そもそもＶＣ投資には、ローカル化する傾向があります。なぜなら、ベンチャー・キャピタリストは投資先を選定するために投資候補の起業家に何度も会う必要がありますし、投資後も頻繁に投資先企業の経営をチェックし、様々なアドバイス（ハンズオン）をすることもあるからです。人間同士の密な交流を必要とするビジネスなのです。

したがってベンチャー・キャピタリストは、距離が近いスタートアップに投資しがちです。ハーバード大学のポール・ゴンパースとジョシュ・ラーナーの推計によると、米国はあれほど広大なのに、スタートアップ企業とそのリーディング・インベスターであるベンチャー・キャピタル（ＶＣ）企業の距離の中位値はわずか94キロしかありません。(注7)この近接性を好む傾向により、シリコンバレー、ボストン、シアトルなどの特定の地域にＶＣ投資が集中する「スパイキー化」が起きるのです。

ところが近年になって、米国から海外へのＶＣ投資や、逆に海外ＶＣ企業の米国への投資が急速に増えてきています。これまでローカルでスパイキーだったＶＣ投資で、グローバル化が進展しだしたのです。すなわち、グローバル化とローカル化が同時に起きているのです。

この矛盾を説明するために、私たちは「スパイキーな国際化（Spiky Globalization）」という新しい国際化のパターンを提示しました。

（注7） Gompers, P.A., Lerner, J. (2004) *The Venture Capital Cycle*. The MIT Press: MA.

これからはスパイキーなグローバル化が進む？

これは「ＶＣ投資のような、情報集約型で人と人の交流を必要とするビジネスの国際化は、国と国の間で起きるのではなく、ある国の特定の地域と別の国（の特定の地域）で集中して起きるのではないか」という考えです。

例えば、米国と台湾は近年ＶＣ投資や起業家の交流が盛んですが、これは米国全土と台湾全土で起きているのではありません。米国の中でもカリフォルニア州のシリコンバレーというきわめて狭い地域と、台湾の新竹というこれまた狭い地域の間で起きているに過ぎません。

この点を検証する端緒として、私はマドハヴァンやリーと共に、全米の各州と世界各国の間のＶＣ投資のデータを使って、両者の関係を「Intensity Index」という指標で数値化しました（両者の関係がニュートラルなとき、指数は1になる）。

そして、例えば「台湾とカリフォルニア州（＝２・０）」「インドとニューヨーク州（＝２・２）」、「イスラエルとニュージャージー州（＝２・４）」など、やはり米国の特定の州と海外の特定国の間の組み合わせでＶＣ投資の結びつきが極端に強くなることを明らかにしたのです。台湾とカリフォルニア州の関係はよく知られていますが、イスラエルとニュージャージー州の関係も興味深いでしょう。同州は医療産業が集積する地域クラスターとなっており、バイオベンチャーが盛んなイスラエルとの関係が強まっているのです。例えば私の手元データでは、ジョンソン・エンド・ジョンソンが同州に持つCVC（コーポレート・ベンチャー・キャピタル）企業がイスラエルに積極的に投資しています。

この「スパイキーな国際化」の分析は緒についたばかりであり、さらなる研究が求められます。しかし、これはいま興隆している多くのスタートアップ活動やVC投資がそうであるように、ビジネスが情報集約型になって人と人との密な交流が重要になればなるほど、「国と国」という広すぎる単位でグローバリゼーションを捉えることに意味がなくなることを示唆しています。

最近は東京の渋谷、京都、福岡などで若い起業家が集積しつつあります。今後は日本でも、都市・地域間で「起業の活性化競争」が活発になるでしょう。日本の起業社会が海外のダイナミズムを取り込むには、このスパイキー・グローバリゼーションを前提に、国単位ではなく、各都市が独自に海外都市との連携を積極的に図ることも有用かもしれません。

単純なグローバル化論から、一歩引いた視点を

前章・本章と、日本のビジネスメディアで何となく使われている「グローバル」について、最

先端の経営学（と経済学）の知見を紹介してきました。

本稿の主旨は、日本企業がグローバル化できていないとか、それがダメとかいうことではありません。私の主旨は、「グローバル」という言葉を独り歩きさせないで、その意味合いをきちんと整理すること、そして世界各国の企業・経済動向を定量データから客観的に把握することの重要性です。

昨今の「何でもグローバル」の風潮では、何だか世の中、モノも情報も人も企業も、何もかもがすべて世界中で均一につながってワーッと押し寄せてきている、世界はフラットになっている、世界の距離は縮まった、という印象を抱きがちです。「強い多国籍企業は世界中の市場を支配している」といったイメージもあるかもしれません。

しかし、経営学（あるいは経済学）では、このような単純なグローバル化の視点に待ったをかける研究・論考が出てきているのです。こういった視点からみなさんのビジネスを考え直してみることも、有用ではないでしょうか。

経営学ミニ解説 5

AAA分析

第13章で述べたように、元ハーバード大学のパンカジュ・ゲマワットの分析などから、いま世界は完全なグローバル化からはほど遠く、むしろセミ・グローバリゼーション（中途半端なグローバル化）の状況に近いことが分かっています。逆に言えば、企業もこの「世界は中途半端なグローバル化にある」という前提を基に、海外事業戦略を再考する必要があるといえます。

例えばゲマワットが提示しているのは、「AAA（トリプルエー）」というフレームワークです。これは以下の三つのAで始まる戦略的方向で構成されます。

集積（Agglomeration）

生産・開発拠点などを一国に集中させ、スケールメリット・集積による学習効果を高める。

適応（Adaptation）

一国一国の顧客や経営環境の違いに、細かく対応することに注力する。

裁定（Arbitrage）
労働コストの低い国に生産拠点を移すなど、国と国の格差をあえて活用する。

AAAフレームワークは、「世界が中途半端なグローバル化」だからこそ重要な視点です。世界が完全に統合されていないから、特定の国を選んで「集積」するメリットが出てきます。国同士に差異があるから、各国事情に合わせた「適応」戦略が必要になるし、「裁定」のメリットも出てくるわけです。世界のグローバル化は今後も当面は「中途半端」でしょうから、AAAの視点は今後の日本企業の海外展開に有用でしょう。

ここで大事なのは、AAAのうち「どれを選び、どれを組み合わせ、どれを捨てるか」のメリハリをつけることだと、私は考えています。ゲマワットも「ハーバード・ビジネス・レビュー」に掲載した論文で述べていますが、3つのAはトリレンマの状況に近く、すべてを同時に追求することはきわめて難しいからです。

この意味で岐路に立たされているのは、日本のメーカー、例えば機械・電機メーカーかもしれません。同業界の企業の多くは、これまで本社に優秀な人材が集まっていて（＝集積）、他方で中国・東南アジアでの生産によるコスト競争力の向上（＝裁定）を進めてきました。

しかし近年になって、生産移管したアジアの国々がむしろ成長市場となっており、その国の消費者特性に合わせた戦略に注力する必要も出てきています（＝適応）。すなわち、三つのAを同時にバランスさせようともがいているのが、現在の日本メーカーの苦戦の背景の一つといえるかもしれません。次のページの図表

図表V　AAA分析と日本企業のポジション

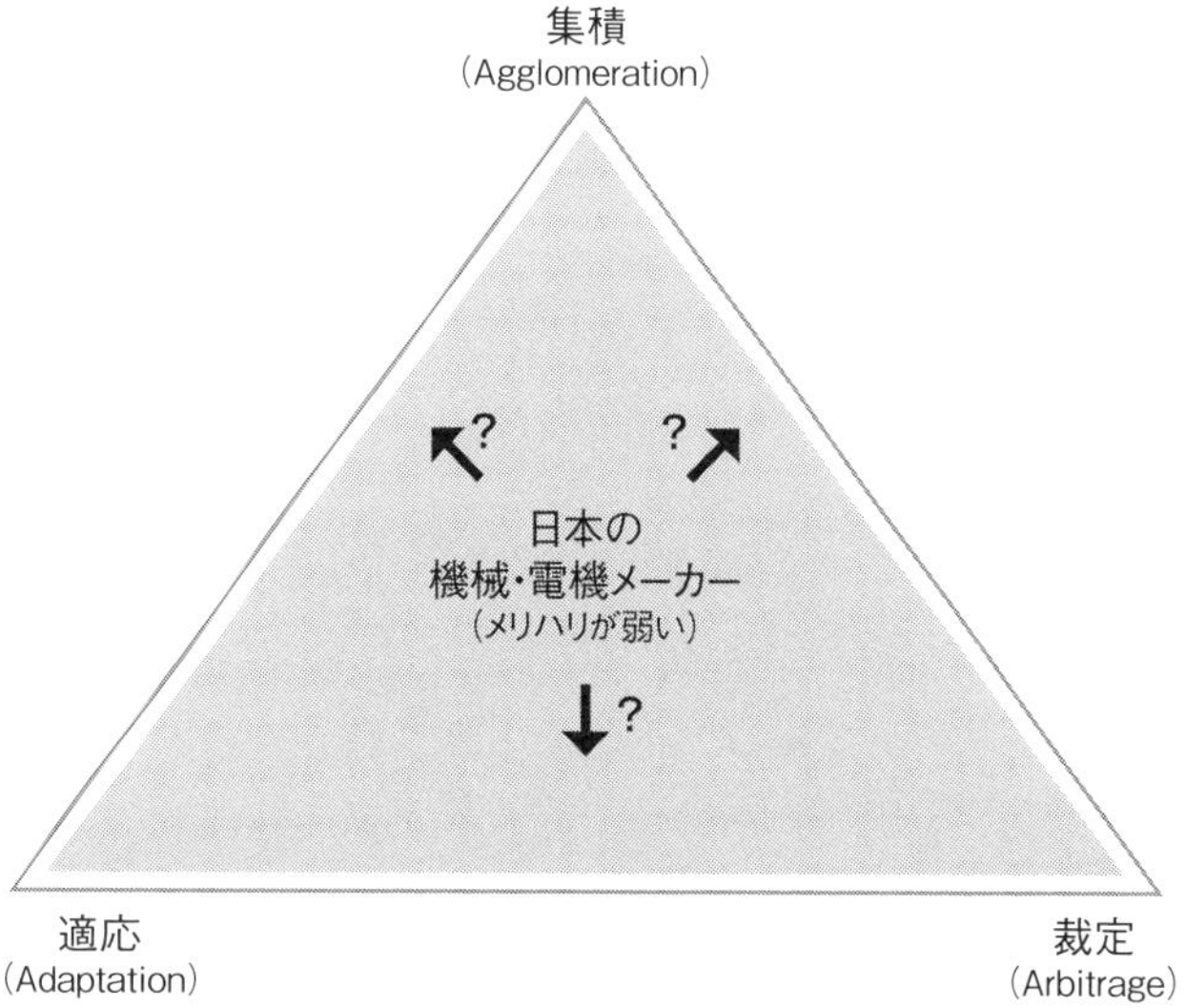

出所：筆者作成

はその状況を表しています。

したがってこういった企業が検討すべきは、少なくともどれか一つのAを放棄してメリハリをつけることでしょう。例えば現地の情報収集・意思決定（＝適応）の迅速化をさらに優先するのであれば、本社機能を大胆に現地委譲する（すなわち集積のメリットを放棄する）のが一案になります。

実際、いま注目されている企業には、メリハリのある「AAA戦略」が目立ちます。経済産業省の「2013年度グローバルニッチ・トップ企業100選」にも選ばれている日本製鋼所はその好例です。同社は原子炉圧力容器と発電機用の超大型一体化鍛鋼品で世界市場のシェアの多くを占めていますが、その生産はすべて北海道室蘭市の製作所に集中しています。もちろん「重いものをつくっている」という特性もありますが、それに加えて「裁定」と「適応」をある程度犠牲にしても、「集積」に注力することで高い技術力を蓄積して国際競争力の源泉にしているといえるでしょう。

他方、ファスナー生産で世界トップシェアのYKKはむしろ徹底した現地化による「裁定」と「適応」を進めています。その一方で吉田忠裕会長が「オペレーション上の本部は、必ずしも日本である必要はない」と発言するように、日本での「集積」にはこだわっていないようです。[注1]

このように、メリハリのついたAAA戦略を考えることは、みなさんの企業の海外展開戦略を深く考える上で、有用な視座となり得るかもしれません。

（注1）朝日新聞グローブ2014年9月16日配信記事より

《参考文献》

Ghemawat, P. 2007. Managing Differences: The Central Challenge of Global Strategy. *Harvard Business Review*, March.

Part 6

働く女性の経営学

第13章 日本企業にダイバーシティー経営は本当に必要か

本章と次章では、日本でも最近注目度が高い「ダイバーシティー」「女性・外国人の活用」に関連する、先端の経営学の知見を紹介していきましょう。

特に最近、「ダイバーシティー経営」という言葉がよく聞かれます。ダイバーシティーとは「人の多様性」のことで、ダイバーシティー経営とは「女性・外国人などを積極的に登用することで、組織の活性化・企業価値の向上を図る」という意味で使われるようです。実際、女性・外国人を積極的に登用する企業はいま注目されていますし、日本政府もこの風潮を後押ししているようです。

ところが、世界の経営学では、上記の通念とは全く異なることが主張されています。すなわち「性別・国籍などを多様化することは、組織のパフォーマンス向上によい影響を及ぼさないばかりか、マイナスの影響を与えることもある」という研究結果が得られているのです。

なぜ「ダイバーシティー経営」は組織にマイナスなのでしょうか。何が問題で、では私たちはどのような組織づくりを目指すべきなのでしょうか。今回は、世界の経営学研究で得られている「人のダイバーシティーが組織にもたらす効果」についての知見を紹介していきましょう。

二種類のダイバーシティー

「メンバーの多様性が組織に与える効果」は経営学の重要な研究テーマであり、40年以上にわたって多くの実証研究が蓄積されてきました。その手法は（1）アンケート調査により組織のメンバー構成とパフォーマンスの関係を統計分析する、（2）様々なメンバーからなるグループ複数に作業をしてもらい、そのパフォーマンスを比較する、（3）取締役会メンバーの多様性と企業の業績（利益率など）の関係を統計分析する、といったあたりに大別されます。

実は経営学者の間でも、「組織メンバーの多様性の効果」についてのコンセンサスは、長い間得られませんでした。ある研究は「多様性は組織にプラス」となり、別の研究では「むしろマイナス」という結果が得られてきたのです。

しかし近年になって、学者の間でも大まかな一つの合意が形成されてきた、というのが私の認識です。それは「ダイバーシティーには二つの種類があり、その峻別が重要である」ということなのです。その二つとは「タスク型の人材多様性」と「デモグラフィー型の人材多様性」です。「タスク型の人材多様性（Task Diversity）」とは、実際の業務に必要な「能力・経験」の多様性です。例えば「その組織のメンバーがいかに多様な教育バックグラウンド、多様な職歴、多様な経験を持っているか」などがそれに当たります。

他方、「デモグラフィー型の人材多様性（Demographic Diversity）」とは、性別、国籍、年齢など、その人の「目に見える属性」についての多様性です。そして近年の経営学では、この二つの多様性が、組織パフォーマンスに異なる影響を与えることが分かっているのです。

ここでは最近の研究として、米イリノイ大学アーバナ・シャンペーン校のアパーナ・ジョシとヒュンタク・ローが２００９年に「アカデミー・オブ・マネジメント・ジャーナル」誌に発表した論文(注1)と、米セント・トーマス大学のスジン・ホーウィッツと米テキサス大学のアーウィン・ホーウィッツが２００７年に「ジャーナル・オブ・マネジメント」誌に発表した論文を紹介しましょう。(注2)

「研究の研究」で得たダイバーシティーの事実法則

（注1） Joshi A. & Roh, H. 2009. The Role of Context in Work Team Diversity Research: A Meta-Analytic Review. *Academy of Management Journal*, vol.52: 599-627.

（注2） Horwitz, S & Horwitz, I. 2007. The Effects of Team Diversity on Team Outcomes: A Meta-Analytic Review of Team Demography. *Journal of Management*, vol.33: 987-1015.

この2つの論文の特徴は、どちらもメタ・アナリシスという分析手法を使っているところです。メタ・アナリシスの子細は、38ページに記されています。この手法は、過去に発表されてきた研究の統計分析の結果を、再集計して分析します。過去の研究成果の蓄積をまとめあげることで、「その法則は真理に近いのか」について、いわば「決定版」を検証する手法です。

既述のように「組織の人材多様性の効果」の研究は40年の歴史がありますから、多くの実証研究を使ってメタ・アナリシスができます。例えば上記のジョシ達の論文では、1992年から2009年までに発表された39本の研究の結果を再集計して、メタ・アナリシスをしています。ホーウィッツたちの研究では、1985年から2006年までに発表された35本の論文が対象になりました。

彼らのメタ・アナリシスから確認された事実法則のうち、本稿で重要なのは以下の二つです。

法則1：ジョシたちの分析、ホーウィッツたちの分析のどちらとも、「タスク型の人材多様性は、組織パフォーマンスにプラスの効果をもたらす」という結果となった。

法則2：「デモグラフィー型の人材多様性」については、ホーウィッツたちの分析では「組織パフォーマンスには影響を及ぼさない」という結果となった。さらにジョシたちの研究では、「むしろ組織にマイナスの効果をもたらす」という結果になった。

このように、過去の研究を集計したメタ・アナリシスから得られた事実法則では、組織に重要なダイバーシティーとはあくまで「タスク型の人材多様性」のことであり、性別・国籍・年齢などの多様性は組織に何の影響も及ぼさないどころか、場合によってはマイナスの影響を及ぼすこともあり得る、という結論になったのです。

多様性を仕分けよ

なぜこのような結果になるのでしょうか。経営学者たちの間では、以下のような理論的説明がなされています。

まず、「タスク型の人材多様性」の効用は明らかでしょう。ここからは企業に不可欠な「知の多様性」が期待できるからです。

第5章や第6章で述べたように、これまでの経営学の研究蓄積で、「イノベーションの源泉とは知と知の組み合わせ」であり、そのためには「組織の知が多様性に富んでいること」が重要だと分かっています。すなわち、多様な教育・職歴・経験の人材を集めることです。こうした視点からバラエティーに富んだ人材がいるほど、組織の知の多様性を高めるのです。「タスク型の人材多様性」は、組織が新しいアイデア、知を生み出すのに貢献するのです。

これに対して、「デモグラフィー型の人材多様性」を説明する代表的な理論は、社会分類理論(Social Categorization Theory)と呼ばれる、社会心理学の理論です。

同理論によると、組織のメンバーにデモグラフィー上の違いがあると、同じデモグラフィーを持つメンバーと、そうでないメンバーを「分類」する心理的な作用がどうしても働き、同じデモグラフィーを持つ人との交流だけが深まります。結果として「組織内グループ」ができがちになってしまいます。そして、いつのまにか「男性対女性」とか、「日本人対外国人」といった組織内グループの間で軋轢が生まれ、組織全体のコミュニケーションが滞り、パフォーマンスの停滞を生むのです。

このように、世界の経営学で分かってきているのは、組織に重要なのはあくまで「タスク型の人材多様性」であって、「デモグラフィー型の人材多様性」ではない、ということです。

この結果を踏まえて敢えて乱暴な言い方をすれば、「男性社員ばかりの日本企業にとって望ましいダイバーシティーは、多様な職歴・教育歴の『男性』を増やすことである」ということになります。逆にこのような組織が、盲目的に「女性だから」という理由だけで女性や外国人を登用することはリスクが大きい、ということになります。

もちろん、私は「女性を登用するな」とか、「外国人を採用するな」と言いたいわけではありません。私個人は、ぜひもっと日本企業に女性や外国人がもっと登用されてほしいと考えていますし、そういう社会であるべきだと思います。

私がここで申し上げたいのは、「ダイバーシティー経営ブーム」のご時世で、「女性・外国人が加わることが、そのまま組織の活性化につながる」とか、ましてや「企業価値が上がる」と安直に考えてしまうことのリスクです。そういう論説の中には、「タスク型」と「デモグラフィー型」の人材多様性を混同している部分があるようにも見えます。

日本企業のダイバーシティーはどうあるべきか

実際、いまの日本企業の課題は「タスク型の多様性」と「デモグラフィー型」がオーバーラップすることでしょう。

これまで日本企業の多くは、男性社員中心で動いてきました。ここに新しい知見を求める（＝タスク型の多様性を高める）には、日本人男性にはない能力や知見を持つ「女性」「外国人」を取りこむことが効果的であることは、私も間違いないと思います。すなわち日本企業の課題は、

「タスク型の多様性」を高めるために女性・外国人を登用したいが、他方でそれが「デモグラフィー型の多様性」のマイナス効果も同時に強めてしまう、ということなのです。

ではどうすれば、女性・外国人を登用しながらも「デモグラフィー型の多様性」のマイナス効果を減らすことができるのでしょうか。ここでは、経営学で研究されている二つの可能性を紹介しましょう。

第一に、「デモグラフィー型の多様性」のマイナス効果は時間の経過とともに薄れていく可能性が、複数の研究で確認されています（例：米インディアナ大学のクリストファー・アーリーたちが2000年にAMJ誌に発表した論文）。時を経てメンバー間のコミュニケーションが進めばその軋轢が消えていく、ということです（注3）。

しかし、他方で「このような軋轢は時が経過しても消えない」という研究結果もあり、結論は出ていません（例：香港科技大学のジオタオ・リーたちが2005年AMJ誌に発表した論文（注4））。

第二に、それよりも私が注目しているのは、経営学で近年注目されている「フォルトライン（＝組織の断層）理論」です。

（注3） Earley, C. & Mosakowski, E. 2000. Creating Hybrid Team Cultures: An Empirical Test of Transnational Team Functioning. *Academy of Management Journal*, vol.43: 26-49.

（注4） Li, J. & Hambrick, D. 2005. Factional Groups: A New Vantage on Demographic Faultlines, Conflict, and Disintegration in Work teams. *Academy of Management Journal*, vol.48: 794-813.

フォルトライン理論の重要な示唆

フォルトライン理論は、1998年に加ブリティッシュ・コロンビア大学のドラ・ロウと米ノースウエスタン大学のキース・マニンガンが「アカデミー・オブ・マネジメント・レビュー」誌に提唱して以来、研究が進んできています。(注5) この理論では、人のダイバーシティにも複数の「次元」がある点に注目します。

例えば、6人のメンバーから成る組織があったとして、そのうちの3人全員が「男性×白人×50代」で、残りの3人全員が「女性×アジア人×30代」だったらどうでしょう。この場合、それぞれの3人のグループが、「性別、人種、年齢層」の複数次元で共通項を持ってしまうので、それぞれの3人同士が固まりがちになってしまいます(=組織にフォルトラインができてしまう)。

これに対して、もし男性3人には30代、40代やアジア人もおり、他方で女性3人の中にも、50代や白人もいたらどうでしょうか。この場合は、男性・女性以外に、両者に複数のデモグラフィーの「次元」が入り込むので、はっきりとした組織内グループの境界線(=フォルトライン)がなくなり、結果として組織内のコミュニケーションがスムーズになるのです。

実際、その後の複数の実証研究で、この「デモグラフィーが多次元にわたって多様であれば、

(注5) Lau, D. & Murnighan, K. 1998. Demographic Diversity and Faultlines: The compositional dynamics of organizational groups. *Academy of Management Review*, vol.23: 325-340.

組織内の軋轢はむしろ減り、組織パフォーマンスは高まる」という命題を支持する結果が得られています。

この考えを応用するなら、これまで「男性×日本人」中心であった日本企業に、例えば「女性×30代×日本人」だけを何人加えても、それはフォルトラインを高めるだけの結果になってしまいます。しかし、もしここに、さらに「女性×50代×日本人」や「男性×アジア人」、あるいは「女性×40代×欧米人」など、色々なデモグラフィーの「次元」の人々を加えていけば、結果として組織内でのフォルトラインは減っていくことが予想できます。

複数次元でのダイバーシティー実現を

私は、この視点は日本企業のダイバーシティー経営に大切な示唆を与えている、と考えています。すなわち、女性や外国人の登用など「デモグラフィー型の人材多様性」を進めるならば、中途半端にやるのではなく、徹底的に複数次元でダイバーシティーを進めるべきだ、ということです。

逆に、昨今のブームに乗っただけの「中途半端なダイバーシティー経営」は一番よろしくない、ということになります。

一定割合の女性を登用して終わりにするのではなく、そこに「多様な年代の方々を織り交ぜたり、あるいは（男女問わず）外国人も同時に登用したりすることで組織のフォルトラインを減らすことが、真にダイバーシティー経営の成果を得ることにつながる」と私は予想するのですが、みなさんはどのようにお考えでしょうか。

第14章 男性中心職場での「できる女」の条件

前章では、広くダイバーシティー経営について議論しましたが、ここではもう少し絞り込んで、「企業で働く女性」というテーマで、最先端の経営学の知見を紹介したいと思います。

ここ数年、米国では女性が内部昇進して大企業のトップに就任するようになってきました。例えば2014年には、米ゼネラル・モーターズのCEO（最高経営責任者）に生え抜きのメアリー・バーラ氏が着任しました。2012年には米IBMのCEOにバージニア・ロメッティ氏が就任しています。とはいうものの、やはりこういった方々は例外的で、女性経営幹部の数は米国でもまだ多いとはいえません。さらに、日本企業における女性の内部昇進に関する現状に至っては、説明するまでもないでしょう。

なぜ女性の内部昇進は少ないのでしょうか。そもそも社内に女性が少ない、子育てサポートなどの体制が足りない、といった制度的な問題が大きいのは言うまでもありません。しかし実はそれに加えて、組織の本質として女性にハンディキャップがあることも、経営学では分かってきています。今回は中でも「ホモフィリー」という概念を使った一連の研究を紹介しながら、この点を解説していきましょう。

ホモフィリーとは何か

ホモフィリーは、人と人のつながりを分析する「ソーシャル・ネットワーク研究」の中心的な考えの一つです。その命題は、いたってシンプルです。それは、「人は、同じような属性を持った人とつながりやすい」というものです。

「似た者同士がつながりやすい」というのは、みなさんにも直感的ではないでしょうか。人はそもそも心理的に同じ属性の相手に親近感を持ちやすいですし、属性が似ていれば同じことに興味を持つ可能性も高くなります。すなわち、ホモフィリーは「人のつながり」における自然な傾向といえます。

ホモフィリーは欧米の社会学では１９５０年代から盛んに研究が進められており、これまで友人関係、学校、起業家のコミュニティーなど、あらゆるところで「似たような人同士がつながりやすい」事実が統計的に確認されています。みなさんも、自分の友人・知人や、ツイッターなどのＳＮＳ（交流サイト）で、「自分に似た人」を知らずしらずのうちに選んでいることは多いはずです。

ホモフィリーは様々な研究分野に応用されています。例えば疫学では、「健康な人は、健康な人とつながりやすい」傾向があることが主張されています。逆に、不健康な人は不健康な人とつながりやすくなります。

さらに、人はその「つながった相手」から影響を受けやすいことも分かっています。例えば健康な生活をしているＡさんは健康に関する知識を豊富に持っていますから、健康なＢさんがＡさんとつながれば、ＢさんはＡさんから新しい健康の知識を得て、さらに健康になるでしょう。この二人の周りには、他にも健康な人が多くつながりますから、この効果は増幅されていきます。

逆に、不健康なＣさんは不健康な人とつながりやすく、そういった人たちの生活様式に影響されがちなので、さらに不健康になります。ホモフィリーは、健康な人をさらに健康に、不健康な人をさらに不健康にするのです（このテーマに関する最近の研究には、例えば米マサチューセッツ工科大学（ＭＩＴ）のデイモン・セントラが２０１１年に著名科学誌の「サイエンス」に掲載した論文があります[注1]）。

(注1)　Centola, D. 2011. An Experimental Study of Homophily in the Adoption of Health Behavior. *Science*, vol.334: 1269-1272.

社内の人脈ホモフィリーに潜む二重のハンディーキャップ

ホモフィリーを企業に当てはめると、性別が一つの基準になることは言うまでもありません。すなわち男性社員は男性社員と、女性社員は女性社員とつながりやすく、結果、性別による「ホモフィリーな社内人脈」ができるのです。

そして多くの日本企業は男性社員が大半ですから、必然的に「男性のホモフィリー人脈」が厚くなり、よくも悪くもその中でインフォーマルな会社情報がシェアされるようになります。企業幹部の多くは男性ですので、経営方針、人事制度の変更、社内の異動情報などのインフォーマルな重要情報は、いち早く男性の人脈内で回され、男性はますます情報優位になります。逆に少数派である女性のホモフィリー人脈は狭くなりがちですので、女性はますます不利となるわけです。

正確には、ホモフィリーは女性に2種類のハンディーキャップを与えています。第一のハンディキャップは、女性は「男性のホモフィリー人脈」に入りにくいため、そこで流れる情報・知識にアクセスしにくくなることです。例えば現・米ケンタッキー大学のダニエル・ブラスが1985年に「アカデミー・オブ・マネジメント・ジャーナル」誌に発表した論文では、米新聞社の社員140人を調査した統計分析により、女性が男性中心の人脈の中で人間関係をつく

る難しさを明らかにしています。(注2)

第二のハンディーキャップは、女性のホモフィリー人脈が薄いことです。この点に関して、米ハーバード大学のハーミニア・イバラが1997年に「ソーシャル・サイコロジカル・レビュー」に掲載した論文を紹介しましょう。(注3)

イバラは米大企業4社のマネジャー男女63人を対象として、それぞれが「業務・キャリア形成のために、誰からアドバイス・情報をもらっているか」を調査しました。さらにイバラは、各社上層部の情報から、「この人は昇進が早いだろう」と社内で評価されているマネジャー（以下、ハイポテンシャル人材＝HP人材）と、そうでないマネジャー（以下、ノンハイポテンシャル人材＝NHP人材）に分類しました。その分類に基づいて統計分析をし、以下の結果を得たのです。

結果1：HP人材かNHP人材かにかかわらず、女性のほうが男性よりもホモフィリー人脈を活用できていない。

結果2：しかし、女性のなかでHP人材とNHP人材を比べると、HP人材のほうがホモフィリー人脈を活用できている。

(注2) Brass, D. 1985. Men's and Women's Networks: A Study of Interaction Patterns and Influence in an Organization. *Academy of Management Journal*, vol.28: 327-343.

(注3) Ibarra, H. 1997. Paving an Alternative Route: Gender Differences in Managerial *Networks. Social Psychology Quarterly*, vol.60: 91-102.

マジョリティーにはない苦労

結果1は、そもそも男性中心の会社では、女性のホモフィリー人脈が自然と薄くなる、という「第二のハンディーキャップ」を示しています。

興味深いのは結果2です。にもかかわらず、HP人材の女性は、NHP人材の女性よりも女性人脈を好んで活用しているのです。この結果についてイバラは、「男性中心の企業にいる女性が成功するには、同じ困難に直面したことのある女性同僚からのアドバイスが重要だからではないか」と解釈しています。女性には女性特有の仕事上の悩みがあり、その解決法は男性人脈では得られない、というわけです。

念のためですが、これは女性が男性人脈を頼らなくていい、という意味ではありません。HP人材の女性のほうがNHP人材よりも「相対的に」同性の人脈を活用している、ということです。

例えば、イバラが1992年に「アドミニストレイティブ・サイエンス・クオータリー」に発表した別の論文では、ある新聞社の社員140人の統計分析から、女性は仕事に直結した情報を何とか男性人脈から得ようとし、他方でよりパーソナルなことに関するアドバイス・情報は女性人脈から得ている傾向を明らかにしています。(注4) HP人材の女性は、男性人脈と女性人脈を賢く使い分けている、ということでしょう。

すなわち平たく言ってしまえば、「男とも女とも上手に付き合える女性が、男性中心の職場では成功しやすい」ということになります(男性はマジョリティーですから、この苦労はありません)。

当たり前のようなこの結論ですが、ポイントは「ホモフィリーの二重のハンディーキャップ」により、この実現がたいへん難しいことです。ホモフィリーにより、男性人脈に女性が入り込むのは難しく、他方で女性人脈はそもそも情報の層が薄いのです。

第7章でも書きましたが、人と人のつながり(人脈)が、個人の成果・業績に影響を与えることは、経営学者のコンセンサスになっています。他方、その人脈づくりで女性は二重のハンディーキャップがあり、それは本人の資質と関係のない、ホモフィリー理論に基づいた「組織の本質」として存在するのです。

この問題は、どうしたら解消できるのでしょうか。私は、このハンディーキャップを根本的に解決する方法は、やはり前章で申し上げたように、企業が多次元で組織のダイバーシティーを高めることだと思います。また、研修などで、女性だけが孤立しないような意識づけを徹底するこ

(注4) Ibarra, H. 1992. Homophily and Differential Returns: Sex Differences in Network Structure and Access in an Advertising Firm. *Administrative Science Quarterly*, vol.37: 422-447.

とも重要でしょう。しかし、多くの企業ではまだ時間がかかりそうです。

とは言ってもこのままでは煮え切らないままになるので、ここからは先は、最近の興味深い研究結果を紹介しながら、私の大胆な仮説提起をしてみようと思います。

社内メールを支配するのは誰か

イバラたちの研究から約20年たった２０１３年、ネットワーク研究の第一人者である米カリフォルニア大学バークレー校のトビー・スチュアートが、「オーガニゼーション・サイエンス」誌にある論文を発表しました（注5）（米ダートマス大学のアダム・クラインバウム、米ハーバード大学のマイケル・タッシュマンとの共著）。

この論文では、ある巨大ＩＴ（情報技術）企業（従業員数3万人で、うち女性は3割）の従業員の間で交わされた社内の電子メールが分析対象となっています。スチュアートらは、２００６年9月から12月にこの社内で交わされた電子メールのやりとり総数1億１４００万件を、同社の許可を得てサーバーから入手し、その中からデータとして信頼性の高い1万５０００人の電子メールのやりとりを統計分析したのです。その結果は、興味深いものでした。本稿で重要なのは以下の四つです。

（注5） Kleinbaum, A., Stuart, T. & Tushman, M. 2013. Discretion Within Constraint: Homophily and Structure in a Formal Organization. *Organization Science*, vol.24: 1316-1336.

結果1　女性のほうが男性よりも、社内電子メールの利用数が多い。
結果2　女性同士が社内メールを交換する頻度は、女性と男性がメールを交換するより頻度より62％も高い。
結果3　他方、男性同士がメール交換をする頻度は、女性と男性のメール交換頻度より低い。
結果4　女性同士のメールのやりとりは社内横断的である。すなわち、「同じ部署にいるか、部署をまたいでいるか」にかかわらず、女性同士がメール交換をする頻度は高い。逆に男性同士がメール交換する頻度が高いのは、2人が同じオフィスにいるときだけで、オフィスの垣根を越えての男性同士のメール交換機会は極端に減る。

このスチュアートらの分析結果は、前出のイバラの結果とまったく反対になっています。イバラの研究結果は、男性のほうがホモフィリー人脈を活用しやすい、というものでした。しかしスチュアートの結果2をみると、むしろ女性同士の交流がはるかに密になっています。さらに男性同士の交流は、男性と女性の交流よりも弱くなっています。それどころか、「女性同士のホモフィリーなメール交換」は、部署・オフィスの垣根を越えて、社内中に行き渡っているのです。

女性のほうが人脈づくりに向いている

なぜイバラとスチュアートの間で、逆の結果が出たのでしょうか。ここからは私個人の解釈になりますが、前者が「人と人のリアルな直接交流による人脈形成」を分析していたのに対し、後者は「電子メールによる人脈形成」を分析しているからではないでしょうか。すなわち、リアルな交流とオンラインの交流では、ホモフィリーな人脈形成の帰趨が、男女で逆転するのかもしれません。

この私の仮説の前提は、そもそも女性の方が人脈づくりに積極的である、というものです。実際、リアルでも電子メールでも女性のほうが積極的に人脈づくりをする、という研究結果は多く見られます（例：米カーネギー・メロン大学のボンカ・ボネヴァたちが2001年に「アメリカン・ビヘイビラル・サイエンティスト」に発表した論文など）(注6)。スチュアート論文の結果1もそれに符合します。すなわち、女性はそもそも人脈作りにオープンなのですが、職場でのリアル

(注6)　Boneva, B., Kraut, R. & Frohlich, D. 2001. Using E-mail for Personal Relationships: The Difference Gender Makes. *American Behavioral Scientist*, vol.45: 530-549.

な交流による人脈づくりは男性優位のため、結果としてホモフィリー人脈を築きにくかっただけではないか、というのが私の考えです。

しかし、現在は誰でもメールやSNSで社内の人と気軽につながるようになりました。その結果としてリアル交流ではホモフィリー人脈が築けなかった女性も、オンラインでは、まるで地下水脈のように部署を横断してインフォーマル・ネットワークを形成しているのです。

逆にスチュアートの結果3にあるように、男性同士のホモフィリー人脈は、男性＝女性の交流よりも弱くなっています。そして男性同士の人脈は、組織の垣根を越えられません。もしかしたら男性のほうが組織枠内の人間関係に気を取られすぎで、女性同士のほうが組織の垣根を越えたコミュニケーションがしやすい特性があるのかもしれません。

このように、職場におけるリアルな人脈と、その水面下で進んでいるオンライン上の人脈の違いとその関係は、今後のさらなる研究が望まれるところです。前者は男性優位ですが、後者は女性が主導権を握っている可能性があります。この「リアル人脈」と「オンラインの人脈」が補完的なのか代替的なのか、どちらの影響力が強くなるのかは、私には分かりません。しかし、もしオンライン人脈の充実がその人の業績に影響力があるのなら、今後はそれを活用して昇進する女性が多く現れるのかもしれません。

経営学ミニ解説

6

組織の進化論

第13章では、ダイバーシティー（多様性）が組織のパフォーマンスに与える影響は、そう単純ではないことを述べました。しかしいずれにせよ、日本企業でいまダイバーシティーが注目されていることは間違いありません。

その背景を、第13章と別の視点から探りましょう。それは「企業の成長ステージ」の視点です。

経営学にはOrganizational Evolution（組織の進化）という研究分野があります。生態学の考えを応用し、組織の動態的な成長・変化と、成長ステージごとの組織のありようを研究する分野です。米ノースカロライナ大学チャペルヒル校のハワード・オルドリッチなどが第一人者です。

この分野の研究成果によると、組織は成長ステージなどによってバリエーション（変化）↓セレクション（選択）↓リテンション（維持）というメカニズムを経験します。

まず生まれたばかりの組織・ビジネスでは、多様な人々が集まって多様な考えを生みますから、「バリエーション」のメカニズムが働きます。まさに変化を生みやすい状態です。実際、立ち上がったばかりの組織では、様々な人が色々な意見を言うので、その方向性や進め方が定まらないことはよくあるでしょう。

しかし、当初は多様な考えがあった組織も、ある程度成長ステージを進むと、やりやすい事業の進め方などが分かってくるので、特定のやり方だけが選ばれるようになります。これが「セレクション」です。

そしてさらに組織が成長すれば、その選ばれたルールを「遵守」することが重視されだします。すなわち「リテンション」です。

そして、このセレクションとリテンションの段階で、組織は同質（homogeneous）の人材をそろえがちになります。なぜなら、組織の目的・仕組みがはっきりしてきますので、似た人材だけがいたほうが効率いいからです。

しかし、組織の成長ステージがさらにこれ以上進むと、周囲の環境変化に対応できなくなるなどの理由から、むしろ今度は再びバリエーションが必要になります。すなわち、多様な視点や価値観を入れることで、新しいアイデアやイノベーションを生み、組織を変化させていく必要があるのです。成長が一巡すると、バリエーションに戻る（べきだ）、ということです。

こう考えると、Organizational Evolutionの視点からは、既存の日本企業の多くは既にセレクションとリテンションの段階は終わっており、環境変化に対応するための「バリエーション」を取り戻す必要があるといえるかもしれません。だからこそ、いま多くの日本企業でダイバーシティーが注目されるのでしょう。

逆に言えば、企業が多様性を求めるべきか否かには、その会社が成長ステージのどこにあるかを見極めることが重要になります。その点で興味深いのが、2015年前半に世間を騒がせた大塚家具の騒動です。同社の騒ぎは、創業者でこれまでの大塚家具を築いてきた大塚勝久前会長と、後継者である娘の久美子社長の間で起きました。世間では父娘の愛憎劇のような部分だけが注目されましたが、私は、両者が大塚家具の成長ステージをどこと見ていたかが一つのポイントだったと考えています。

例えば勝久前会長は日経ビジネスオンラインのインタビューで「全16の店長が私の考えに賛同してくれている。1700人いる社員のうち、ほとんどが同じ考え」と発言しています。明らかに、社員の同質性を強調しています。勝久前会長は、同質な社員をまとめることでこれまで会社を成長させることができたのでしょう。これはセレクションとリテンションが機能する同社の従来の成長ステージでは、有効な方法でした。

しかし、もし同社の成長が踊り場に来ていて、むしろバリエーションのステージに戻ったほうがいいのであれば、社員・経営陣の同質性はむしろ足かせとなります。久美子社長はおそらくそう考えたのでしょう。実際、久美子氏は例えば、「自分の言うことを100%聞く人がいいとは限らない」からと社外取締役を入れたりしています。多様な意見を取り込む努力をしようとしているのです。

私は「両者のどちらが正しい」という議論をしたいのではありません。ポイントは、このように多様性の必要性は企業の成長ステージに大きく依存するということです。みなさんの組織がセレクション段階か、リテンション段階か、あるいはバリエーション段階か、ぜひ客観的に考えてみてはいかがでしょうか。

Part 7

科学的に見るリーダーシップ

第15章 これからのリーダーシップに向くのは、どのような人か

いま日本のビジネスメディアで最もよく使われる言葉の一つは、「リーダーシップ」でしょう。言うまでもなく、企業・組織を率いる個人にどのようなリーダーシップが必要かは、重要な経営課題です。一方で、世界の経営学でも、リーダーシップは当然ながら重要な研究テーマです。それこそ、「リーダーシップ・クオータリー（The Leadership Quarterly）」という学術誌があるくらいです。

本章と次章では、リーダーシップについて世界の最先端の経営学の知見を紹介しましょう。そのためには、まず経営学でコンセンサスとなりつつある「2種類のリーダーシップ」について解説する必要があります。

リーダーシップには2種類ある

その二種類とは「トランザクティブ・リーダーシップ」と「トランスフォーメーショナル・リーダーシップ」です。欧米のリーダーシップ研究者で、この区分けを知らないものはいない、と言ってもいいかもしれません。まずトランザクティブ・リーダーとは、部下の自己意思を重んじ、まさに取引のように（＝トランザクティブ）部下とやりとりするリーダーです。部下に対して「アメとムチ」をうまく使えるタイプのリーダー、ともいえます。

さらにこれまでの研究で、トランザクティブ・リーダーシップは三つの資質に分解されることも分かっています。第一は「コンティンジェント・リワード」です。日本語では「状況に応じた報酬」とでも呼べばいいでしょうか。

これは、成果をあげた部下に対して正当な報酬をきちんと与えることです。ここでいう「報酬」は金銭的なものや昇進だけでなく、例えば「よくやった」と声をかけるようなことも入ります。いずれにせよ、部下が自分の成果に対して「きちんと評価されている」と満足できることで、そのさらなる行動・成果を促すことを意味します。

第二と第三の資質は関連しています。両方とも英語では「マネジメント・バイ・イクセプション」というのですが、それがさらに第二の資質「能動型」と第三の「受動型」に分かれます。こう書くと抽象的ですが、要はどちらも「部下が犯す失敗にどう対処するか」ということです。

能動型は、部下が何か問題を起こす前に「そのままだと失敗するぞ」と介入するタイプのことです。受動型は、部下が失敗しそうでも敢えてそこで介入せず、実際に失敗してから問題に対処するタイプのリーダーです。なお、この三つの資質は、必ずしも互いに相いれないものではなく、一人のリーダーが複数の資質を持ち得ます。

トランスフォーメーショナル・リーダーシップとは

もう一つのリーダーシップは「トランスフォーメーショナル型」です。1980〜90年代に米ニューヨーク州立大学ビンガムトン校のバーナード・バスが初めて分析して以来、この概念は世界のリーダーシップ研究できわめて重要なものとなっています。

先のトランザクティブ型リーダーは「アメとムチ」を重視しますが、トランスフォーメーショナル型リーダーが重視するのは「啓蒙」です。

このタイプのリーダーは、四つの資質から構成されます。すなわち（1）組織のミッションを明確に掲げ、部下の組織に対するロイヤルティーを高める、（2）事業の将来性や魅力を前向きに表現し、部下のモチベーションを高める、（3）常に新しい視点を持ち込み、部下のやる気を刺激する、そして（4）部下一人ひとりと個別に向き合いその成長を重視する、の四つです。

よくいわれる「カリスマ型リーダー」は、これに近いかもしれません。日本では「革新的リーダー」という言葉も使われますが、これもトランスフォーメーショナル型に近い意味合いではないでしょうか。この「トランスフォーメーショナル」と先の「トランザクティブ」もそれぞれ異なる概念ですが、これらもまた一人が両方の資質を持ち得ます。

リーダーシップの種類は、業績に影響する

ではこれらの資質のなかで、特に組織の成功に重要なのは何でしょう。

ここでは、米ノースカロライナ大学グリーンズボロ校のケヴィン・ロウェら3人が1996年に「リーダーシップ・クオータリー」に発表した、メタ・アナリシスを使った研究を紹介しましょう(注1)。

ロウェたちは過去の実証研究39本を使って、リーダーシップの資質と組織パフォーマンスや部下の満足度との関係について、メタ・アナリシスを使いました。そしてその結果、「トランスフォーメーショナル型の4資質は、組織パフォーマンス・部下の満足度のいずれとも正の相関を

（注1） Lowe, K., Kroeck, K. & Sivasubramaniam, N. 1996. Effectiveness Correlates of Transformational and Transactional Leadership: A Meta-Analytic Review of the MLQ Literature. *Leadership Quarterly*, vol.7: 385-415.

持つ」「トランザクティブ型の中では、第一の資質『コンティンジェント・リワード』が部下の満足度と正の相関がある」という結果となりました。

同じような結果は、その後の研究でも見られます。前出のバーナード・バスら4人の研究者が2003年に「ジャーナル・オブ・アプライド・サイコロジー」に発表した論文では、米陸軍のライフル小隊のデータを使った統計分析をしました(注2)。

そしてやはり、トランスフォーメーショナル型の4資質とトランザクティブ型の「コンティンジェント・リワード」を持っている隊長が率いる小隊ほど、軍事シミュレーションでの成績が良くなることを明らかにしています。

このように全般的な傾向として、「相対的に『トランザクティブ型』よりも、『トランスフォーメーショナル型の4資質』を持ったリーダーのほうが、高い組織成果につながりやすい」という結果になっているのです。また、トランザクショナル型の資質の中では、コンティンジェント・リワードが高い組織成果につながります。他方、一般に組織成果につながりにくいのは「マネジメント・バイ・イクセプションの受動型」というのが、私の理解です。

日本に必要なのはトランスフォーメーショナル型?

(注2) Bass, B. et al. 2003. Predicting Unit Performance by Assessing Transformational and Transactional Leadership. *Journal of Applied Psychology*, vol.88: 207-218.

一方で、「トランスフォーメーショナル型のリーダーシップが望ましいかは条件付きである」という主張もあります。なかでも興味深いのは、現欧州経営大学院（ＩＮＳＥＡＤ）のパニッシュ・プラナムらが２００１年に「アカデミー・オブ・マネジメント・ジャーナル」に発表した研究です。(注3)

この研究でプラナムらは、フォーチュン誌の世界主要５００社の中の48社のＣＥＯ（最高経営責任者）のリーダーシップの型と、その企業の事後的な業績の関係を統計分析しました。その結果、「トランスフォーメーショナル型のリーダーシップは、『不確実性の高い事業環境』下にある企業においてはその業績を高める」のに対し、「事業環境が安定している（不確実性が低い）ときには、むしろ企業業績を押し下げる」という結果になったのです。(注4)

日本でも、例えばソフトバンクの孫正義氏や日本電産の永守重信氏のようなカリスマリーダーと呼ばれる方は、多くが創業経営者です。すなわちまだ企業として若く、事業環境の不確実性も高いから、リーダーのカリスマ力が必要といえます。

逆に、既に成熟している企業や、何らかの理由で事業環境が安定している企業なら、このようなリーダーを抱えることはむしろもろ刃の剣になりかねない、という結果なのです。とはいえ、近年の日本の事業環境は、全般的に不確実性が高まっている可能性は高いといえます。また仮にそうでなくとも、これからの日本では、起業したり、新規事業を起こしたりするようなリーダー

（注3） Waldman, D. et al 2001. Does Leadership Matter? CEO Leadership Attributes and Profitability under Conditions of Perceived Environmental Uncertainty. *Academy of Management Journal*, vol.44: 134-143.

（注4） 正確には、この論文ではCharismatic Leadershipという言葉が使われていますが、基本的な概念はトランスフォーメーショナル型とほぼ同じです。

が求められていることは間違いありません。そしてこういった新規事業は、当然ながら不確実性が高くなります。そう考えれば、やはりこれからの日本に望まれるのは一般にトランスフォーメーショナル型リーダーといえるのではないでしょうか。

では、そのトランスフォーメーショナル型リーダーには、どのようなタイプの人がなりやすいのでしょうか。もちろん、本人が持っている資質、人生経験など色々な背景があるでしょうが、近年の経営学で明らかになりつつある一つのファクターは実は「性別」です。しかも、男性よりも女性のほうが、トランスフォーメーショナル型のリーダーの資質を身に付けやすい、という結果なのです。

トランスフォーメーショナル型になりやすいのは女性

性差とリーダーシップについて多くの研究に携わっているのは、米ノースウェスタン大学の心理学者アリス・イーガリーです。例えば、彼女がオランダ・ティルバーグ大学のマーローズ・ファン・エンジェンと２００３年に心理学の主要学術誌である「サイコロジカル・ブリテン」（ＰＢ）に発表した研究では、やはりメタ・アナリシス手法を使い、男女によるリーダーシップの違いを分析しています。(注5)

（注5） Eagly, A. et al. 2003. Transformational, Transactional, and Laissez-Faire Leadership Styles: A Meta-Analysis Comparing Women and Men. *Psychological Bulletin*, vol.129: 569-591.

イーガリーたちは、45本の研究を集計した分析をしました。その結果、まさにこれまでの研究で組織成果を高めるとされた「トランスフォーメーショナル型の4資質」と「トランザクショナル型のコンティンジェント・リワード資質」で、女性が男性を上回ったのです。

イーガリーはソーシャル・ロール（社会での役割）理論を使って、この結果を説明しています。この理論の骨子は、「人の属性には、一般に社会で持たれている『ステレオタイプなイメージ』があり、人々はそれを意識した行動をとる」というものです。例えばリーダーなら社会で持たれているステレオタイプな「リーダー像」があって、本人も周囲もそれを意識して行動し、女性には世間のステレオタイプな「女性像」があって、本人も周囲もそれを意識して行動する、ということです。

女性は矛盾した「役割」を期待される

世間一般に持たれているステレオタイプなリーダー像とは、「自分の意思を強く示し」「時には手段を選ばず、独善的に目的を達成する」といった、「力強い、男性的な」イメージではないでしょうか。実際、イーガリーが２０１１年に３人の研究者とＰＢに発表した別のメタ・アナリシス分析結果では、一般に「リーダー」にはこのような男性的なイメージが期待されやすいこと

を明らかにしています。(注6)

一方、世間のステレオタイプな女性像とは、「優しい」「独善的でない」「自己主張がそれほど強くない」といった、ソフトなもののはずです（本当に女性がそうなのかは別の話で、あくまでステレオタイプなイメージです）。

このように、ステレオタイプなリーダー像はそもそも男性像に近く、ステレオタイプな女性像とはギャップがあるのです。したがってリーダーになった女性は、そもそも周囲から「力強いリーダー像」と、それとは真逆の「優しく協調的な女性像」という、二つの正反対の期待にさらされるのです。心理学ではこれをロール・インコングリティー（Role Incongruity、期待されている役割の不一致）といいます。

仮にこの状況で、女性リーダーが「女性的なイメージ」を軽んじ、男性的な自己主張の強いリーダーシップ・スタイルだけをとったらどうなるでしょうか。本人がどう思うかはともかく、それは「ステレオタイプな女性像」も期待している周囲からは、「あの人は自己主張が強すぎる」という風に映り、周囲からの評価は下がっていくのです。実際、「男性的なリーダーシップ・スタイルをとる女性リーダーは、周囲からの評価が低くなる」という結果は、実験などを使った複数の研究で示されています（例：米ラトガース大学のローリー・ラドマンたちが２００１年「ジャーナル・オブ・ソーシャル・イシューズ」に発表した論文など(注7)）。

（注6） Koenig, A. 2011. Are Leader Stereotypes Masculine? A Meta-Analysis of Three Research Paradigms. *Psychological Bulletin*, vol.137: 616-642.

（注7） Rudman, L. & Glick, P. 2001. Prescriptive Gender Stereotypes and Backlash Toward Agentic Women. *Journal of Social Issues*, vol.57: 743-762.

女性は啓蒙型の資質を身に付けやすい

しかしながら、実はリーダーとなった女性の多くは必ずしもそうならない、というのがイーガリーの主張です。なぜなら彼女たちは、むしろこの「ステレオタイプな二つのイメージのギャップ」を克服するための手段として、男性よりもトランスフォーメーショナル型のリーダーシップをとろうとするからです。

トランスフォーメーショナル・リーダーシップは、先のステレオタイプな「自己主張の強いリーダー像」とは異なります。既に触れたように、それは前向きで楽観的なビジョンを示し、新しいアイデアで部下のやる気を刺激し、そして部下一人ひとりをきちんとケアするような、男性的でもあり女性的でもあるリーダーシップです。さらに、部下の努力にきちんと報いるようなトランザクショナル型のコンティンジェント・リワード資質も、女性的なイメージに近いかもしれません（少なくとも男性的とは言えないでしょう）。

ここまで解説してお分かりいただけたと思いますが、イーガリーの主張は「そもそも女性すべてが生まれもってリーダーに向いている」と言いたいのではありません。彼女の主張は「女性がリーダーになる過程では、ステレオタイプなイメージのギャップを埋めるために、結果としてトランスフォーメーショナルなリーダーシップ・スタイルを身につけやすい」ということです。そして、そのようなスタイルをとるリーダーのほうが一般的に組織成果を高めやすい、ということなのです。

これからの女性リーダーの登場に期待

最近は日本でも女性のビジネスリーダーが注目されるようになりました。起業家としては、例えばＤｅＮＡの南場智子さんやネットイヤーの石黒不二代さんがその筆頭でしょうか。マザーハウスの山口絵里子さんも若い人々を中心に支持されています。大手企業でも、２０１４年には野村ホールディングス（ＨＤ）傘下の野村信託銀行社長に、銀行業としては恐らく初めて女性の真保智絵さんが就任しました。メガバンクでもみずほ銀行で、有馬充美さんが初の女性執行役員になりましたし、伊藤忠商事の茅野みつるさんが大手商社で初の女性（しかも同社最年少の）執行役員に就任することが話題になりました。

私は、さらに日本で多くの女性リーダーが登場することを期待しています。それは社会的な問題うんぬん以上に、日本にこれから望まれるのがおそらくトランスフォーメーショナル型のリーダーで、女性がそうなりやすい可能性が高いからです。そして、もし本コラムをご覧の方の中に将来のリーダーを目指している女性がいたら、ステレオタイプな「男性的なリーダーシップ」ではなく、ぜひトランスフォーメーショナル・リーダーシップを意識してみてはいかがでしょうか。

第16章 成功するリーダーに共通する「話法」とは

日本でも最近は、リーダー・企業の発信する「ビジョン」に注目が集まっています。ビジョンとは「その企業が何を目指しているのか」の将来像を示すことです。「優れたリーダーには、優れたビジョンが重要」とは、よく言われるところです。

他方で、「では優れたビジョンはどういうものか」と聞かれると、答えに窮する方が多いのではないでしょうか。何となくの感覚はあるかもしれませんが、「これが優れたビジョン」というはっきりした定義があるわけではありません。

世界の経営学ではこの「リーダーのビジョン」という曖昧な概念に対しても、心理学や統計分析を使った多くの研究があり、そこから色々な知見を得ているのです。

ビジョン研究は膨大で、その全貌を本書だけで書き切ることは不可能です。そこで本章は、私が独断で「ビジネスパーソンに有用かもしれない」と考える二つの切り口に焦点を絞って、最先端の経営学の知見をご紹介します。それは「ビジョンの特性」と「ビジョンの伝え方」です。

「リーダーのビジョン」に求められる特性とは

リーダーのビジョンの重要性は、色々なところで語られています。例えば「20世紀最高の経営者」と言われたGEの元CEO（最高経営責任者）ジャック・ウェルチ氏は、部下を評価する際に「業績は優秀だが自分のビジョンに共鳴しない部下」と「業績はイマイチだけれどビジョンに共鳴している部下」であれば、後者を会社に残し再度チャンスを与え、前者にはすぐGEを去ってもらっていたというのは有名な話です。

そして、優れたビジョンが企業の業績によい影響を及ぼす可能性も、多くの研究で示されています。いまでもよく研究者に引用される研究は、米メリーランド大学のロバート・バウムたち三人が1998年に「ジャーナル・オブ・アプライド・サイコロジー」に発表した論文です。(注1)

この研究でバウムたちは、米国木工加工企業183社のCEOとその従業員にアンケート調査をし、構造方程式モデリングという手法で統計分析をしました。その結果、やはり「CEOが優れたビジョンを持っている企業ほど、事後的な成長率が高くなる」という結果を得たのです。

(注1) Baum, R., Locke, E. & Kirkpatrick, S. 1998. A Longitudinal Study of the Relation of Vision and Vision Communication to Venture Growth in Entrepreneurial Firms. *Journal of Applied Psychology*, vol.83: 43-54.

ここで当然ながら、では「優れたビジョン」の基準は何かということが気になります。ビジョン研究では、その評価軸には「ビジョンの中身（Vision Content）」と「ビジョンの特性（Vision Attribute）」があるとされています。本稿では、ビジョンの特性のほうに注目しましょう。

この1998年の論文で、バウム達は過去の経営学の研究を精査した結果、優れたビジョンには六つの特性があると指摘しました。それは①簡潔であること、②明快であること、③ある程度抽象的であること、④チャレンジングなこと、⑤未来志向であること、⑥ぶれないこと、です。

このうち④～⑥はある意味当たり前のことですので、ここでは①～③に注目しましょう。

LIXILのビジョンは模範的

日本のビジネスリーダーとしていま注目されているのは、例えばLIXILグループの藤森義明氏でしょうか。現在のLIXILグループのビジョンは、2011年に藤森氏がCEOに就任したときに掲げられました。それは「優れた製品とサービスを通じて、世界中の人びとの豊かで快適な住生活の未来に貢献する」というものです。

このLIXILのビジョンは、まさに先の①～③の条件を満たしていると私は評価します。まず簡潔なので、①には適合します。「世界の」という言葉でグローバル重視を明確にし、「快適な住生活」で広い意味での事業ドメインをはっきりさせているので、②の「明快さ」も当てはまるでしょう。

さらに③の「抽象性」についても、ちょうどよいのではないでしょうか。例えば「システムキッチン分野で業界売り上げ1位を維持します」といったビジョンでは、具体的すぎて柔軟性が失われます。逆に「お客様の声に真摯に応えます」では、抽象的すぎて、部下もこの会社が何を目指しているのか分かりません。このように一見変哲のないＬＩＸＩＬのビジョンですが、なかなかよく練られているように私は思います。

さてバウムたちの研究には、もう一つポイントがあります。それは「ＣＥＯと従業員のコミュニケーションの重要性」です。この論文では、前述した分析結果に加えて「ＣＥＯと従業員のコミュニケーションが高まるほど企業の成長性が高まる」という結果も得られています。

もちろんこれは、ある意味当たり前のことでしょう。リーダーと部下のコミュニケーションが重要なのは、いまに始まったことではありません。ビジョンを社員に浸透させるには、経営者が自らの声で語りかけることが何より大事なはずです。

それは当たり前として、では「どのような伝え方がいいのか」に注目した研究はあるのでしょうか。実は、「ビジョンの伝え方」についても、経営学では色々と研究されています。今回はそのなかでも、リーダーの発する「言葉の選び方」に注目しましょう。

イメージ型の言葉、コンセプト型の言葉

人が自分の考えを伝えるときには、その中身だけではなく、言葉の選び方で効果が変わります。いわゆるレトリック（修辞学）です。リーダーならば、自分のビジョンを組織・部下に浸透させるために言葉を選ぶ必要があります。ここでは米パデュー大学のシンシア・エンリッヒたち四人が、２００１年に「アドミニストレイティブ・サイエンス・クオータリー」で発表した興味深い論文を紹介しましょう。(注2)

エンリッヒたちは、米国歴代大統領の演説を分析対象にしました。ここで彼女たちが注目したのは、演説の中に使われた二つの正反対のタイプの言葉の数です。それは「イメージ型の言葉」と「コンセプト型の言葉」です。

「イメージ型の言葉」とは、そこからまさに「光景」や「映像」が思い浮かんだり、あるいは臭い、音などのイメージまでも伝わったりするような言葉です。「感性・五感に訴える言葉」といってもいいでしょう。それに対して「コンセプト型の言葉」とは、人の論理的な解釈に訴える言葉です。似たような意味を指す言葉にも、イメージ型とコンセプト型があり、それぞれで印象

（注2） Emrich, C. et al. 2001. Image in Words: Presidential Rhetoric, Charisma, and Greatness. *Administrative Science Quarterly*, vol.46: 527-557.

はかなり違ってきます。

例えば「助ける」という言葉はコンセプト型ですが、「手を貸す」はイメージ型です。両者はほぼ同じ意味ですが、後者は、まさに人が手を差し伸べているような光景が頭に浮かびやすいのではないでしょうか。

同様に、「働く」はコンセプト型ですが、「汗をかく」というと、それだけで人が汗水たらしている光景が目に浮かびます。「～の元になるのは」はコンセプト型ですが、それを「～の根っこにあるのは」と言えばイメージ型です。

エンリッヒは、初代ジョージ・ワシントンから第40代ロナルド・レーガンまでの米歴代大統領の就任演説（再選した場合は除く）、および各大統領それぞれの後世で高く評価されている演説に出てくる言葉を精査し、それをイメージ型とコンセプト型に分けました。大統領の演説は、まさに「その国のビジョン」を語るものです。

情景が浮かぶメタファーが効果的

そして統計分析により、イメージ型の言葉を使う比率が高い大統領ほど「カリスマ性が高く」、そして「後世の歴史家から『偉大な大統領』と評価されている」という結果を得たのです。

この結果をもって、エンリッヒたちは「イメージ型の言葉は相手にビジョンを浸透させやすい」可能性を指摘します。イメージ型の言葉は、ビビッドなので耳目をひきやすく、光景をイメージさせるので理解してもらいやすく、覚えやすく、そして聴衆の感情に訴えやすいからです。

似たような結果は、その後の研究でも出ています。2005年に米カリフォルニア州立工科大学ポモナ校のジェフリー・ミオ達3人が「リーダーシップ・クオータリー」に発表した論文では、米歴大統領の就任演説における「メタファー（比喩的な表現）」を使う頻度に注目しました。(注3)

例えば第2代大統領のジョン・アダムズは、就任演説で「（米国は）不確実性の『海』に旅立った」という表現を使いました。これはまさにメタファーであり、情景が浮かぶような表現です。

ミオたちは、初代ワシントンからビル・クリントンまで歴代36人の大統領の就任演説に出てくる計12万語以上の言葉を精査した結果、「カリスマと評価される大統領のほうが、就任演説でメタファーを多く使っている」傾向を確認したのです。

ちなみに、先のエンリッヒの研究で、大統領就任演説でイメージ型の言葉を高い比率で使っていたのは、1位：ニクソン、2位：レーガン、3位：アイゼンハワー、4位：ケネディ、5位：ジョンソンの順番でした。ミオの研究で比喩的な言葉を使う率が高かったのは、1位：ニクソン、2位：ジョージ・ブッシュ（父親のほう）、3位：クリントン、4位：ケネディ、5位：ジョン

（注3） Mio, J. et al. 2005. Presidential Leadership and Charisma: The Effects of Metaphor. *Leadership Quarterly*, vol.16: 287-294.

ソンです。

どちらの結果でも、ニクソン大統領が1位になっているのは興味深いところです。あのケネディー大統領も両研究で4位です。この二人が大統領の座を争った1960年の選挙戦は、さぞかし名演説の応酬だったのでしょう。

カリスマリーダーは、相手の五感に訴える

このように、「カリスマ」「偉大なリーダー」と評価される人は、自身のビジョンを伝えるために、イメージ型の言葉やメタファー、すなわち「相手の五感に訴える」言葉を使う傾向があります。そう考えてみると、いま台頭している日本のビジネスリーダーにも、そういう方は多いかもしれません。例えば、ソフトバンク社長の孫正義氏などは、そうではないでしょうか。

名言が多いことで知られる孫社長ですが、それらを見ると、まさにイメージ型の言葉やメタファーのオンパレードです。例えば各種出版物から拾ってみると、

◯日本を羊の集団から狼（おおかみ）の集団にしないといかんよ。
（日経ビジネスオンライン2015年6月23日付「孫正義の焦燥」）

○地図とコンパスさえあれば、さっと宝を見つけて1日で帰れるわけですね。
（『孫正義名言録　情熱編』、三木雄信著、ソフトバンククリエイティブより引用）

といったあたりがそうですし、

○自らが登る山を決めなければいけない。その山を決めたら、すでに自分の人生は半分決まっている。勝利が半分までは決まるということです。
（『孫正義　リーダーのための意思決定の極意』、ソフトバンクアカデミア特別講義、光文社新書より引用）

などは、まさにビジョンの意義をメタファーで語られています。

私は、「イメージ型の言葉を使えば、すぐに優れたリーダーになれる」と言いたいわけではありません。前述のミオたちの研究なども、因果関係というよりは、相関関係だけを示していると捉えたほうが無難です。

とはいえ「部下や周囲に自分の考え・ビジョンがうまく伝わらない」と悩む方や、「発信力」が必要なリーダーは、ぜひその表現に少し手を加えてみてはいかがでしょうか。ビジョンは中身も大事ですが、伝え方も重要なことが、経営学の研究で分かっているのですから。

経営学ミニ解説

7 内発的な動機

リーダーの大事な仕事の一つが、部下・従業員のやる気（モチベーション）を引き出すことなのは言うまでもありません。人が仕事のモチベーションをどうすれば高められるかについては、経営学でも多くの研究成果があります。

中でもコンセンサスになっているのは、モチベーションには大きく二種類あることです。一つは「外発的な動機（Extrinsic motivation）」です。これは給料・昇進・周囲からの評価など、当人の外から与えられるモチベーションです。もう一方は、「内発的な動機（Intrinsic motivation）」です。これは当人の心の中からわきあがってくるモチベーションです。仕事へのやりがい、楽しさなどを感じることがその典型です。

そして近年の研究成果では、特に後者の「内発的な動機」の重要性が主張されているというのが、私の理解です。近年のこの分野の第一人者は、米ペンシルベニア大学のスター教授、アダム・グラントでしょうか。

例えば、グラントが米ノースカロライナ大学チャペル・ヒル校のジェームス・ベリーと2011年に「アカデミー・オブ・マネジメント・ジャーナル」

（AMJ）に発表した論文では、米水処理企業の従業員一一一人を対象とした統計分析や、一〇〇人の大学生を対象とした心理実験などから、「内発的な動機を強く持つ人のほうが、創造的な成果を出しやすい」ことを明らかにしています。

ここで気になるのは、リーダーシップとの関係です。ではどのようなリーダーが部下の内発的な動機を高めやすいかというと、それは第15章で紹介した2種類のリーダーシップのうち「トランスフォーメーショナル型」のリーダーである可能性が指摘されているのです。

第15章で紹介したように、トランスフォーメーショナル型リーダーは、組織のミッションを掲げて部下を刺激したり、事業の将来性や魅力を前向きに表現したり、部下と個別に向き合ってその成長を重視したりします。これらの態度が部下の内発的な動機を高めるのは、直感的にも納得できることでしょう。例えば、米セントラル・フロリダ大学のロナルド・ピッコロらが2006年にAMJに発表した研究では、トランスフォーメーショナル型のリーダーが部下の内発的な動機を（間接的に）高めやすいことが、質問票調査による統計分析で実証されています。

「内発的な動機」を高めた日本組織の成功事例として私がすぐに思いつくのは、東日本旅客鉄道（JR東日本）の子会社で、新幹線車内の清掃をするテッセイです。同社の成功は『新幹線 お掃除の天使たち「世界一の現場力」はどう生まれたか？』（遠藤功著、あさ出版）という本などでも有名ですので、ご存じの方もいるかもしれません。

そもそも掃除現場はいわゆる3K職場のようなところがあり、テッセイのスタッフの士気も、以前はとても低いものでした。それを、親会社であるJR東日本からやってきた矢部輝夫氏が、大胆に変革したのです。例えば矢部氏は掃除の仕事を「おもてなし」と再定義し、乗客から彼らの仕事がくっきりと見えるようにしました。そのために、制服もカラフルで素敵なものへと変え、乗客から注目を集めるようにしました。

さらに矢部氏は現場に大胆に権限を与え、現場の総意工夫でお客さんに対応するようにしました。すると次第に新幹線の乗客がスタッフに対し、「ありがとう」と言うようになり、それがテッセイのスタッフの仕事に対するプライドへとつながり、スタッフの士気が高まっていったのです。

テッセイの事例は「内発的な動機が現場を強くする」ことを示した好例です。テッセイの成功は米ハーバード大学経営大学院のケースとしてとりあげられるまでになっています。そして、この改革を成し遂げた矢部氏はきっと、トランスフォーメーショナル型のリーダーシップを発揮されたのだろうな、と学者である私は考えてしまうのです。

《参考文献》

Grant, A. & Berry, J. 2011. The Necessity of Others is the Mother of Invention: Intrinsic and Prosocial Motivations, Perspective Taking, and Creativity. *Academy of Management Journal*, vol.54:73-96.

Piccolo, R. & Colquitt, J. 2006. Transformational Leadership and Job Behaviors: The Mediating Role of Core Job Characteristics. *Academy of Management Journal*, vol.49:327-340.

Part 8

同族経営とCSRの功罪

第17章

日本最強の後継社長は「婿養子」である

本章では、企業ガバナンスについて経営学の知見を紹介していきます。日本で、企業ガバナンスというと、多くの方が「同族経営の弊害」を思い浮かべるのではないでしょうか。

実際、最近は「同族経営」にいままで以上に注目が集まっている印象があります。少し前なら大王製紙事件、そして2015年は大塚家具のお家騒動といったように、同族企業には常にウエットな印象がつきまといます。

しかし、これらはあくまでメディアがつくったイメージです。実は世界の最先端の経営学（とファイナンス分野の研究）では、むしろ統計分析を使った実証研究の成果から、同族企業は業績が悪くないどころか、非同族企業よりも業績が高くなる可能性も主張されているのです。

今回は、世界の同族経営の研究成果について紹介しながら、日本への示唆を探っていきましょう。

同族企業は、日本だけに多いのではない

まずみなさんに知っていただきたいのは、「同族企業というのは、日本だけに多い企業形態というわけではない」ということです。同族経営が経済活動に占める比率が高いのは、多くの国で共通することなのです。

例えば、米ハーバード大学のラファエル・ラポルタらが1999年「ジャーナル・オブ・ファイナンス」（JOF）に発表した論文では、世界27カ国の企業規模上位20社についてデータ分析をし、「創業者一族が株式の20％以上を保有している企業」の比率は、27カ国平均で約30％にもなることを明らかにしています。(注1) アルゼンチンではこの比率は65％ですし、ベルギーでも50％、メキシコではなんと100％になっています。

同様に、米アメリカン大学のロナルド・アンダーソンらが2003年にJOF誌に発表した論文でも、米S&P500にリストされる企業のうち、三分の一が同族企業であることが示されています。(注2) 米国の雇用の6割以上は同族企業によるものといわれています。

(注1) La Porta, R., Lopez-de-Silanes, F. & Shleifer, A. Corporate Ownership around the World. *Journal of Finance*, vol.54: 471-517.

(注2) Anderson, R. & Reeb, D. 2003. Founding-Family Ownership and Firm Performance: Evidence from the S&P 500. *Journal of Finance*, vol.58: 1301-1328.

日本はどうでしょうか。日本の同族企業について最も包括的なデータ分析をしたのは、同族企業研究の第一人者である加アルバータ大学のヴィカス・メロトラと、著名学者である同じアルバータ大学のランドール・モークが、京都産業大学の沈政郁（シム・ジョンウッ）准教授らと共に、2013年にファイナンス分野のトップ学術誌である「ジャーナル・オブ・フィナンシャル・エコノミクス」（JFE）に発表した論文です。（注3）同論文では、2000年時点で日本の上場企業1367社のうち、約三割が同族企業であることが示されています。

これらの研究はそれぞれで「同族企業」の定義が微妙に違いますので、単純な比較はできません。しかし、同族企業の比率が高いのが日本だけでないのは間違いないといえるでしょう。

同族企業は業績も悪くない

さらに重要なのは、「同族企業の業績は、非同族企業よりも優れている」という研究結果が多く出ていることです。

例えば先のアンダーソンの論文では、米S&P500の403社のデータを使った統計分析をし、同族企業のほうが非同族よりもROA（総資産利益率）が高いことを示しています。先の沈准教授の日本企業の研究でも、やはり同族企業のほうがROAや成長率などが高い傾向が

（注3）Mehrotra, V. et al. 2013. Adoptive expectations: Rising sons in Japanese family firms. *Journal of Financial Economics*, vol.108: 840-854.

明らかになっています。

オランダ・エラスムス大学のマルク・ファン・エッセンら4人が2015年「コーポレート・ガバナンス：アン・インターナショナル・レビュー」に発表した論文では、過去に発表された55本の実証研究をまとめたメタ・アナリシスによって、「米国の上場企業では、同族企業のほうが非同族企業よりも業績がよい」という総合的な結論を得ています。(注4)

なぜ同族企業の業績は良くなるのか

なぜ同族企業の業績は、非同族企業よりも良くなったり、悪くなったりするのでしょうか。経営学では主に三つの説明があります。

説明（1）　まず、創業家が大口株主であることのメリットです。これは主にエージェンシー理論（Agency Theory）という考えからくるものです。この理論では、「経営者は、企業の所有者である株主に代行して、経営をしている」と考えます（詳しくは、248ページの「経営学ミニ解説8」をご参照ください）。

しかし「株主の利害」と「経営者の利害」が一致するとは限りません。例えば、経営者は利

(注4)　van Essen, M. et al. 2015. How does Family Control Influence Firm Strategy and Performance? A Meta-Analysis of US Publicly Listed Firms. *Corporate Governance: An International Review*, vol.23: 3-24.

益よりも企業規模を大きくすることに興味があったり、あるいは自身の名声を高めるために、株主が望まない過剰投資やリスクの高い企業買収に走ったりすることがあり得ます（エージェンシー問題といいます）。しかし、同族企業には創業家という大口株主がいますので、彼らが「もの言う株主」となって経営者の暴走を抑えることができる、という主張です。

説明（2） 創業家の心理・感情的な側面に注目する説明もあります。経営学では、社会情緒資産理論（Socio-emotional wealth theory）として知られています。例えば同族企業では、創業家出身の経営者は「企業と一族を一体として見なす」ことが多くあります。このような企業は目先の利益ではなく、企業（＝家族）の長期的な繁栄を目指すので、結果としてブレのないビジョン・戦略をとりやすい、という主張です。さらに、創業家の人脈や名声、その企業だけに重要な経営ノウハウなど、「創業家でないと持ち得ない経営資産」も貢献するかもしれません。

実際、近年メディアを騒がせるような、大胆でブレのない戦略をとっている企業には、同族企業が目立ちます。例えばアイリスオーヤマは、社長の大山健太郎氏以下、経営陣のほとんどが同族で固められています。

ロート製薬は、１９９９年に創業家出身の山田邦雄氏が社長に就任以来、「肌ラボ」など化粧品分野への進出が成功し、飛躍しています。サントリーの米ビーム社買収という大胆な一手も、当時の社長が同族出身の佐治信忠氏だったからこそ可能だったのかもしれません。

説明（3）では、同族企業のマイナス面は何でしょうか。それはやはり、「資質に劣る経営者が創業家から選ばれてしまうリスク」になります。同族にこだわらなければ社内外の優秀な人材に経営を任せられるのに、その可能性を放棄しているわけです。この場合、先ほどの「もの言う株主」は逆効果になり得ます。すなわち、（資質に劣る）経営者と大口株主が共に同族であれば、その株主は身内の経営者に甘くなりがちだからです。

このように同族企業には、理論的にプラス面とマイナス面の両方があります。要は「エージェンシー問題を防ぎ、ブレのない戦略をもたらす」プラス面と、「力の劣る経営者をトップに据えてしまうかもしれない」マイナス面の、トレードオフがあるわけです。いまも多くの同族企業の経営者の方々が後継問題に悩まれているはずですが、それは理論的にはこの「同族企業のトレードオフ」が背景にある、といえます。

逆に言えば、このトレードオフを解消できれば、その同族企業は最も業績が高くなるパターンを手に入れることができる、ということになります。では、トレードオフを解消する手段はないのでしょうか。実はあるのです。それも、日本特有の仕組みとして存在します。

それは、日本の婿（むこ）養子制度です。

婿養子の同族企業は利益率も成長率も高い

日本の同族企業の婿養子の効果について精緻な分析したのは、先のメロトラと沈氏たちが2013年にJFEに発表した論文です。

この論文ではまず、そもそも「婿養子」という仕組みが日本特有のものであることが解説されています。通常、海外では「養子」といえば、子供（幼児）を養子にすることです。それに対して日本では、2000年に8万7790件登録された「養子」のうち、「子供の養子」はわずか1356人で、なんと残りの7万9434件（98％）は「大人の養子」なのだそうです。

次に、メロトラ・沈たちは1961年から2000年までの長期にわたる日本の上場企業の所有形態を精査しました。その結果、例えば2000年時点の日本の上場企業1367社のうち、約3割が同族企業であることが示されています。

そして所有・経営形態と業績の関係を統計分析すると、婿養子が経営者をしている同族企業は、（1）血のつながった創業家一族出身者が経営をする企業よりも、ROAが0・56％ポイント高くなり、（2）創業家でも婿養子でもない外部者が経営をする企業よりも、ROAが0・

90％ポイント、成長率が0・50％ポイント高くなる、という結果を得たのです。

婿養子同族企業の業績がいいのは理論的に当然

なぜ「婿養子同族企業」は業績が良くなるのでしょうか。このメロトラ・沈たちの研究はデータ分析に注力していますので、理論的な説明にはそれほど紙幅を割いていません。したがってここからはあくまで私の解釈ですが、先の経営学の理論的な説明を見れば、その答えは明らかではないでしょうか。

すなわち、先ほど説明した「同族企業のトレードオフ」を婿養子はきれいに解消してくれるのです。

繰り返しですが、同族企業は「もの言う株主」がいたり、ブレのない長期的な経営がしやすかったり、という意味ではプラス面も大きいのです。他方でその決定的な課題は、資質に劣る経営者を創業家から選んでしまうリスクでした。しかし、それが婿養子なら話は別です。なぜなら通常、婿養子は長い時間をかけて外部・内部から選び抜かれた人がなる場合が多いからです。

他方で、その人は創業家に「婿」として入って創業家と一体になりますから、株主（＝創業家）と同じ目線で、ブレのない経営ができるのです。つまり、先の三つの説明でいえば、婿養子は（1）と（2）のプラス面を維持したまま、（3）のマイナス面を解消できるのです。まさに「同族企業のいいとこ取り」です。

私は「婿養子の同族企業経営者なら絶対成功する」と言いたいわけではありません。あくまで「理論的に説明がつき、そして実際に婿養子同族企業は業績がいいという、統計分析の結果が出ている」ということです。

実際、日本でも著名経営者に婿養子は少なからずいます。その代表格は、現在海外事業を中心に躍進中のスポーツメーカー、アシックスの尾山基氏でしょう。尾山氏は日商岩井出身で、創業者の鬼塚喜八郎氏の娘婿です。他にも、松井証券の松井道夫氏も婿養子ですし、スズキ自動車の鈴木修氏も婿養子です。

同族企業の後継者に求められること

最後に、婿養子以外の後継者を考えている同族企業に、何か示唆はあるでしょうか。私は、これまで述べた説明から理論的に得られる示唆も有用だと考えます。

第一に、繰り返しですが、同族にはプラス面があるということです。日本では「同族」という言葉だけで、ウエットな印象が強いかもしれません。確かに、スキャンダルなどネガティブな騒動が起こったときにどうしても、同族の悪い側面が目立ってしまいます。しかしこれは、メディアでそういう面から取り上げられやすいことを考慮すべきでしょう。本稿で述べたように、客観的に分析をしてみると、同族企業は業績も悪くないのです。

したがって、創業家から後継者を出すことを積極的に否定する必要はないはずです。重要なのは、やはり先の説明（3）にあったように、資質に劣る経営者を選んでしまうリスクと、株主である創業家が身内には甘くなりがちというリスクを、きちんと認識することでしょう。月並みですが、やはり「厳しい目で後継者を鍛える」という当たり前のことが決定的に重要といえます。

第二に、企業内外から婿養子でない人材を経営者に登用する場合は、創業家とのビジョンの共有が何より重要といえます。外から採用する人材は、能力は十分かもしれませんが、その人が創業家と一枚岩になっていないと先の同族企業のメリット（1）と（2）が損なわれてしまうからです。特に外部から経営者を探すときは、何よりも創業家をリスペクトできる人材であるべき、ということがいえるはずです。

実際、近年はＬＩＸＩＬやカルビー、サントリーなど、オーナーは同族だけれど、外部からプロ経営者を招聘するというパターンが増えてきています。この場合、プロ経営者の手腕がとかく注目されますが、それ以上に重要なのは創業家とプロ経営者が一枚岩になることなのです。手腕が確かなプロ経営者がオーナーとビジョンを擦り合わせてエージェンシー問題が解消できるなら、婿養子以上の効果が期待できるのかもしれません。

第18章

CSR活動の思わぬ副次効果とは

最近はCSR（Corporate Social Responsibility：企業の社会的責任）という言葉が日本でも定着してきました。CSRとは「民間企業が利益だけを優先するのではなく、幅広いステークホルダーを重視しながら社会に貢献する」ことを指します。環境保護活動や、途上国への支援活動はその代表例です。

他方で、CSRにはいまだに懐疑的な声もあります。もちろん企業が社会に貢献するのは素晴らしいですが、それにはコストがかかります。「収益をあげることで必死な民間企業に、社会活動をする余裕はない」と言う方もいるでしょう。

こういう批判を受けてか、最近は米ハーバード大学のマイケル・ポーターにより打ち出されたCSV（Creating Shared Value：共通価値の創造）という、社会貢献とビジネスを融合させた考えも、広まってきました（日本では、例えばキリンがＣＳＶに取り組んでいることがよく知られています）。いずれにせよ、社会貢献であるＣＳＲは「企業の『金食い虫』になりかねない」という懸念は残ります。

しかし、もし「ＣＳＲが意外ともうかる」ならどうでしょうか。「ＣＳＲが企業業績にプラスか、マイナスか」という疑問は、多くのみなさんが興味あるところでしょう。実は、世界の経営学では「ＣＳＲは企業収益に貢献する」という研究結果が、近年多く出てきています。さらに、ＣＳＲの副次的なプラス効果も指摘されています。もしそうなら、私たちは「ＣＳＲは金食い虫」という考え方を改めなければなりません。

本章では、世界のＣＳＲ研究の、最新の知見を紹介していきましょう。

ＣＳＲは企業の業績を高めるか

「ＣＳＲが業績にプラス」という可能性は、これまでも一般メディアやＣＳＲ推進派の方々から主張されることがありました。しかし、大体はこういう場合、1社か2社の成功事例を取り上げて、何となく「業績にもプラスではないか」と述べるぐらいだったはずです。

それに対して世界最先端の経営学では、企業のＣＳＲ活動とその後の利益率・企業価値との関係について、大量の企業データを使った統計分析がたくさんあります。特に米国では、KLD Research and Analytics社が開発した信頼性の高いCSRデータベースがあり、多くの研究者がこのKLDのデータから企業のCSR活動の熱心さなどを指数化して、企業価値、利益率との関係を分析しているのです。

そして、過去の全般的な研究結果の傾向を「メタ・アナリシス」でまとめたのが、米アイオワ大学のフランク・シュミットたちが2003年に「オーガニゼーション・スタディーズ」に発表した論文です(注1)(メタ・アナリシスについては、経営学ミニ解説1をご覧ください)。この論文でシュミットは、過去に発表された52本の実証研究の結果をまとめてメタ・アナリシスをし、全般的な傾向として「CSR→業績」には、やはりプラスの関係があることを確認しています。

なぜCSRはもうかるのか

なぜ「CSRは業績にプラス」になり得るのでしょう。経営学では、主に二つの点から説明されています。

第一に、「CSR活動は、周囲のステークホルダーからの評価を高め、それが好業績につながる」という説明です。例えばCSRが顧客に評価されれば、顧客はその企業製品を積極的に買

(注1) Orlitzky, M., Schmidt, F. & Rynes, S. 2003. Corporate Social and Financial Performance: A Meta-Analysis. *Organization Studies*, vol.24: 403-441.

うかもしれません。より優れた人材を獲得しやすい可能性もあります。行政のサポートも得やすくなるかもしれません。

第二に、「CSRは自社の人材強化につながる」という主張もあります。CSR活動を通じて多様なステークホルダーと交流できるので、従業員や管理職の知見が広がるという意見です。また、「CSR活動をすると社会全体のことを考えるようになるので、経営者・管理職が将来を見通す力を養える」という主張もあります。こういうことが、長い目で見た企業競争力の強化につながるというわけです。

CSRで印象が高まる「イメージ効果」

しかし、話はそう簡単ではありません。先のシュミット達の研究は2003年に発表されましたが、その後10年の間に、CSR研究はさらに日進月歩でデータの充実化が進み、分析手法もさらに精緻化しています。そして最先端の研究からは、「CSRと企業業績の関係は、これまで考えられていたよりも複雑」な可能性が示されています。

例えば、ロンドン・ビジネス・スクールのヘンリ・セルバエスたちが2013年に「マネジメント・サイエンス」に発表した論文では、1991年から2000年までの米S&P500

社の1万を超える観測値を使ったデータ分析をしています。（注2）

　やや専門的になりますが、この研究では「固定効果モデル（fixed effects model）」という統計手法を使って、「明示的にデータには表れないが、企業それぞれが持っている固有の影響」を制御しました。すると、それまでプラスだった「CSR→業績」の効果が消えてしまったのです。すなわち「全般的な傾向として、CSRが業績に貢献するとはいえない」という結果になったのです。

　ここで、セルバエスたちはさらに一歩進んで、「それでも『ある特定の条件下』では、CSRのプラス効果が残るのではないか」と考えました。中でも、CSRが「消費者イメージ」を向上させる可能性に注目しました。CSR活動をすれば、それを知った消費者からの印象が良くなることは十分にあり得るでしょう。CSRの「イメージ効果」です。

　そこでセルバエス達はさらに統計分析をし、その結果として、広告費を多く使うタイプのいわゆるB to C系の企業で「CSR→業績」のプラス効果を確認したのです。逆に広告費をあまり使わないB to B企業では、「CSR指数が高いほど、業績はむしろマイナス」という結果になりました。

　実際のところ、企業もこのことは意識しているのかもしれません。例えば、日経リサーチによる日本企業のCSRに関連するランキング（2014年）の上位10社のリストを見ると、1位

（注2）　Servaes, H. & Tamayo, A. 2013. The Impact of Corporate Social Responsibility on Firm Value: The Role of Customer Awareness. *Management Science*, vol.59: 1045-1061.

のセブン&アイ・ホールディングスを筆頭に、ほとんどがＢ toＣ系になっています。やはり消費者イメージを意識する企業のほうが、ＣＳＲには熱心なようです。その意味では、５位にランクインしている東レはＢ toＢに近いですから、大健闘といえるでしょう。

ＣＳＲの情報開示効果

さらに近年は、ＣＳＲの副次的な効用も注目されています。

例えば、米ハーバード大学のベイティン・チェンらが２０１３年に「ストラテジック・マネジメント・ジャーナル」（ＳＭＪ）に発表した研究では、世界49カ国の２０００以上の企業データを使い、「ＣＳＲ指数が高い企業のほうが、資金制約を緩和できる」という結果を得ています。(注3)資金制約が緩いということは「キャッシュが自由に使える」ということです。ＣＳＲは企業の財務状況の改善に寄与するのです。

チェンたちはこの理由を、ＣＳＲ活動の「情報開示効果」に求めます。例えば、企業がＣＳＲ報告書を作れば、それは従来のＩＲ活動を超えて、会社の内部情報を公開することになります。それが結果として企業の透明性をさらに高め、投資家の信頼を増し、資金調達をしやすくするというのです。

（注3） Cheng, B., Ioannou, I. & Serafeim, G. 2014. Corporate Social Responsibility and Access to Finance. *Strategic Management Journal*, vol.35: 1-23.

「無責任指数」で見たＣＳＲの保険効果

さらに最近注目されているのが、ＣＳＲの「保険効果」です。

米ブリガム・ヤング大学のポール・ゴドフレイたちが２００９年にＳＭＪに発表した論文がその代表です。(注4) ゴドフレイ達は、１９９２年から２００３年の間に、米上場企業が「消費者から訴えられたり、政府から何らかの制裁を科せられたりする」などの、「ネガティブな事件」に巻き込まれた事例２５４件を抽出しました。そして、事件に巻き込まれた企業のＣＳＲ指数と、事件発生後の各社の株価変動を統計分析したところ、ＣＳＲ指数の高い企業のほうが、ネガティブ事件による株価の落ち込みが「軽度で済む」という結果になったのです。

もっと大規模な「ネガティブ事件」を分析した研究もあります。２０１１年にオランダ・アムステルダム大学のアラン・ミューラーたちがＳＭＪに発表した論文では、２００５年に大型台風「カトリーナ」が米南部を襲った直後の企業株価を分析しました。(注5) ミューラーたちは米４４２企業を対象として、先述したＫＬＤデータから企業の社会活動の「無責任さ」についての指数を計算しました。これは、ＣＳＲ指数の逆数のようなものです。

そして分析の結果、カトリーナが米南部を襲ったとき、各社の株価が軒並み下がるなかで、

(注4) Godfrey, P., Merrill, C. & Hansen, J. 2009. The Relationship between Corporate Social Responsibility and Shareholder Value: An Empirical Test of the Risk Management Hypothesis. *Strategic Management* Journal, vol.30: 425-445.

(注5) Muller, A. & Kräussl, R.2011. Doing Good Deeds in Tomes of Need: A Strategic Perspective on Corporate Disaster Donations. *Strategic Management Journal*, vol.32: 911-929.

「無責任指数」が高い企業ほどその下がり幅が特に大きくなったのです。逆に言えば、「それなりにCSR指数が高かった企業は、株価の落ち込みを抑えられた」ということになります。

これらの結果は、「日ごろからCSR活動をきちんとしていれば、企業イメージや透明性が向上し、いざネガティブな事件に巻き込まれても、投資家が極度の不信を起こさずに済む」ということを示しています。まさに、いざというときの「保険効果」です。

CSRは、結果として稼げる

CSR研究は発展途上の分野であり、さらなる研究の蓄積が期待されます。しかしこれまでの研究成果を見る限り、「CSRのポジティブ効果を過小評価してはならない」ということは、間違いなく言えそうです。

重要なのは、本稿で紹介した「イメージ効果」「情報開示効果」「保険効果」のいずれも、「外部のステークホルダーに、自分たちのCSR活動をきちんと説明すること」が前提になっていることです。だからこそ、プラス効果が得られるわけです。そう考えるとCSRとは、企業と外部ステークホルダーとの「コミュニケーションの場」の一つと捉えるのがよいのかもしれません。

もちろん、多くの企業がＣＳＲのような社会貢献を目指す場合、その出発点は「善意」、あるいは「他社がやっているから」なのかもしれません。しかし善意の結果としてのＣＳＲで「稼げる」のであれば、それは悪いことではないのではないでしょうか。

経営学ミニ解説 8

エージェンシー問題

第17章で紹介したように、企業ガバナンスを考える上で重要なのが、エージェンシー理論です。同理論は経済学を基礎に置きますが、経営学でも膨大な応用研究があります。

エージェンシー理論では、ビジネスにおいて人は2種類の役割に分けられると考えます。一つの役割が、本来そのビジネスの目的を達成したい「プリンシパル」で、もう一方がプリンシパルに代わって実際にその行為をする「エージェント」です。

保険を例にしてみましょう。自動車保険では、保険会社は事故が起きたら加入者に保険金を払わなければいけませんから、当然ながら加入者には「なるべく注意深く運転してほしい」と考えます。しかし、保険会社が加入者の車を運転するわけでありませんから、結果として「注意深く運転する」という行為を、自身に代わって加入者に依頼していることになります。すなわち保険会社がプリンシパルで、加入者がエージェントです。

ここで問題が、二つ生じます。

第一は、目的の不一致（Interest Misalignment）です。

実際に運転する保険加入者は、保険会社が期待しているほどに注意深く運転するとは限りません。何より保険に入っているわけですから、「多少の事故を起こしても保険でカバーされるから大丈夫だ」と考えて、むしろより不注意に運転するかもしれません。

第二の問題は、保険会社が加入者の行動を監視できないことです（「情報の非対称性」と言います）。保険会社は数多くいる加入者全員が日ごろどのような運転をしているかを、いちいち把握することはできません。

この二つの問題により、本来「加入者に注意深く運転してほしい」と考える保険会社の目的は、達成されないのです。これが「エージェンシー問題」です。

これを企業ガバナンスに当てはめましょう。この場合、「プリンシパル」は株主です。資本主義国で株式会社制度をとる以上、少なくとも企業の持ち主の一部が株主であることには異論がないでしょう。そして株主が期待することとは、当然ながら「企業価値（あるいは株価）の最大化」です。それを代わりに実際に担うのが、経営者（＝エージェント）ということになります。

しかし、経営者が常に企業価値の最大化だけを優先するとは、限りません。例えば、経営者は株価よりも自分の野心を優先して、過剰な投資を実行するかもしれません。それよりまずいのは、私欲や自分の立場を守るために、不正会計などの違法行為に手を染めることでしょう。日本企業の場合は、いわゆるサラリーマン経営者がリスクを恐れて、株主が期待する大胆な企業変革を起こせない、というタイプの「目的の不一致」もよくあります。

そして、株主はこれらの行動を完全に監視できません（＝情報の非対称性）。あるいは監視ができても、特に上場企業などでは株主一人が持つシェアは小さく、

図表Ⅷ　株主と経営者の間のエージェンシー問題

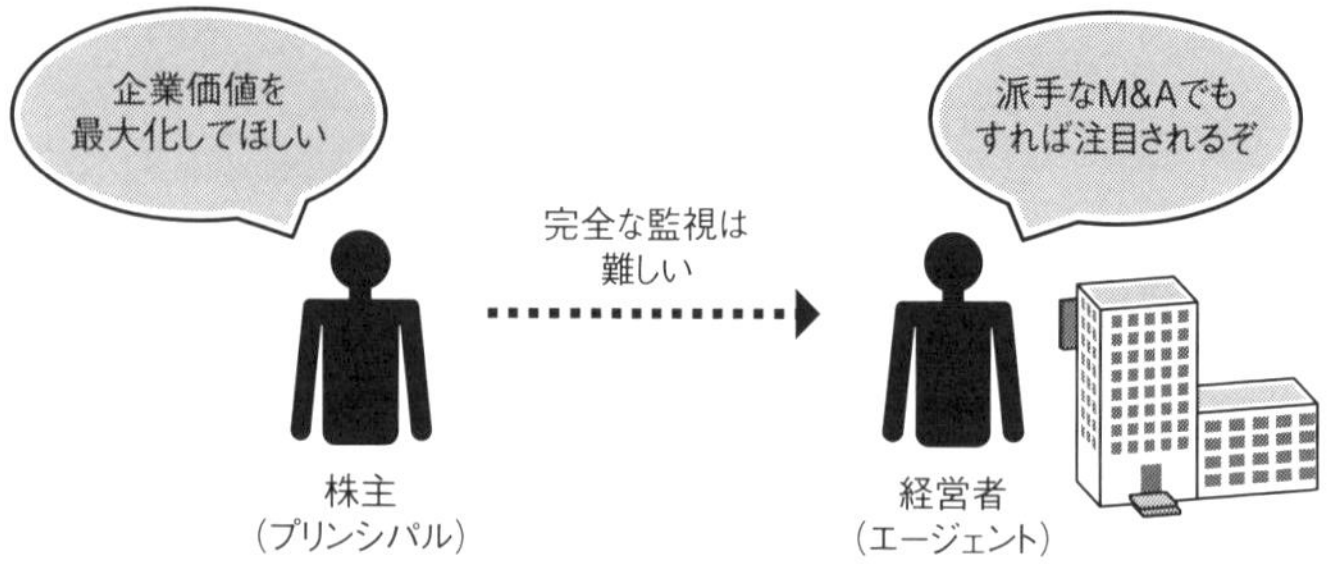

出所：筆者作成

経営者をコントロールできません。したがって、株主の期待する「企業価値の最大化」が実現されないというエージェンシー問題が発生するのです。（図表Ⅷ）

しかし同族企業では、この二つの問題は解消されやすくなります。

第一に、同族企業では通常、創業家一族が筆頭株主で、しかも経営者が創業家一族から出ることも多くあります。

したがって主要株主と経営者が一枚岩になりやすく、「目的の不一致」が起こりにくいのです。さらに、主要株主と経営者が同族なら、密な情報交換ができますので、情報の非対称性も解消されます。

もちろん、逆に言えばこの「主要株主と経営者の一体化」が、彼らの意思決定を外部から見えにくくするため、その不透明感が同族経営に対してマイナスのイメージを抱かせるのも確かです。しかし17章で紹介したように、同族企業の業績は実は平均的に高く、その理由の一つは、このように同族企業のほうがエージェンシー問題を解消しやすいことにあるのです。

Part 9

起業活性化の経営理論

第19章

日本の起業活性化に必要なこと（1）簡単な「キャリア倒産」

Part9（19章から21章）では、いま日本でも非常に関心度の高い、起業・アントレプレナーシップについて、最先端の経営学の知見を紹介していきたいと思います。中でもこの19章と20章では、重要な課題である「日本で起業をさらに活性化させるにはどうすればいいのか」という点について、考えましょう。

そこで使われるのが、リアル・オプション理論です。詳しいことは、68ページの経営学ミニ解説2に記されていますが、ここでももう一度、リアル・オプションの考え方を、簡潔に紹介しましょう。

リアル・オプションの事業計画

経営学ミニ解説2では、リアル・オプションを事業計画の考え方の一つとして紹介しました。それは、「事業環境の不確実性が高いときには、慎重に計画を立ててから巨額の投資をするよりも、まずは早く部分的に投資をして、その後で必要なら段階的に追加投資したほうがよい」という考えほうです。このほうが、（1）事業環境が悪化した時のリスクを減らしながら、（2）他方で上ぶれ（=事業環境の好転）のチャンスを逃さないのです。

特に重要なのは（2）の点です。不確実性のある事業環境では、人はそれを「リスク」と見なしがちです。例えば「今後の成長率は20％かもしれないが、逆にマイナス3％の可能性もある」というような不確実性の高い市場では、マイナス3％の方に目が行きがちなものです。

しかし「不確実性が高い」ということは、上ぶれのチャンスが大きいということでもあります。もし段階投資ができるなら、万が一、下ぶれた際のコストをあらかじめ減らしておける一方で、上ぶれのチャンスをつかむ可能性も残せます。このようにリアル・オプションの考えは、段階投資によって「投資オプション」を作り出すことで、不確実性が高いということはむしろチャンスも大きい（=オプション価値が高い）、ということを気づかせてくれるのです。

しかし、この「事業計画への応用」は、世界の経営学で議論されている数多くのリアル・オプション理論の一つでしかありません。特に近年は、リアル・オプションの考え方を「起業の活性化」と結びつける研究が続々と出てきています。中でも、現ユタ大学の巨匠ジェイ・バーニーが提示した、たいへん興味深い、そして日本にも示唆に富む研究を紹介しましょう。

バーニー教授のリアル・オプション

バーニーの名前は、第3章でも出てきました。経営学を少しかじられた方なら、その名前はご存じかもしれません。「リソース・ベースト・ビュー」という理論フレームワークを確立し、米ハーバード大学のマイケル・ポーターと並んで、経営戦略論の分野ではもっとも有名な学者の一人です。

そのバーニーが2007年に、米テキサス大学ダラス校のスーヒョン・リーおよびマイク・ペンと共同で、経営理論のトップ学術誌「アカデミー・オブ・マネジメント・レビュー」(AMR)誌に、リアル・オプションの論文を発表しました。(注1)この論文でバーニーたちは、リアル・オプションの考えを応用して、「『失敗事業のたたみやすさ』の違いが、世界各国の起業の活性化の違いに影響しているのではないか」と主張したのです。

(注1) Lee, S.-H., Peng, M. & Barney, J. 2007. Bankruptcy Law and Entrepreneurship Development: A Real Options Perspective. *Academy of Management Review*, vol.32: 257-272.

言うまでもなく、起業は不確実性の高いものです。新しくできた会社の多くは数年内に消えてしまいます。特に将来的に上場を目指すような分野（いまなら情報技術、バイオ産業など）では、技術革新のスピードや市場の変化も早く、結果、上場までたどりつける会社はごくわずかです。起業家の多くはそのような不確実性を知りつつも、あえてリスクを取られている方が多いはずです。

しかし、もし何らかの理由で「失敗しても事業をきれいにたためる」なら、すなわち「会社を潰す際のコストが比較的小さくて済む」ならどうでしょうか。

例えば、仮に会社が倒産しても経営者が巨額の負債を負わないで済んだり、あるいは倒産の手続きが簡素に済んだりすれば、金銭的・時間的・精神的なコストが小さくて済みます。そうであれば、その起業家はすぐに立ち直って、また次の事業を起こせるかもしれません。

たたみやすさが起業を促す

そして繰り返しになりますが、不確実性が高いということは、成功したときのリターンが大きいということでもあります。例えば仮にその事業が上場までたどりつければ、そこから得られる収益は計り知れないものがあります。

「もし会社が潰れても、そのときはきれいに事業をたためる」のであれば、その分だけ「失敗したときのコストは小さく」、他方で「成功した時のリターンは大きい」のですから、より積極的に起業する人が増えることが期待できます。まさにリアル・オプションの考え方です。

では、どうすれば会社を「たたみやすく」できるのでしょうか。例えば2010年に出版されて話題になった磯崎哲也氏の『起業のファイナンス』（日本実業出版社）では、起業をする人は、事業をたたみやすくするための資本政策や契約についてあらかじめ考えておくべきである、と主張しています。

このような実務レベルの視点に加えて、バーニーたちは「事業をたたみやすくするための国の制度」、すなわち各国の「倒産法」の違いに注目したのです。

倒産法が起業に影響する？

「会社のたたみやすさ」を規定する倒産法は、国ごとに多様です。例えば米国では企業を清算することを目的とした「破産法第7条」に加えて、再建を目標とする「第11条」があります。第11条を適用できれば経営者の負担が軽いですから、その経営者は事業を立て直したり、新しいビジネスに取り組んだりできるかもしれません。しかし、バーニーたちの論文によると、必ずしも世界中のすべての国が「第11条」のような法律を持っているわけではないようです（日本では会社更生法と民事再生法があるのはご承知の通りです）。

さらに重要なのは、実際の倒産手続きを遂行するスピードや煩雑さが国ごとに異なることです。倒産の手続きが煩雑だったり、時間がかかれば、それだけ「早く事業をたたんで次のビジネスを起こしたい」起業家たちの時間的・金銭的なコストが増してしまいます。

バーニーたちは、リアル・オプション理論の視点から、経営者が事業をたたむときのコストが低い倒産法や法手続きを有している国ほど、起業家はリスクを取りやすくなり、結果としてその国の起業活動が活性化するはずだ、と主張したのです。

さらにバーニーたちは、その後この命題を実証研究し、2011年に「ジャーナル・オブ・ビジネス・ベンチャリング」誌に発表しました（注2）。この論文にはもう一人の共著者がいまして、それは現バブソン・カレッジ准教授の山川恭弘氏です（山川氏は、現在米国で活動している数少ない日本人経営学者の一人です）。

この論文でバーニーと山川氏たちは、データのとれる世界各国の19年間のデータを使って統計分析をしました。その結果、倒産の手続きスピードが早い国ほど、あるいは手続きコストが小さいほど、そして経営者の金銭的な負担が軽いほど、その国の起業が活性化しやすいという結果を得ています。

（注2） Lee, S.-H. et al. 2011. How Do Bankruptcy Laws Affect Entrepreneurship Development around the World? *Journal of Business Venturing*, vol.26: 505-520.

日本の「事業のたたみやすさ」はどうか

では日本の「事業のたたみやすさ」はどうでしょうか。

最近は少し風向きも変わってきましたが、少し前までの日本は「起業の盛り上がりに欠ける」と言われていました。実際、バーニー＝山川氏らの論文に掲載されている経済協力開発機構（ＯＥＣＤ）統計によると、日本の１９９０年から２００８年までの開業率は０・０４で、他の主要国（米国＝０・１０、ドイツ＝０・１７、シンガポール＝０・１８）よりもはるかに低い値となっています。

他方で、この論文では世界銀行などのデータを使って各国の「事業のたたみやすさ」もいくつかの側面から定量化しています。そしてこの結果をみると、日本の倒産法や手続きは、必ずしもすべての側面で不利ではないようです。例えば、倒産手続きにかかる時間は０・６年で、米国や韓国（どちらも１・５年）よりも短くなっています。倒産の手続きコストも相対的に低くなっています。

さらにいえば、このテーマに関する研究はまだ端緒についたばかりですので、まだ結論を急ぐ段階にはありません。例えば、南カリフォルニア大学のヨンウック・ペクが、「ジャーナル・オブ・エコノミクス・マネジメント・アンド・ストラテジー」誌に２０１４年に発表した論文では、米国66万人のデータを使った統計分析の結果、２００５年に米国の倒産法が改訂された後も、それが起業の活性化には影響しなかったと結論づけています。(注3)

いずれにせよ、バーニーたちの問題提起もあり、このテーマが研究者の間で注目を浴びていることは間違いありません。さらなる研究が望まれる分野といえるでしょう。

さて、ここまでの話を踏まえて、私のほうから問題提起をさせてください。私は日本の起業社会を考える時に、これまで経営学で分析されてきた「事業のたたみやすさ」の議論では不十分かもしれない、と考えています。実際、先の論文によると、日本の倒産法や行政手続きは必ずしも多くの項目で他国と比べて不利とはいえないにもかかわらず、開業率は低いのです。では追加で何を考えるべきかというと、もう一つのたたみやすさ、すなわち「キャリアのたたみやすさ」なのではないでしょうか。

キャリアのたたみやすさ

みなさんもご存じのように、米国ではスタンフォード大学やハーバード大学などの有名大学で

(注3) Paik, Y. 2013. The Bankruptcy Reform Act of 2005 and Entrepreneurial Activity. *Journal of Economics & Management Strategy*, vol.22: 259-280.

MBA（経営学修士）などの学位を取ったいわゆるエリート層が盛んに起業をして、同国の経済を牽引しています。彼らはなぜ盛んに起業するのでしょうか。もちろん「彼らは優秀だから高度なビジネスアイデアを思いつく」など、そういうこともあるのかもしれません。

しかし、それに加えて、彼らは「仮に事業が失敗しても次の転職に困らないから、リスクが取れる」という側面も大きいのではないでしょうか。

起業に失敗した時には、もう一度新しいビジネスを起こすのも選択肢ですが、他方で既存企業に転職する、という選択肢もあるはずです。すなわち「起業家としてのキャリアを一旦たたむ」わけです。

米国が転職の盛んな社会であることには、みなさんも異論はないと思います。さらに言えば、米国では起業経験そのものを既存企業の人事が高く評価してくれることもあります。このような社会では、仮に自分が起業した会社を潰してしまっても、既存の企業に転職するという選択肢が豊富にあります。とくに名門校でMBAを取った人たちには、その経歴に加えて卒業生ネットワークなどもありますから、転職オプションが充実しています。

すなわち、米国では法制度的に「事業がたたみやすい」だけでなく、起業家が「キャリアをたたみやすい」社会であるといえます。リアル・オプション的にいえば、キャリアという側面からも、不確実性に対してオプション価値が高いのです。「起業に失敗しても食いぶちに困ることはない」という背景があるからこそ、彼らは大胆にリスクを取って起業できるのではないでしょうか。

日本人の「キャリアのたたみやすさ」はどうか

翻って、日本はどうでしょうか。例えば私は日本で会社勤めをしていた十数年前、大手企業にいた同世代の友人や少し年上の方々が思い切って会社を辞めて起業するのを何度か見てきました。その中にはそのまま成功されている方もいますが、他方で残念ながらうまくいかなかった方もいます。そしてさらに残念なのは、そういった方々の多くは自分が前にいた業界に戻りたがるのですが、なかなか受け入れ先が見つからなかったことです。

いま、日本の雇用の流動化を含めて、日本人のこれからの仕事のあり方が議論されているようです。私は労働経済学者ではないので立ち入って議論する力はありませんが、私見としては、労働市場が流動化されて転職がもっと自由になり、さらに起業にチャレンジした経験を人事担当者が評価できるような社会になれば、「キャリアのたたみやすさオプション」が充実し、それがさらに多くの方々を起業という選択に促すのではないか、と考えています。

そして実はそういった土壌は、日本でも少しずつできつつあるのかもしれません。例えば最近は、いくつかの大手企業でいわゆる「出戻り」を奨励する動きも出てきたようです。それは、一度会社を辞めて起業した方の「キャリアのたたみやすさ」を促します。リアル・オプション理論で言えば、それはまさに起業のオプション価値を高めることになるのです。

日本のベンチャー業界でも、その動きは顕著になってきています。前述の『起業のファイナンス』(旧版)の中で磯崎氏は、たとえ事業に失敗しても起業を経験した人たちが培ったセンスは、「形式にこだわらない企業では引く手あまた」(22ページ)だと述べています。私自身も日本の起業関係の方々と交流する中で、同じようなことを感じています。しかし、この流れは「ベンチャー業界」に限られたことで、既存の大中規模の企業にまではまだ十分に広がっていません。

ぜひこの流れがさらに進んで、「起業をすることのオプション価値」が日本中でもっと高まってほしいものだ、と私は考えています。

第20章

日本の起業活性化に必要なこと（2）サラリーマンの「副業天国」

第19章に続いて、日本で起業を活性化するための処方箋を、最先端の経営学の視点から議論してみましょう。

さて、最近は日本でも会社勤めの方々の中に、将来の目標として「いまいる会社を辞めて起業」を意識される方が多く出てくるようになりました。他方で、起業に関心はあっても、及び腰の方も多いのではないでしょうか。起業はリスクが高いですから、会社勤めで安定収入を得ている方には勇気がいることのはずです。

実は、最先端の経営学では、この起業リスクの軽減となる考え方が注目されつつあります。それを、ハイブリッド・アントレプレナーシップ（Hybrid Entrepreneurship）と言います。本稿では「ハイブリッド起業」と呼ぶことにしましょう。

ハイブリッド起業家は、世界では珍しくない

ハイブリッド起業とは、「会社勤めを続けながら、それと並行して起業すること」です。要するに「副業として起業する」わけです。

日本では、起業というと「会社を辞めて起業するか、辞めずに起業をあきらめるか」の二者択一と思われがちです。しかし世界的にみると、ハイブリッド起業は極めて一般的な形態であることが、近年の調査で明らかになりつつあります。

例えば、英クランフィールド大学のアンドリュー・バーケたちが2008年に「スモール・ビジネス・エコノミクス」に発表した研究では、英国の1万1361人を対象にした調査から、「完全に独立した起業家（以下、フルタイム起業家）」よりも、会社勤めを続けながら起業する「ハイブリッド起業家」のほうが多いことを明らかにしています(注1)。

他の調査でも、フランスでは全起業家のうちの18%、スウェーデンでは32%、オランダでは68%がハイブリッドとなっています(注2)。1997年の米Inc Magazineの「急速に成長しているスタートアップ500」特集では、500社のスタートアップCEO（最高経営責任者）の2割が、「起業後もしばらくの間は、前の会社で働いていた」と回答しています。

(注1) Burke, A. et al. 2008. What Makes a Die-Hard Entrepreneur? Beyond the 'Employee or Entrepreneur' Dichotomy. *Small Business Economics*, vol.31:93-115,

(注2) Strohmeyer, R., V. Tonoyan. 2006. Working part- or full-time? The impact of welfare-state institutions on atypical work forms. Dowling, M., J. Schmude,eds. *Empirical Entrepreneurship Research in Europe*. Edward Elgar, Cheltenham.

著名起業家の中にも、ハイブリッド起業の例は多くあります。典型的なのが、米アップルの共同創業者であるスティーブ・ウォズニアックです。もう一人の「スティーブ」であるジョブズが早々にアップルの事業に専念したのに対し、ウォズニアックは創業後もしばらく米ヒューレット・パッカードにとどまっていたのは有名な話です。ピエール・オミダイアもイーベイ設立後しばらくの間、ゼネラル・マジック社という企業に勤めていました。

ハイブリッド起業を初めて明示的に分析したのは、現米コネチカット大学のティム・フォルタ、仏EMリヨンのフレデリック・デルマー、英インペリアル・カレッジのカール・ウェンバーグが2010年に「マネジメント・サイエンス」に発表した論文です。(注3) ハイブリッド起業は、世界の経営学でもようやく注目され始めた形態なのです。

ハイブリッド起業のメリットとは

ハイブリッド起業を説明するのにフォルタたちが用いたのもまた、リアル・オプション理論です(リアル・オプション理論については、経営学ミニ解説(2)や、前章をお読みください)。

いずれにせよポイントは、この理論からは、「ビジネスの不確実性が高いほど、『小規模な部分投

(注3) Folta, T., Delmar, F. & Wennberg, K. 2010. Hybrid Entrepreneurship. *Management Science*, vol.56: 253-269.

資』がオプション価値（＝戦略柔軟性の価値）を最大化する」という命題が導かれることです。

これを起業に当てはめてみましょう。まず、「起業して成功するかどうか」は不確実性が極めて高いですから、いきなり会社を辞めて「自分の時間とキャリアのすべてを投資する」のはリスクが高すぎます。とはいえ、リスクを恐れて全く起業活動をしなければ、「その事業アイデアがモノになるのか」が分からないままです。

したがってリアル・オプションの最適解は、「いまいる会社に勤め続けながら、副業として小規模で事業を始め、『新事業がモノになるかどうか』の不確実性を下げる」ことになります。しばらくして「新事業が本当にモノになる」と分かれば（いい意味で不確実性が下がれば）、会社を辞めてもいいでしょうし、逆にダメそうなら、あきらめて元の会社の仕事に専念すればよいということです。

この話は当たり前に聞こえるかもしれません。しかし大事なのは、本書で何度か述べているように、リアル・オプションでは「不確実性が高いほど、オプション価値が増大する」ことです。不確実性が高いということは、失敗した時の下ぶれのリスクもありますが、成功した時の上ぶれのリターンも大きいからです。

したがって、将来ＩＰＯ（新規株式公開）を狙うような壮大なビジネス構想を考えている方ほど、「リスクを下げつつ、成功したときのチャンスが大きい」ハイブリッド起業が、最適な選択になるのです。

ハイブリッド起業は、フルタイムへ移行しやすい

この考えを基にフォルタたちは、1994年にスウェーデンのハイテク産業に新規就職した20歳から50歳の男性4万4613人について、その後の行動を2001年まで追跡したデータを用いて、統計分析をしました。その結果、以下のようなことが分かったのです。

発見1：スウェーデンでは、1994年にハイテク産業に就業した4万4613人のうち、2001年時点で2191人（4・9％）が何らかの起業活動をしており、うち1225人が会社を辞めてのフルタイム起業、966人が会社を辞めずにハイブリッド起業をしていた。すなわち、起業活動の半数近くはハイブリッドである。

発見2：1225人のフルタイム起業家のうち、約2割は「ハイブリッド起業を経由してフルタイム起業に転じた」人たちである。したがって「ハイブリッド起業家」と「ハイブリッドから転じたフルタイム起業家」を足すと、「会社を辞めていきなりフルタ

イム起業家になった人」の数より多い。

発見3：毎年の移行率をみると、一般企業に勤めていて翌年いきなりフルタイム起業家に移行する率は0・7％に過ぎない。他方、ハイブリッド起業家が翌年フルタイム起業に移行する率は8・5％にのぼる。さらに回帰分析で厳密に推計した結果では、「ハイブリッド→フルタイム起業」への移行確率は「会社で働く→いきなりフルタイム起業」の確率より38倍も高くなった。

発見4：他方で、実はハイブリッド起業家がその翌年もハイブリッドを続ける率は、54・9％に過ぎない。逆に36・6％は翌年には起業活動（＝副業）をやめ、前からいる会社の仕事に再び専念している。

これらの結果は、ハイブリッド起業の「柔軟性」を物語っています。一度ハイブリッドを経由したほうが、フルタイム起業へ移行率は圧倒的に高くなるのです。他方で、ハイブリッド起業から「元の会社の仕事に専念」に戻る人も毎年四割近くいます。どちらにも柔軟に移行できるわけですから、まさにリアル・オプションと整合的です。

さらにフォルタたちは、以下のような分析結果も得ています。

発見5：学歴が高い人ほど、大企業に勤めている人ほど、業界での経験が豊富な人ほど、ハイブリッド起業を選びがちである。

発見6：「ハイブリッド起業→フルタイム起業」の移行は、条件付きで起こる。すなわち、ハイブリッド起業中にその起業ビジネス（＝副業）の収入が十分に高くなった時に限り、フルタイム起業への移行率が上昇する。

最後の点は重要です。ハイブリッドからフルタイム起業に移行するのは、「結局そのビジネスが儲かると分かった時だけ」ということを示しているからです。この結果もリアル・オプションと整合的です。

ハイブリッド起業のほうが成功しやすいか

では、この「ハイブリッド起業→フルタイム起業」というパスは、フルタイムに移行後も有利なのでしょうか。理論的には、当然有利なはずです。ハイブリッドであれば、その間に自分の事業がモノになるかを検証できますし、またその期間に経営者としてのスキルを上げることもできるからです。

この仮説を実証分析したのが、米ウィスコンシン大学マディソン校のジョセフ・ラフィーとジー・フェンが、2014年に「アカデミー・オブ・マネジメント・ジャーナル」に発表した論文です。(注4)

ラフィーたちは、米労働統計局が1994年から2008年まで追跡調査した男女1093人のデータを基に統計分析をしました。その結果、ハイブリッドからフルタイム起業に移行したほうが、「会社を辞めていきなりフルタイム起業」した場合よりも、そのスタートアップ企業の生存率が3割高いことを明らかにしたのです。

「副業」は安月給を埋める手段ではない

ハイブリッド起業の研究は端緒についたばかりで、一般化には慎重になるべきでしょう。例えば、フォルタたちの分析したスウェーデンは、法人税が所得税より優遇されており、起業しやすい面があるかもしれません。ラフィーたちの研究はスタートアップの「生存率」を分析している

(注4) Reffiee, J. & Feng, J. 2014. Should I Quit My Day Job? A Hybrid Path to Entrepreneurship. *Academy of Management Journal*, vol.57: 936-963.

だけですから、ＩＰＯ達成率など別指標の分析も必要です。

とはいうものの、これらの知見は日本のビジネスパーソンや、政府への示唆も小さくないと私は考えています。なぜなら、これらは私たちに「サラリーマンの副業」の意味を考え直させてくれるからです。

日本でも最近は、従業員の副業を認める会社が少しずつ増えてきました。しかし、その理由は長引いた不況による給与低下を補うために、やむなく認めてきた面が大きいようです。他方で本稿の知見は、副業を「ハイブリッド起業」として捉え直す重要性を示しています。

実は、フォルタたちの統計分析からは、「企業に勤める個人の給与水準は、その人のハイブリッド起業（＝副業）移行の決断に、有意な影響を及ぼさない」という結果も得られています。スウェーデンの事例ではありますが、これはすなわち「安い給料を補わせるために会社が副業を認めても、そういう人は必ずしも副業をしない」ということです。

会社員としても優秀な人ほど副業しやすい

むしろ先に述べたように、高学歴だったり、大企業に勤めていたり、業界での知見が豊富だったりする人の方が、副業を始める傾向にあります。これは、「副業は安月給の穴埋めではなく、起業というチャンスを掴むための移行手段」として使う人が多いということでしょう。

私は、日本の30代~50代くらいの企業勤めをしている方々の起業が増えることを期待している1人です。もちろんさらに若い方の起業も素晴らしいですが、やはり経験、知識・技術、人脈については、経験を積んだビジネスパーソンに一日の長があります。こういう方々の起業がもっと活性化すれば、日本のスタートアップ市場はさらに盛り上がるはずです。

こう考えているのは、私だけではありません。例えば、シリコンバレーで活躍していま日本でも注目されている伊佐山元氏が代表を務めるＷｉＬは、ソニーや日産から３００億円以上の出資を受けて大企業の人材を「起業」させようとしています。例えば、大企業の人材をシリコンバレーで起業させたり、大企業の幹部経験者を若手が設立した国内スタートアップの経営に参画させようとしたりしているのです。

他方でこの年代の方々は、安定収入があって家庭のある方が多いですから、リスクを取りにくいのが現状です。ですから、こういう経験あるビジネスパーソンにさらに新たな挑戦を促すきっかけとして、政策的に「ハイブリッド起業」が促進できれば、それは大きな後押しとなるはずです。

実際に会社が副業を認めるかどうかは、なかなか難しいところです。私の理解では、日本では法的には「職業選択の自由」の観点からは副業は自由とされていいはずです。しかし、現実には半数近い企業が「使用者と労働者の間の労働契約における誠実義務」などの理由で、副業を認めていません。

もちろん、いまいる会社と利益相反になる副業は慎むべきでしょう。しかし、例えば人の入れ替えを促したい企業では、副業（＝ハイブリッド起業）の容認は従業員が新たな道を探る機会にもなり得ます。最近では、ヤフーのようにハイブリッド起業を奨励する会社も出てきました。

何より、柔軟性に富んだハイブリッド起業の活性化は、「起業大国」を目指す日本に有意義なはずです。日本政府の起業活性化案の一つとして、「サラリーマンの副業奨励」は大いにアリだと私は思うのですが、みなさんはいかがお考えでしょうか。

第21章

成功した起業家に共通する「精神」とは

第19章と第20章では、「起業活性化」のための処方箋を、経営学の視点から考えました。しかし、世界の起業研究はそれにとどまりません。例えば、「どうすれば起業は成功しやすいか」についても、既に膨大な研究があります。本書の紙幅だけでそのすべてを語ることはできませんので、ここでは中でも「起業家精神」に焦点を絞ってみましょう。起業家精神にも、成功しやすい「精神」とそうでない「精神」があるのでしょうか。世界最先端の経営学者の答えはイエスです。これまでの研究の積み重ねで、成功する起業家精神が明らかになってきているのです。

経営学の「起業家精神」を理解する上で最も知られたコンセプトは、「アントレプレナーシップ・オリエンテーション」(以下、ＥＯ)です。ＥＯは米国の起業研究者で知らないものはない、と言ってもよいほどのコンセプトといえます。

起業家の「精神」が研究対象

中でも金字塔になったのは、現インディアナ大学のジェフリー・コーヴィンとピッツバーグ大学のデニス・スリーヴァンが１９８９年に「ストラテジック・マネジメント・ジャーナル」に発表した論文です。（注1）

この論文で両教授は、小規模企業が成功するために経営幹部に必要な「姿勢（Posture）」に注目し、とくに革新性（Innovative）、積極性（Proactive）、リスク志向性（Risk-taking）の三つが重要だと主張しました。「革新性」とは新しいアイデアを積極的に取り入れる姿勢であり、「積極性」は前向きに事業を開拓する姿勢、そして「リスク志向性」は不確実性の高い事業に好んで投資する姿勢のことです。

そして両教授はこれら3要素を定量化するために、米ペンシルベニア州の小企業１６１社の企業幹部にアンケート調査をしました。アンケートでは、「リスクの高い事業を好むか」「他社の行動に追随するよりも、むしろ他社が追随するような行動を自らがとるか」など九つの項目を作り、それぞれに「賛同する・しない」を7段階で質問しました。そしてそこから得られた結果を、因子分析という手法で定量化しました。

（注1） Covin, J. & Slevin, D. 1989. Strategic Management of Small Firms in Hostile and Benign Environments. *Strategic Management Journal*, vol.10: 75-87.

そして、この定量化された「経営幹部の姿勢」指数と企業業績の関係を検証したところ、「事業環境が不安定なときには、経営幹部がこの三つの条件を満たしている企業ほど業績が良くなる」という傾向が明らかになったのです。

この論文の発表以降、世界中の研究者がこれらを「EOの三姿勢」として、起業家分析に応用するようになりました。EOの研究は国際的な学術誌に発表されたものだけでも100を超えます。

そして「EOの高い経営者の率いる企業は、業績が良くなる」という傾向は、研究者の間ではコンセンサスとなりつつあります。最近の研究では、オランダ・アムステルダム大学のウォウター・スタムとトム・エルフリングが2008年に「アカデミー・オブ・マネジメント・ジャーナル」(AMJ)に発表した論文があります。(注2) 彼らはオランダのソフトウエア・ベンチャー87社を対象として統計分析をし、やはりEOの高い経営者のいるベンチャーのほうが業績は高いという結果を得ています。

起業家の「パッション」は業績を高める。ただし…

さらに、一般に起業家精神に絶対に必要と言われるのが、起業家の情熱(パッション)です。

(注2) Stam, W & Elfring, T. 2008. Entrepreneurial Orientation and New Venture Performance: The Moderating Role of Intra-And Extraindustry Social Capital. *Academy of Management Journal*, vol.51: 97-111.

起業家が仕事にパッションを持つのは当然のことでしょう。しかし、いざ会社の経営を始めた時、あるいは資金調達が必要なときに、パッションは本当にプラスに働くものなのでしょうか。

このテーマについても、経営学では研究成果が得られつつあります。もともと「パッション」のような人の感情については、心理学分野で盛んに研究成果が蓄積されていました。それを起業家精神に応用する試みが、始まっているのです。ここでは米メリーランド大学のロバート・バウムとエドウィン・ロックが２００４年に「ジャーナル・オブ・アプライド・サイコロジー」に発表した研究を紹介しましょう。(注3)

この論文では、北米のベンチャー経営者２２９人に対してのアンケートデータを用いています。このアンケートでは、経営者に「私は仕事を愛している」「仕事を離れても、すぐ戻ることを心待ちにしている」といったことに「賛同する・しない」を5段階で質問しています。そして、これらのアンケート結果とベンチャーの成長率の関係を、構造方程式モデリング（Structural Equation Modeling）という手法で解析したのです。

その結果は、実に興味深いものです。まず「経営者のパッションは、ベンチャーの成長率に直接は影響を与えない」という結果になりました。しかし他方で、「強いパッションのある経営者ほど、従業員とのコミュニケーションを重視する傾向が強く、そしてコミュニケーションが盛ん

（注3） Baum, R. & Locke, E. 2004. The Relationship of Entrepreneurial Traits, Skill, and Motivation to Subsequent Venture Growth. *Journal of Applied Psychology*, vol.89: 587-598.

な企業ほど、その成長率は高まる」という結果も同時に得られました。すなわち「経営者のパッション→コミュニケーションの活性化→ベンチャーの成長」という、パッションの「間接的な効果」が確認されたのです。

起業家のパッションが資金調達に有利に働く可能性を示したのは、米ワシントン大学のスレッシュ・コータらが2009年にAMJ誌に発表した論文です。(注4) この研究では、事業計画プレゼンテーションに参加したベンチャー・キャピタル（VC）投資家が、起業家のプレゼンテーションに「パッション」を感じるほど、その起業家のベンチャーに投資する確率が高まることを、実験やフィールドワーク・データによる統計解析から明らかにしています。

さて、ここまで読んで疑問を感じた方はいないでしょうか。これらの研究は、幅広く色々な起業家を対象としています。

もちろん幅広い起業家を包括的に捉えた研究は重要です。しかし他方で、多くのみなさんにとって本来の意味で「大成功した起業家」といえば、例えばアップルを創ったスティーブ・ジョブズやアマゾンの創業者ジェフ・ベゾスのような、これまでにない製品・サービスを打ち出し、世界に革新をもたらしたごく一部の起業家のことなのではないでしょうか。このような「革新的な起業家」の内面性に焦点を絞った研究はないのでしょうか。

(注4) Chen, X.-P., Yao, X. & Kotha, S. 2009. Entrepreneur Passion and Preparedness in Business Plan Presentations: A Persuation Analyses of Venture Captalists' Funding Decisions. *Academy of Management Journal*, vol.52: 199-214.

実は2010年になってこの問いに答えを与えようとする研究が、3人の共同研究者によって「ストラテジック・アントレプレナーシップ・ジャーナル」（SEJ）に発表されました。(注5) これが、EO、パッションに続いて本章で紹介したい「第三の起業家精神」です。

そしてその著者の一人こそが、「イノベーションのジレンマ」で有名な、米ハーバード大学のクレイトン・クリステンセンなのです。

クリステンセンが見つけた起業家の思考パターン

筆者はこの論文を、近年の起業家精神研究の中でも特に興味深い一本だと考えています。実はクリステンセンは著書こそ多いものの、学術誌での論文掲載数はそれほど多くありません。クリステンセン・ファンにとっては、その意味でもこれは貴重な一本でしょう。

この研究で対象となったのは、先にも述べたような「これまでには存在しなかった製品・サービス・技術を生み出した起業家」です。クリステンセンたちはこれを「イノベーティブ・アントレプレナー（革新的な起業家）」と名付けました。

中でもクリステンセンたちが着目したのは、彼らの「思考パターン」です。革新的な事業を生み出すには、人はどのような思考パターンを持つべきなのでしょうか。

（注5） Dyer, J., Ggregersen, H. & Christensen, C. 2008. Entrepreneur Behaviors, Opportunity Recognition, and the Origins of Innovative Ventures. *Strategic Entrepreneurship Journal*, vol.2: 317-338.

この疑問に答えるため、クリステンセンたちはまず世界中の「イノベーティブ・アントレプレナー」たちにインタビュー調査をし、そこから彼らの思考パターンに共通点を見つけることにしました。

驚異的なのは、インタビューされた22人の起業家のリストです。とにかくびっくりするぐらい豪華なのです。一部の名前を挙げるだけでも、ジェフ・ベゾス（アマゾン）、マイケル・デル（デル・コンピューター）、ハーブ・ケラー（サウスウェスト航空）、ピエール・オミダイア（イーベイ）、ニクラス・ゼンストローム（スカイプ）、マイク・ラザリディス（ＲＩＭ）、ピーター・シール（ペイパル）と、まさにキラ星のごとき著名起業家ばかりです。

この豪華なインタビューシリーズは、クリステンセン教授の高い知名度があってこそ可能だったのでしょう。いずれにせよ、これだけの起業家のインタビューをまとめているというだけでも、この論文は読む価値があると思います。

インタビューの結果、クリステンセンらはイノベーティブ・アントレプレナーに共通する思考パターンは、以下の四つにまとめられると主張しました。

（1）クエスチョニング（Questioning）

現状に常に疑問を投げかける態度のことです。中でも重要な言葉が「What if」です。イノベーティブ・アントレプレナーたちは事業を立ち上げる前から、「もし私がこれをしたら（if）、世の中はどうなるか（what）」を考え続けるのが共通の思考パターンなのです。

（2）オブザーヴィング（Observing）
興味を持ったことを徹底的にしつこく観察する思考パターンです。

（3）エクスペリメンティング（Experimenting）
それらの疑問・観察から、「仮説をたてて実験する」思考パターンです。例えば同論文によると、ジェフ・ベゾスは小さい頃から自宅ガレージを「実験室」のように使っていたようです。

（4）アイデア・ネットワーキング（Idea Networking）
「他者の知恵」を活用する思考パターンです。例えばイーベイ創始者のピエール・オミダイアにとって何か疑問ができたときに重要な思考パターンは、「自分がどう考えるか」ではなく、「まずこの問いを誰と話すべきか」なのだそうです。

さらにこの論文では、インタビュー分析で得られた結果をふまえて定量分析もしています。

クリステンセンたちは、この四つの思考パターンについてのアンケート調査を382人の起業家・経営幹部（うち何割かはイノベーティブな事業を起こしたことがある）に実施し、そのデータを因子分析などで解析しました。その結果、やはり「これら四つの思考パターンがある人ほど、革新的な事業を生み出す確率が高い」との結論を得ています。

この論文はイノベーティブ・アントレプレナーの思考パターンに焦点を定めたという意味で、「起業家精神」研究のフロンティアを切り開いたものだといえるでしょう。

イノベーティブな起業家の条件

さて、このクリステンセン教授が見いだした「イノベーティブな起業家」の4条件を見て、本書をここまで読んで来たみなさんの中には、何かお気づきになった方はいないでしょうか。

これら4条件は、本書でこれまで述べてきた、イノベーションや組織学習に重要とされる世界の経営理論の主張と、ピタリと当てはまるのです。

まず最初のクエスチョニングですが、これは第10章で紹介した、「サーチ行動」そのものです。組織学習で重要なことは、何よりも現状を疑い、疑問を投げかけることです。人や組織には認知に制約があり、自身は大きな世界を見ているつもりでも、実は非常に狭い世界しか見えていません。

そして、その現状で満足してしまうと、サーチをしなくなり、結果として学習が起きなくなるのです。その意味で、現状を常に疑い疑問を投げかけるクエスチョニングこそ、まず学習の第一歩といえます。

次に、エクスペリメンティングですが、これは第5章で紹介した「知の探索」そのものです。まさに実験をして、自分から離れた新しい知を探索するわけです。

一方、「知の深化」に近いのが、オブザーヴィングです。一度、「ものになりそうだ」と分かれば、それをじっと観察して「深掘り」する必要があるからです。

最後に、アイデア・ネットワーキングは、本書で何度も登場したトランザクティブ・メモリーの考えそのものです。自分自身では疑問を解き明かせなくても、「誰が何を知っているか（Who knows what）」を知っているから、その人に聞けばいい、という問題解決の方法がとれるわけです。

興味深いことに、この論文でクリステンセンは、これらの組織学習やイノベーションに重要な理論を明示的に引用していません。しかし、彼がこの豪華なイノベーターたちから見いだした四つの素養は、まさに世界の経営学で（クリステンセン以外の）研究者の蓄積により見いだされて来た知見と、見事に合致するのです。

そう考えると、本書で紹介して来た様々な理論・概念は、やはりイノベーティブな起業家になるためにも重要そうです。

手前味噌ですが、「成功する起業家精神」に関心のある方は、本書の該当箇所を読み返してみるとよい復習になるかもしれません。

経営学ミニ解説

9

四つの不確実性

本書を通じてよく登場する言葉が、「不確実性」です。実際、経営戦略論などは、極論すれば「ビジネスの不確実性にどう対処するかを考える分野」とすら言えるかもしれません。もし私たちが何も将来に不確実性を持っておらず、そのすべてを見通せるなら、戦略を立てる必要もないからです。

ビジネスとは常に不確実性に囲まれているものです。そうであるにもかかわらず、私たちは「不確実性とはどういうものか」について、日ごろそれほど深く考えないのではないでしょうか。

一方で経営学では、不確実性をどう捉えるかについて、経営学者の間で様々な考えが提示されています。ここでは、その中でも私が「ビジネスパーソンの思考の軸になり得る」と考える、米メリーランド大学のヒュー・コートニーが1997年に「ハーバード・ビジネス・レビュー」に発表した"Strategy Under Uncertainty"という実務家向け論文の考えを紹介しましょう。

同論文でコートニーは、ビジネスパーソンが直面する不確実性には四つのレベルがあると論じました。

レベル1は、そもそも不確実性が非常に低く、ほぼ将来が予見できる状態です。この不確実性下では、従来の単純な計画法で十分通用します。

レベル2は、将来の完全な予見はできないが、「概ねこうなるだろう」という選択肢が複数に絞られる場合です。意思決定者は、そのどれかを選ぶ（あるいは、複数の選択肢に資源を投入して失敗リスクを下げる）といった思考パターンが重要になります。

ちなみにコートニーによると、ミニ解説2や、第3章、19章、20章で紹介したリアル・オプションは、このレベル2で有用な考えだそうです。しかし私自身は、「リアル・オプション的な思考法」なら次のレベル3でも有用、と考えています。

そのレベル3とは、「選択肢に絞り込めるほどには将来を見通せないが、ある程度の確率と振れ幅で事業環境の変化が予見できる」場合です。コートニーによると、この不確実性下では、例えばシナリオ・プランニングなどが有用な思考を助けるツールになります。

そしてレベル4の不確実性（True Ambiguity）は、不確実性が事業環境の多様な範囲にわたるため、将来を予見するための拠り所すらない状況です。

そしてこの最も高次の不確実性下で求められる企業の態度として、コートニーは「積極的に市場をかたちづくる」重要性を主張します。「もし企業が『市場をかたちづくる』なら、このレベル4の不確実性は、むしろ低いリスクで高いリターンが得られる機会となり得る」とまで述べているのです。

この「市場を形作る」企業のことを、同論文ではシェイパー（Shaper）と呼んでいます。不確実性が極度に高い時は、そもそも事業環境の変化を待ってから行動を起こす「受け身の戦略」は機能せず、むしろ自らが積極的に市場をかたちづくり、他社を寄せ付けない革新を起こすことで高いリターンを得られる、という主張なのです。

日本のどの業界がどのレベルの不確実性に囲まれているのかは、実証研究で調べるべき問題です。しかし最近の日本は、規制緩和、IT（情報技術）技術の進展、少子高齢化への対応など、大きな変化が様々なところで起きつつあります。その意味では、レベル4の不確実性に囲まれている業界が増えてきているかもしれません。

そうであれば、受け身の戦略はますます通用しなくなり、そこで求められるのは「シェイパーの姿勢」ということになります。みなさんも、ご自身を囲む不確実性がどのレベルにあるか、考えてみてはいかがでしょうか。

《参考文献》

Courtney, H., Kirkland, J. & Viguerie, P. 1997. Strategy under Uncertainty. *Harvard Business Review*, November–December.

Part 10

やはり不毛な経営学

第22章

「もうかる理由って結局なに？」を突き詰める学者たち

前章まで、世界の経営学の様々な知見を紹介し、時には日本企業への示唆も探ってきました。ここまでを通じてみなさんの「思考の軸」になり得る知見が少しでも見つかったのであれば、幸いです。

しかし第2章で強調したように、世界の経営学者は、なにも「役に立つ」知見を提供することを主眼に、経営学を研究しているとは限りません。むしろ彼らのドライビングフォースは「ビジネス・企業・組織メカニズムの真理を知りたい」という、知的好奇心にあります。

逆に言えば本書も、前章まではあえて「ビジネスパーソンの思考の軸になるかもしれない」と思われるトピックを、私の独断で選んできたと言えます。しかしその背後には、経営学者の「知的好奇心」をドライビングフォースにした膨大な研究と、知の蓄積があるのです。その中には、みなさんから見れば「こんな不毛なことをやってどうなるんだ！」と思われるような研究も多くあるはずなのです。

本章と次章では、みなさんには一見「不毛」かもしれない、しかし世界の経営学者が真剣に意見を戦わせているテーマを紹介していきます。

さて、本書を通じて強調しているように、世界の経営学は「科学」を目指しています。すなわち、真理の探究です。

そして「科学」と名のつく学問では、理論から導かれた仮説が、広くあてはまる真理法則なのかどうかを検証するために、観測・実験・フィールドワーク・統計分析などを通じて、地道な「実証研究」を続けていきます。そしてこれこそが、経営学者が日々取り組んでいる活動でもあります。

中でも、これまで経営学者が地道な実証研究を通じて最も意見を戦わせてきたテーマは、「結局のところ、会社がもうかる要因って何？」という、実に根本的な疑問なのです。

重要なのは、産業か、企業そのものか

企業の「もうかる・もうからない」を決める要因って、結局は何なのでしょうか。まず、産業による違いは大きいかもしれません。例えば米国では、製薬業は全体的に収益率が高いといわれます。他方、航空業界は過当競争といえる状態にあり、多くの企業が厳しい経営を強いられています。

とはいえ、同じ産業でも会社ごとに業績は違います。全体的には厳しい米航空業界でも、サウスウェスト航空やジェットブルー航空は、それぞれ固有の戦略を背景に高い利益率を出しています。

では、おしなべてみると企業の収益率を決めるのは、「どの業界にいるのか（＝産業効果）」なのでしょうか、それとも「企業ごとの特性・戦略（＝企業効果）」なのでしょうか。

この問いに答えるため、世界の経営学では、企業収益性の要因を地道に「測定」する実証分析が積み重ねられてきました。

中でもエポックメーキングだったのは、１９８５年に経済学のトップ学術誌である「アメリカン・エコノミック・レビュー」に掲載された、米マサチューセッツ工科大学（ＭＩＴ）のリ

図表22　企業収益性の説明要素の分解結果

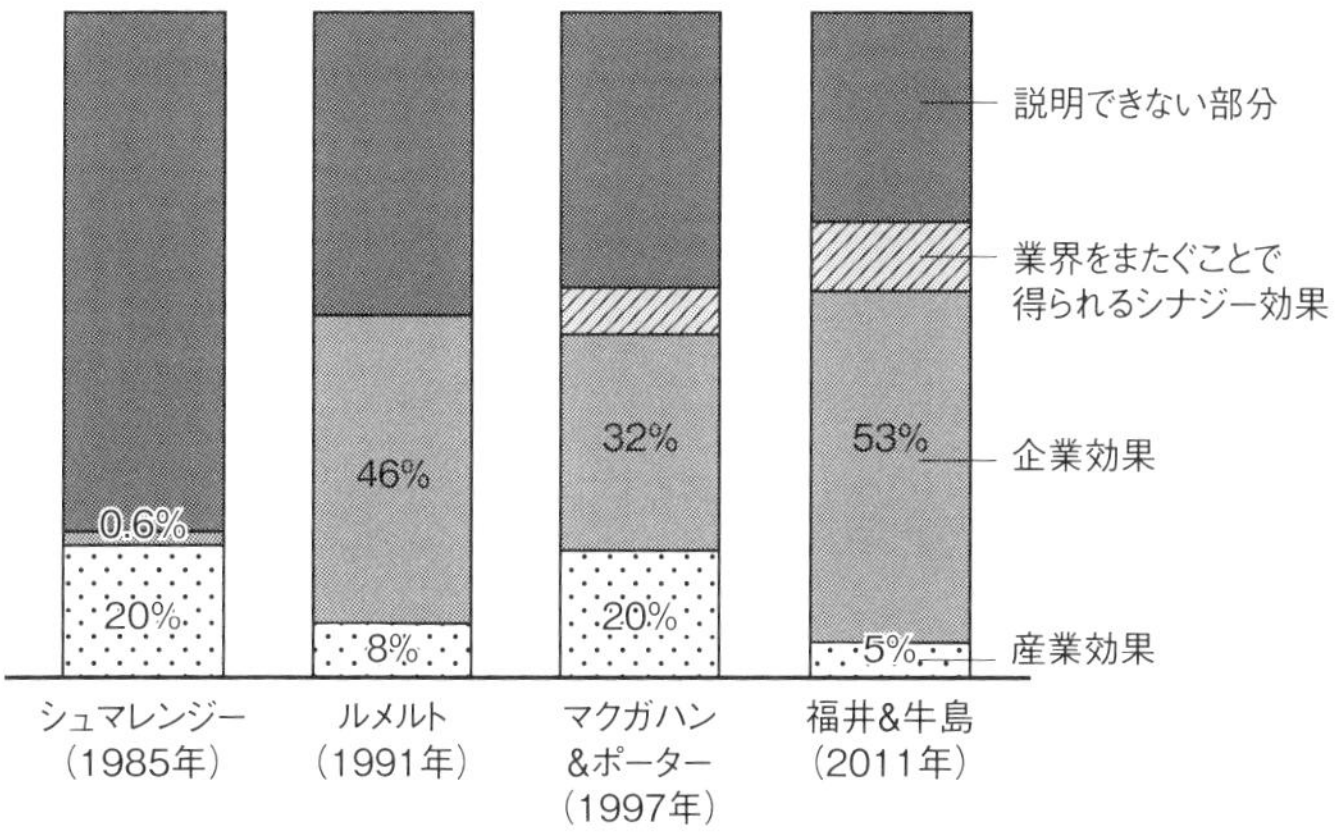

出所：筆者作成

チャード・シュマレンジーの論文です(注1)。シュマレンジーは企業業績を決める要因を測定するために、Components of Variance（COV）という、当時としては画期的な統計手法を用いました。

ここではCOVの子細には立ち入りません。「大規模サンプルを基に、企業収益のバラツキ（分散）を分解する手法」とご理解ください。

シュマレンジーが1975年の米企業1775社の総資産利益率（ROA）データを基に、COV手法を使って得た結果は驚くべきものでした。彼の分析では利益率のバラツキの約20%だけを説明できたのですが、その20%のほぼすべてが「企業がどの産業にいるか（＝産業効果）で規定される」という結果になったのです（図表22）。

（注1）　Schmalensee, R. 1985. Do Markets Differ Much? *American Economic Review*, vol.75: 341-351.

経営戦略には意味がない？

この結果に衝撃を受けたのは、経済学者より、むしろ経営学者だったといえるでしょう。考えてみてください。この結果が本当なら、「もうかるかどうかは『企業がどの業界にいるか』でほぼ決まってしまう」ということになります。そもそも企業独自の特性とか戦略とか、そういったことは意味がないと言っているようなものです。

この、経営学の存在意義を否定したようにすらみえる結果が確かなのか、さらに検証することが経営学者に求められました。より大規模なデータや分析手法の改良を通じて、この測定結果を「追試」することが盛んになったのです。

そしてその牽引者こそが、あの米ハーバード大学のマイケル・ポーター、そして米カリフォルニア大学ロサンゼルス校（UCLA）のリチャード・ルメルトだったのです。

ルメルトの追試

本書で何度も登場しているポーターについては、説明の必要はないでしょう。他方、ルメルトも黎明期の経営学を支えてきた大物です。日本でも2012年に『良い戦略、悪い戦略』（村井章子訳、日本経済新聞出版社）という邦訳本が出版されて話題になりました。

そのルメルトが1991年に「ストラテジック・マネジメント・ジャーナル」（SMJ）に発表した論文は、まさにタイトルも「産業効果はどのくらい重要か？（筆者訳）」という、シュマレンジーの結果に挑戦するものでした。（注2）

ルメルトは、シュマレンジーの統計手法の問題点を指摘し、さらに1975年の単年だけのデータを使ったことを問題視しました。1年だけの分析では、その年の景気の影響などを考慮できません。そこでルメルトはCOV手法を精緻化し、74年から77年の複数年データで観測数を6931に拡張して再分析しました。

その結果、シュマレンジーが20％しか説明できなかった企業利益率のバラツキを、ルメルトの分析では63％も説明できる、という結果になりました。そして63％の内訳の約八割が企業効果である、という結果になったのです。産業効果は2割にとどまりました。

この結果は、経営学者を勇気づけるものでした。「企業ごとの経営特性・戦略は収益率を決める上で重要である」といえるからです。やはり経営学は意味がある、というわけです。

他方で一部の学者からは、ルメルトの結果に対して、「いくらなんでも産業効果が小さすぎる」という批判も出てきました。確かに現実には、もうかる業界ともうからない業界の間には、かな

（注2） Rumelt, R. 1991. How Much Does Industry Matter? *Strategic Management Journal*, vol. 12: 167-185.

り差がある気もします。産業効果が企業効果の4分の1しかないというのは本当でしょうか。

そこでさらなる追試をしたのが、マイケル・ポーターです。

ポーターの再追試

ポーターが、現・加トロント大学のアニータ・マクガハンと1997年にSMJ誌に発表した論文では、さらに包括的なデータベースから85年から91年の米企業データを取り出し、観測数約5万8000のサンプルで測定をしました。(注3)

そしてこの分析で企業利益率のバラツキの約50%を説明できること、その内訳は産業効果が四割ぐらいで、企業固有の効果は六割ぐらいにとどまる、という結果を得たのです。二人が2002年に「マネジメント・サイエンス」に発表した論文でも、同じような結果を得ています。(注4)

興味深いのは、このポーターの結果は、まさに彼の経営理論にぴったり当てはまるものだったことです。

ポーターが中心となって1980年代に確立したSCP理論では、「企業の競争優位には二重のポジショニングが重要である」とされます。第一に「収益性の高い産業を選ぶべき」という

(注3) McGAHAN, A. & Porter, M. 1997. How Much Does Industry Matter, Really? *Strategic Management Journal*, vol.18: 15-30.

(注4) McGAHAN, A. & Porter, M. 2002. What Do We Know About Variance in Accounting Profitability? *Management Science*, vol.48: 834-851.

ポジショニングであり、第二に「その産業内で、自社が他社と比べてユニークなポジショニング（競争戦略）を取るべき」というものです。

ＳＣＰ理論はこのように「産業も、戦略も重要」と主張しているわけで、まさにポーターが自ら得た「産業効果が４割、企業効果が六割」という測定結果と整合的です。みなさんも、この結果には肌感覚として納得いくかもしれません。

見過ごされていた次元

ところが、話はこれで収まりませんでした。今度は「コーポレート効果があまりにも小さいのではないか」という批判が出てきたのです。

「コーポレート効果」とは、企業が複数の産業をまたいでビジネスをすることで得られる追加効果（＝多角化の効果）のことです。実はルメルトやポーターの研究は、このコーポレート効果も測定していました。そしてその結果は、どちらも「コーポレート効果はほとんど存在しない」というものだったのです。

これは、特に多角化戦略の重要性を説く学者には納得できないものだったでしょう。

２００１年に米ペンシルベニア大学のエドワード・ボウマンたちがＳＭＪに発表した論文では、

過去の研究手法に疑問を呈し、これまでの研究はコーポレート効果を過小評価しているのではないか、と主張しています。(注5)

さらに、「国の違いによる効果」もあるのではないか、という研究も出てきました。

この論文を2004年にSMJ誌に発表して話題を読んだのが、香港中文大学の牧野成史、慶応ビジネススクールの磯辺剛彦という、国際的に活躍する二人の日本人経営学者です(香港大学クリスティン・チャンとの共同論文)。(注6)

牧野たちは、観測数2万8000の企業の海外子会社データでCOV分析をしました。この分析では、海外子会社の利益率のバラツキの50%強を説明することができて、「国の違いによる効果」だけでその二割を占める結果となっています。

これまでの研究の前提を否定する研究も現れました。欧州経営大学院(INSEAD)のガブリエル・ハワウィニたちは2003年にSMJに発表した論文で、「企業がすべて同じように産業効果・企業効果に影響されるという前提が、そもそもおかしい」と主張しました。(注7)

そして「特に業績の優れた企業・悪い企業」と、「その他大部分の企業」に分けてCOV分析をすると、企業効果があるのは前者だけで、後者の収益性はほとんど産業効果で説明できる、という結果を発表したのです。すなわち、経営・戦略の良しあしで業績が決まるのは「飛び抜けて成功した企業か、失敗した企業」だけで、残りの普通の起業の収益性は「どの産業にいるか」で

(注5) Bowman, E. & Helfat, C. 2001. Does Corporate Strategy Matter? *Strategic Management Journal*, vol.22: 1-23.

(注6) Makino, S., Isobe, T. & Chan, C. 2004. Does Country Matter? *Strategic Management Journal*, vol.25: 1027-1043.

決まっている、というのです。

日本企業の「もうかる要因」についての研究

日本企業についてはどうでしょうか。私の知っている範囲では、青山学院大学ビジネススクールの福井義高と慶応義塾大学商学部の牛島辰男が、2011年に「ジャーナル・オブ・ジャパニーズ・アンド・インターナショナル・エコノミーズ」という経済学の学術誌に掲載した論文があります(注8)。

この研究では、1998年から2003年までの日本企業のデータ（観測数約2万4000）について、COV分析で測定しています。そして、この分析では企業利益率のバラツキの70%弱を説明できて、内訳は企業効果が7割を超え、産業効果とコーポレート効果は比較的小さいという結果となっています。

地道な実証こそ、経営学者の本来の役割である

本稿を読んで「こんな統計分析を繰り返して、企業がもうかる理由をただ分解するだけの不毛

（注7） Hawawini, G., Subramanian, V. & Verdin, P. 2003. Is Performance Driven by Industry- or Firm-Specific Factors? A New Look at the Evidence. *Strategic Management Journal*, vol.24: 1-16.

（注8） Fukui, Y. & Ushijima, T. 2011. What Drives the Profitability of Japanese Multi-Business Corporations? A Aariance Components Analysis. *Journal of the Japanese and International Economies*, vol.25: 1-11.

な研究など、私のビジネスには何の意味もない」という方もいらっしゃるでしょう。

たしかに、こういった研究はみなさんのビジネスに直接は役立たないかもしれません。しかし、「企業経営を科学的に捉える」のなら、このような根本的な問いを地道に測定する作業はやはり重要なはずです。多くの経営学者がデータを充実させ、分析手法を改良することで、より精度の高い結果を求めようとしているのです。

私がとても好きな本に、東京大学の宇宙物理学者、吉井譲氏が2006年に書かれた『論争する宇宙――「アインシュタイン最大の失敗」が甦る』（集英社新書）という、宇宙物理学の歴史を分かりやすく紹介した本があります。この本で何より印象深かったことが、宇宙物理における「理論と実証のせめぎあい」です。

宇宙物理の世界では、例えばアインシュタインのような理論家が、彼の信じる宇宙法則を記述した「理論」を構築します。他方でその理論が本当に正しいのか、宇宙の実態はどうなっているのかを「実証」する必要もあります。宇宙物理なら、例えばそれは高性能の望遠鏡を使って星や銀河の動き・明るさ・色などを丹念に「観測」することです。

『論争する宇宙』によると、1930年代に天文学者のハッブルが地道に天体の観測を続け、「宇宙は膨張している」という事実を発見したことが、アインシュタインに彼の宇宙理論を放棄させるきっかけとなりました。そして数十年後、今度は別の天文学者の地道な観測によってダークマターという正体不明の物質が宇宙に満ちていることが分かり、それがアインシュタインの放棄した「宇宙定数」を理論として復活させる契機となったのです。

経営学でも、ポーターの測定結果が彼自身の理論の下支えになったことは想像に難くありません。そもそも、ポーターやルメルトがシュマレンジーに対抗する結果を出したことが、企業の特性や戦略に注目する「経営学」の重要性を裏付けてきたともいえます。

みなさんの中には、ポーターやルメルトの経営書をお読みになった方もいるかもしれません。一見華々しいビジネス本を書く著名経営学者も、実はこういう地道な研究もしてきたことは、知っておいて損はないのではないでしょうか。

第23章 「リソース・ベースト・ビューが捉えきれないこと」とは何か

前章に続いて、みなさんには一見不毛にみえるかもしれない、しかし経営学者には重要な「知の戦い」を、紹介したいと思います。それは、競争戦略の代表的な理論とされるリソース・ベースト・ビュー（ＲＢＶ）についてです。そしてこの話題は、現在の経営学、あるいは社会科学全般の「使い方」を考える上で、重要な示唆を与えてくれるのです。

リソース・ベースト・ビューとは

経営学を少しでもかじったことのある方なら、ＲＢＶの名前を聞かれたことがあるかもしれません。ＲＢＶは現ユタ大学のスター経営学者、ジェイ・バーニーなどを中心に、１９８０年代から1990年代初頭に打ち立てられた、有名な経営理論です。米ハーバード大学のマイケル・ポーターが発展させた、いわゆる「ポーターの戦略論」に次いでよく知られており、MBAの経営戦略論の教科書では間違いなく取り上げられます。中でも、バーニーが1991年に「ジャーナル・オブ・マネジメント」に発表した理論の論文は、RBVの金字塔とされており、その引用数は3万5000以上に及びます。(注1)世界で一番読まれている経営学の学術論文かもしれません。

しかし実は、経営学者からは「RBVは経営理論としての体をなしていない」という批判も出ているのです。特に話題を呼んだのが、2001年に米テキサス大学のリチャード・プリムと香港理工大学のジョン・バトラーが、バーニーと「アカデミー・オブ・マネジメント・レビュー」(AMR)で対決した論争です。(注2)この論争でプリムとバトラーは、バーニーが1991年に発表した有名なRBVの論文を、複数の角度から批判しました。

この論争で3人が意見を戦わせた点は複数あるのですが、ここでは、中でも「現代の経営学の使い方」を考える上で重要な論点を紹介しましょう。

(注1) Barney, J. 1991. Firm Resources and Sustained Competitive Advantage. *Journal of Management*, vol.17: 99-120.

(注2) Priem, R. & Butler, J. 2001. Is the Resource-Based "View" a Useful Perspective for Strategic Management Research? *Academy of Management Review*, vol.26: 22-40.

「価値のあるリソース」は何で決まる？

ＲＢＶとは企業の経営資源（リソース）に着目する理論です。企業は製品・サービスを生み出すために、様々なリソースを持っています。例えば人材や技術がそうですし、ブランドも重要なリソースです。１９９１年に発表した論文の中で、バーニーは企業リソースについて以下のような命題をたてました。

「命題：企業の経営資源に価値があり、希少な時、その企業は競争優位を獲得できる」

ここでいう「競争優位」とは、企業がその業界で「勝てる能力」だと考えてください。「企業が優れた人材・技術など、価値があってしかも競合他社が持っていないようなリソースを持っていれば、その業界で勝てる」というわけです。

先にも紹介した、有名なポーターの理論は、差別化戦略・低価格化戦略など「製品・サービス側」の議論をしています。いわば「表側」です。それに対してバーニーは、「裏側」の企業リソースもまた競争優位の源泉なのだ、と主張したのです。

さて、この命題についてプリムとバトラーは、「そもそも企業リソースに価値があるかどうかは、リソース部分だけでは決まらない」という批判を展開しました。これはどういう意味でしょうか。

以下の仮想例を考えましょう。ある日本の家電メーカーX社では、高い開発能力を持った技術者たち(=リソース)がいて、彼らが高機能製品を作っているとします。

もしX社にとってこの技術者に「価値がある」とすると、それは技術者が生み出した高機能製品が売れているからであるはずです。消費者が高機能製品に価値を見いだしているからこそ、技術者にも価値があるわけです。

ここで、X社がインドや中国のような新興国市場に進出したとしましょう。そしてこれらの国の消費者は、日本人ほどには高機能製品に興味がなく、一般の普及品で十分という人が大多数だとします。すると、X社はもはや製品機能では消費者に訴求できず、この市場で勝つためには、むしろ普及品をデザイン・広告などによるイメージで差別化して売っていく、という戦略をとるかもしれません。

もしそうなれば、X社にとって「より価値のあるリソース」は、海外市場に精通して的確なマーケティング戦略を打てる人材や、現地広告会社や販売代理店とパイプのある人材となるはずです。結果として、X社の技術者の価値は相対的に下がることになります。

図表23　高機能製品とエンジニアの需給と価値の、市場による違い

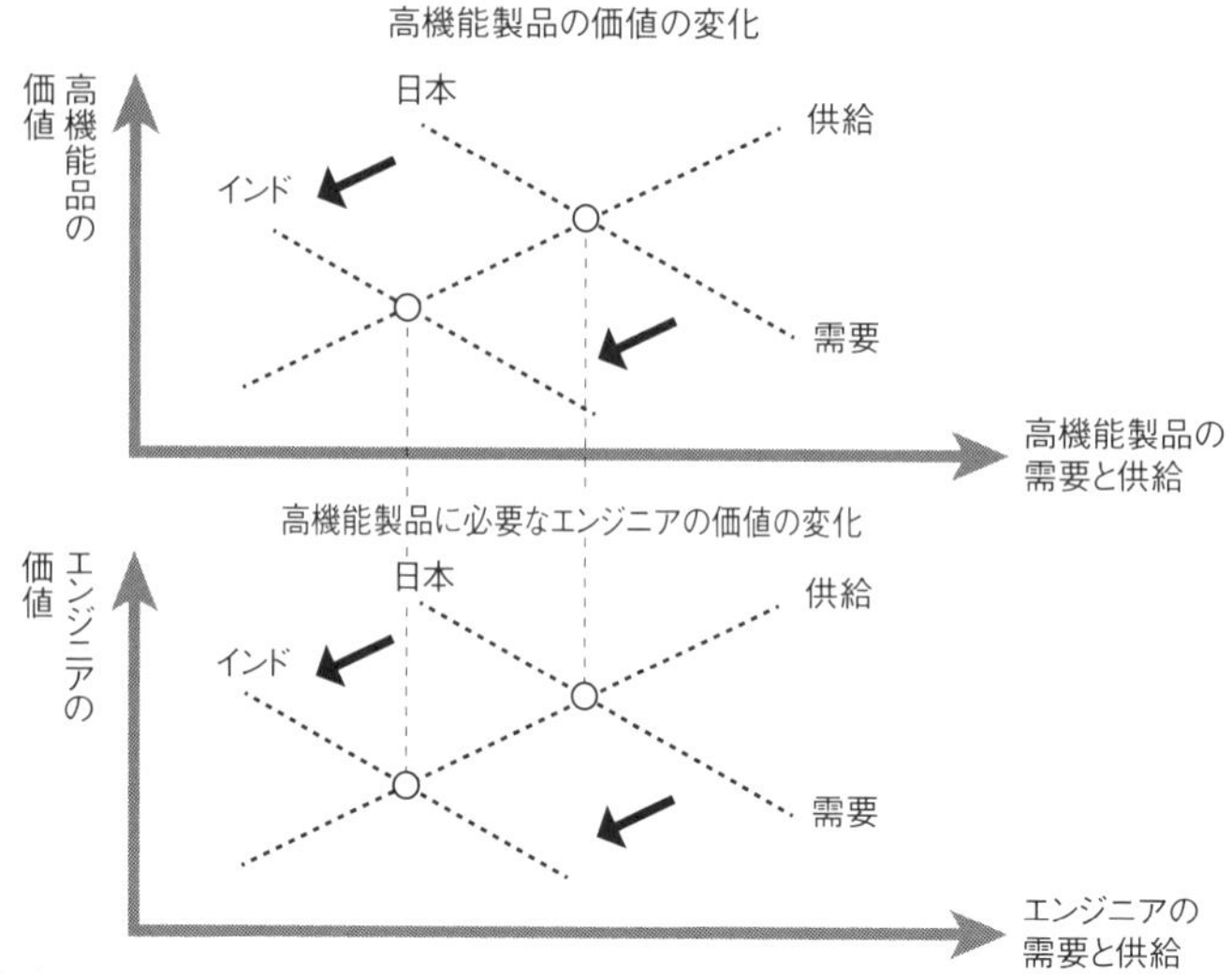

出所：Priem&Butler（2001）の図表を参考に筆者作成

言われてみれば当たり前なのですが、このように企業の「リソースに価値があるかないか」は、リソースそのものだけで決まるのではなく、製品・サービス市場の状況や、そこでの企業の戦略に依存するのです。図表23はそれを図式化したものです。

ところが先の命題にあるように、バーニーの1991年論文はリソースに議論を限定して、製品・サービス側の話はしていません。プリムとバトラーはこの点をもって、「RBVは経営理論として不完全である」と批判したのです。

「部分分析」を重視する近代経営学

実はRBVに限らず、経営学ではこのように企業経営の一側面に焦点を定めて分析するこ

とが、実に多いのです。

なぜでしょうか。それは、現在の経営学が「社会『科学』であること」を重視しているからだろう、と私は考えています。

第1章でも述べたように、現在欧米を中心に国際標準になりつつある経営学は、経営の実態に潜む「真理法則」を探求しようとしています。そして、複雑な経営の現実から真理法則を見つけるために、まずその一部に焦点を定めて、その因果関係を丁寧に解きほぐし、分解しようとします(「還元主義」といいます)。そして、そこから導出された「経営の真理かもしれない」法則を、統計手法などで検証していくのです。

しかし厄介なのは、実際の経営者にとってさらに重要なことは、複数からなるこれらの「部分」たちを足し合わせ、すり合わせて、最終的に「一つだけの意思決定」をしなければならないことです。

例えば、先のX社が海外市場で、積極的な広告投資によるイメージ向上で普及品を売る戦略に切り替えたとしましょう。そしてこの「製品戦略の変更」のためには、上述のように、マーケティングに長けた現地人材の確保といった「リソース戦略の変更」も考える必要があります。

さらに、例えば巨額の広告費をどう捻出するのか、相対的に価値の下がった技術者をどう配置転換するのか、従来の高機能製品も続けて販売するのか、なども考える必要があります。取引先との付き合い方も変わるかもしれません。

このように、一つの「部分」戦略の変更は、企業の他の「部分」戦略にも影響します。経営者のみなさんは、それらすべての「部分」をまとめあげ、すり合わせて、ギリギリの決断をされているはずです。

そして、このような「複数の『部分』をまとめて一つの大きな決断へと導く」というプロセスにおいて、現在の経営学は決定的な理論をまだ持っていないのです。

なぜMBAでケース分析が重要なのか

さらにいえば、ビジネススクールの経営学教育で教えられる分析ツールも、それぞれの「部分」に焦点を定めたものです。第1章で述べたようにMBAの経営戦略論の教科書には先端の経営学の研究成果が十分に反映されてはいないのですが、それはそれとして、各章はやはりそれぞれの「部分」に分かれています。第1章は外部環境分析、第2章は企業リソースの分析、そして第3章は競争戦略、といった感じです。その後の章では、提携戦略や、国際化戦略、垂直統合戦略などの「部分戦略」がそれぞれの章で議論されます。

当然ながら、現実にはこれらの部分戦略は、互いに関係し合っています。しかし、「では経営者はそれらの部分をどうやってまとめあげて、一つの決断を下すべきか」について書かれた章が、教科書にはないのです。

なぜこうなるのでしょうか。私は二つの理由があると考えています。

第一に、この「部分をつなぎ合わせる」ために必要な視点は、それぞれの業界・企業で大きく異なることです。

私は、だからこそMBAでケース分析をすることが重要なのだと理解しています。ケース分析では、一企業が置かれている具体的な状況を様々な角度から「部分分析」します。そしてそれらをまとめあげ、その企業は今後どうすべきか、最終的な「一つの決断」について議論するのです。

多くの教授がそのときに重視するのは、「部分を通じての一貫性」です。それぞれの部分分析から得られた結論に矛盾がないような一つの最終決断を導けるのが、理想的な状況だと考えられているはずです（私もこのアプローチをとります）。

しかし「どのような条件なら部分同士が一貫性を持ち得るか」は、業界や企業の事情で様々です。何より、一貫性のある「きれいな正解」はなかなか出るものではありません。だからこそ、教授と生徒たちが思考トレーニングとして互いの意見をぶつけ合うケースディスカッションが、ビジネス・プロフェッショナルを育成するＭＢＡでは重要なのだ、と私は認識しています。

ＴＰＰを「一般均衡理論」で分析する限界

そして第二の理由は、先ほど述べたような理由で、経営学がまだそこまで発達していないということです。というよりも、これは社会科学にひそむ本質的な難しさともいえます。

経営学のお隣の経済学には、「一般均衡」という考えがあります。一般均衡分析では、製品市場・労働者市場など、複数の市場（＝部分）の相互関係を同時に分析できます。

例えば最近なら、日本をはじめとする各国によるＴＰＰ（環太平洋経済連携協定）の合意が話題になりましたが、一部の政府機関はこのＴＰＰのような国際間の貿易・投資協定参加の経済効果を、一般均衡分析を基にしたシミュレーション・モデルで試算しているはずです（有名なものにＧＴＡＰというシミュレーション・ソフトがあります。日本のシンクタンクで働いていた頃、私はＧＴＡＰ分析に少し携わっていました）。

一般均衡に基づいて「経済全体を描いた」シミュレーションを用いることで、例えば米国の自動車産業が関税を引き下げたら、それが日本の鉄鋼産業の産出量や雇用にどのような影響をもたらすかといった、「ある部分の変化が、他の部分に与える影響」を分析できるのです。

しかし、このような「全体を描いた」モデルでは、各部分における企業や消費者の行動を、ある程度単純化する必要があります。そうしないと「部分同士」の整合性がとれなくなるからです。「部分」を単純化することで、代わりに「全体の構造」を見えやすくしているのです。

このように「部分を厳密に理論化すること」と「『部分』の集合である『全体』の構造を理論化すること」は、トレードオフの関係にあるといえます。なかなか「木を厳密に見て、同時に森もしっかり見る」と都合よくはいかないわけです。

そして経済学よりも歴史の浅い経営学では、部分と全体のトレードオフは、はるかに顕著です。一般均衡のような理論も確立されていません。経営学者の多くは、それでも複雑な経営にひそむ真理を探究するために、まずは「部分の分析」に力を注いでいるのです。

経営理論が「全体を描ける」日は来るか

念のためですが、私はだから経営学は意味がない、と言いたいのではありません。むしろ、その逆です。

なぜなら、経営の「部分」を分析していくことは、学問的にも、実務においても、意味のあることだと思うからです。「木を見ずに森だけ見る」のでは、意思決定の何もかもを勘や経験則だけに頼ることになりかねません。経営理論を学んだり、それに基づいた分析ツールや思考法を「思考の軸」として使ったりすることは、経営者の「全体をまとめる」意思決定の助けとなるはずです。だからこそ、ＭＢＡの授業では理論やツールの勉強と、それらをまとめあげるケース分析が組み合わされているともいえます。

言うまでもなく本書で紹介してきた知見も、その多くは部分における真理法則の探求に焦点を定めています。その限界と有用性を踏まえた上で、みなさんの思考の軸としてご活用いただければと思います。

さらに言えば、経営学者がこの問題を乗り越えようとしていることもまた確かです。「部分と全体」のトレードオフに直面しながら、それでも「全体を描く理論」を生み出そうとする動きもあるのです。

例えば、バーニーの１９９１年論文では無視された「製品市場とリソース」の関係を明示的に取り込んだ研究が、その後発表されるようになっています。例えば米ダートマス大学のマーガレット・ペテラフらが２００３年に「ストラテジック・マネジメント・ジャーナル」に発表した論文では、製品側とリソース側の両方を取り込んで競合他社の分析をすることの重要性が議論されています。(注3)

(注3) Peteraf, M. & Bergen, M. 2003. Scanning Dynamic Competitive Landscapes: A Market-based and Resource-based Framework. *Strategic Management Journal*, vol.24: 1027–1041.

さらに、私は近年のビジネススクールとデザインスクールの連携に注目しています。第6章で紹介したように、米スタンフォード大学やマサチューセッツ工科大学（ＭＩＴ）など、海外の主要大学の中には、ビジネススクールとデザインスクールの連携を進めているところが少なくありません。

いわゆる「デザイン思考」とは、複数の要素を一つのデザインとしてまとめあげる思考ともいえます。したがってデザインスクールとの連携は、「全体をまとめあげる」理論を持たないビジネススクールが、「経営のデザイン」を求めるための知を探求しようとしているのだ、とも受け取れるのです。

実際、いまやＩＤＥＯなどの主要なデザイン企業はコンサルティング会社の領域に近付いていて、経営コンサルティング会社の競合になりつつあるとも聞きます。ビジネススクールとデザインスクールの連携で得られる、「部分の科学」と「全体のデザイン思考」が融合すれば、ビジネスに有用な新しい知見・手法が、さらに生まれてくるかもしれません。今後のさらなる成果に期待したいところです。

Part 11

海外経営大学院の知られざる実態

第24章 ハーバードを見て、米国のビジネススクールと思うなかれ

本書の最後となるこのPart11（第24章から26章）では、これまでの学術的な知見を紹介する章とはスタンスを変えて、私の米国時代の経験も交えながら、海外のビジネススクール事情について、日本ではよく知られていない重要な側面を紹介していきたいと思います。なお、この三つの章で述べることは、欧州や、最近ならアジアの多くのビジネススクールでも当てはまる部分も多いのですが、念のため米国に限定した話とします。

ドラッカーを読まない米国の経営学者

さて、私は2012年に刊行した『世界の経営学者はいま何を考えているのか』（英治出版）

という本の中で、「米国の主要なビジネススクールにいる教授は、ピーター・ドラッカーの本をほとんど読まない。ドラッカーの考えに基づいた研究もまったく行われていない」と書いたところ、想像していたよりもはるかに大きな反響をいただきました。いまだに「入山さん、本当なんですか」と聞いてくる方もいらっしゃいます。

もちろん、これは事実です。米国の経営学研究の最前線に10年間どっぷりつかってきた私が見た実態です。

そもそも私自身、実はドラッカーの本をほとんど読んだことがありません。念のため、『世界の～』を出版した直後に、当時のニューヨーク州立大学の同僚何人かのオフィスを見せてもらったのですが、やはり彼らの書棚にもドラッカーの本はありませんでした。

この際だから告白してしまいますが、日本のビジネスマンに有名なジム・コリンズの『ビジョナリー・カンパニー』シリーズ（日経ＢＰ社）も私は読んだことがありません。おそらく私だけではなく、米国のビジネススクールの研究者の中でも、『ビジョナリー・カンパニー』を重宝して読んでいる人はそう多くはないのではないでしょうか。

もちろん、私はドラッカーがダメだとか、意味がないなどとは言っていません。というか、そもそもろくに読んだことがないのですから、批判する資格もないのです。むしろ、これだけ多くの人が注目するのですし、私自身もどこかで聞いたことのあるドラッカーの名言は好きなので、ちゃんと読めば素晴らしい本なのでしょう。『ビジョナリー・カンパニー』も多くの日本の経営者に影響を与えているらしいので、米国で学者が読んでいようがいまいがそんなことは関係なく、「啓蒙書」という意味で素晴らしい本なのだと思います。

私が申し上げたいのは、ドラッカーを読まなくても、コリンズを知らなくても、米国のビジネススクールの教授は務まる、という事実です。

なぜこのような事態になるのでしょうか。その最大の理由は、第1章でも述べたように、まず経営学の科学化が進んでいることにあります。全米中の経営学者が、科学としての経営学を目指して、知の競争をしているからだと私は考えています。さらにいえばその背景には、「知の競争」を促す巧みな米国の大学の仕組みがあります。まずは、そのあたりを解説しましょう。

米国の「研究大学」はほんの一握り

米国には2013年時点で2774の四年制大学があります。しかし実は、そのうちで「研究大学」と呼ばれる大学はほんの一握りです。そして日本でも比較的名の知られているような大学は、研究大学であることが多いのです。

米国にはAAU（Association of American Universities）という、選ばれた研究大学だけが所属

できる団体があります。日本の多くの方はご存じないと思いますが、米国ではこのＡＡＵのメンバーになることが研究大学にとって大きなステータスなのです。

ＡＡＵのウェブサイトにいけばメンバー大学のリストが載っていますが、ハーバードや、スタンフォード、ＭＩＴ、プリンストン、ミシガン大学、ＵＣバークレーなど錚々たる大学の名前があります。私が２０１３年まで所属していたニューヨーク州立大学バッファロー校も、なんとかその中に名を連ねています（そして、同校の教授の多くはそれを誇りに思っています）。メンバーになっている大学は全米で60しかありません。

このＡＡＵの基準は厳しく、大学全体の研究パフォーマンスが悪いとメンバーから外されてしまいます。実は最近、ネブラスカ大学とシラキュース大学がＡＡＵから外されてしまい、これは関係者の間では大きな話題となりました。

米国では、このＡＡＵメンバー大学に加えて、いまは入っていないものの中長期的にはＡＡＵ入りを目指しているような大学が数十ぐらいあり、私の肌感覚なので正しい数字ではないのですが、おそらく全体で百数十ぐらいの大学が「研究大学」といえるのではないかと思います。逆にいえば、残りのほとんどの大学は「教育大学」に近く、規模も小さいところがほとんどです。

「知の競争」をする経営学者に、ドラッカーを読むヒマはない

念のためですが、私は研究が上で、教育が下とか、そんなことは言っていません。これはたんに、大学の目的が違うのです。私は米国の素晴らしさの一つは、この裾野の広い教育システムであり、特に教育を重視する小規模のカレッジが多くあることにあると考えています。

これでお分かりいただけたと思いますが、日本でも知られているような大学の多くは「研究大学」で、それらは大学同士で熾烈な「研究の競争」をしているのです。

そのために、研究大学にいる教授は「研究という競争世界」で勝つことが最優先の義務となります。そして、米国で研究の戦いで勝つとは、優れた学術誌に論文を掲載するということに他なりません（理系分野の場合はグラント［研究補助費］をとる、という競争も加わります）。

そして、それはビジネススクールでも同じです。米国の研究大学のビジネススクールに所属する教授は、だからこそできるだけ科学的な方法で研究し、上位の学術誌に論文を掲載するために努力することが求められるのです。

したがって、やや大胆に言ってしまえば「社会科学としての経営学研究の競争に勝つためには、科学ではないドラッカーなど読んでいるヒマはない」ということになるのです。

ビジネススクールにいる「研究者」と「教育者」

さてそうは書いたものの、実は話はもう少しややこしくなります。なぜなら、このような研究重視の風潮にはビジネススクールによって温度差があるからです。

実は米国のビジネススクールには、大学の違いと同じように、「研究中心の教授（すなわち経営学者）」と「教育中心の教授」がいます。

前者は、まさに本書で紹介してきたような、博士号を持ち、社会科学としての経営学を推し進めようとしている人たちです。もちろん授業も教えますが、上述したように主戦場は研究であり、優れた学術誌に論文を載せることです。

後者は、例えば博士号は取ったけれど研究よりも教育に力を入れたくなった教授や、あるいは実業界やコンサルティング業界で成功を収めてその経験を買われて教授になられた方などです。

そしてＡＡＵメンバーのような大学ではマジョリティーはいうまでもなく、前者の「研究中心の教授」となります。もちろん教育重視の教授もいますが、そういう方々は少数派であったり、例えば「クリニカル・プロフェッサー」といった特殊な肩書きが付いていたりすることが多くなります。

しかしながら、私の知る限り、例えばブルームバーグビジネスウィーク誌のMBAランキングなどで上位60~70位ぐらいまでに入るようなビジネススクールの中でも、少なくとも2校、例外があります(注)。

一つは、バブソン・カレッジです。同校は、日本人では例えばイオングループの岡田元也CEO（最高経営責任者）やトヨタ自動車の豊田章男社長を輩出しています。

バブソン・カレッジは「カレッジ」と名の付く通り規模の小さい大学ですが、とくにPART9で紹介したようなアントレプレナーシップ（起業論）に特化した教育をほどこしており、この分野ではまさに「総本山」ともいえる位置づけにあります。それゆえに米国の「経営学教育界」ではきわめて高い評価を得ています。したがって、この大学では教授陣のほぼ全員が、研究以上に「優れた教育」をすることが義務化されています。

そしてもう一つの例外が、実はハーバード大学なのです。

ハーバードを見て米国のビジネススクールと思うなかれ

言わずと知れた世界最高峰の「研究大学」であるハーバード大学ですが、この大学のビジネススクール（ハーバード大学経営大学院：以下、HBS）は、他の研究大学のビジネススクール

（注）本章は米国に話を絞っていますが、欧州では例えばスイスのIMDがこの「例外」に該当するといえます。

と比べると特異な存在といえるのではないか、と私は考えています。

まず、ＨＢＳの教授陣をみると、その中には「教育中心の教授」が少なからずいらっしゃいます（もちろん他の研究大学にも教育中心の教授はいるのですが、ＨＢＳはその比率が高いといえます）。

もちろんこういった教授も、経営学教育では一流の素晴らしい方々です。デイビッド・ヨッフィーなどはその代表かもしれません。ヨッフィーは、企業分析の有名なケースをいくつも書いており、それは世界中のビジネススクールで教材として使われています。

そしてそれに加えて、実はＨＢＳには「第三のタイプの教授」がいるのです。

それは、「『査読論文の数』という意味での研究業績はそれほど顕著ではないが、世界的に大きな影響を及ぼしている経営学者」としての教授です。

他の学術分野——例えば物理学や経済学——に知見のある方なら、このことには驚かれるかもしれません。なぜなら、（少なくとも米国では）一般に学術的な業績とは、学術誌に「査読論文」を掲載することにほかならないからです。

「査読」とは、審査のことです。学者が論文を学術誌に投稿すると、匿名の査読者（通常は同じ分野の研究者）が審査をします。その審査に通った論文だけが学術誌に掲載されるのです。このプロセスは、自然科学・社会科学のどの学術分野でもほぼ同じのはずです。そして、その分野に重要な貢献をもたらした査読論文を多く発表した学者が、「影響力のある学者」となるのが普通です。

経営学でも基本はこれと同様です。先にも述べたように、米国上位の研究大学のビジネススクールにいる経営学者の重要な仕事は、厳しい審査プロセスを経て査読論文を国際的な学術誌に載せることです。

にもかかわらず、その頂点にいるはずのＨＢＳには「査読論文の業績はそれほど顕著ではないけれど、世界的にはとても有名な経営学者」がいるのです。

そして、その典型がマイケル・ポーターなのです。

なぜポーターやクリステンセンは影響力があるのか

２０１２年10月にフォーチュン誌に掲載されたマイケル・ポーターの現在を紹介する記事は、興味深いものでした。

この記事では「地球上のどの経営学者よりも、世界中のエグゼクティブに影響を与えた人物（筆者訳）」としてポーターを取り上げ、これまでの功績、そしていまも精力的に活躍されている姿を紹介しています。

他方でこの記事では、「経営学界で頂点を極めた人物としては大きなパラドクス」として、ポーターがその39年間のキャリアで7本の査読論文しか学術誌に掲載していない事実も紹介しています。

私のような若輩が言うのは僭越きわまりないのですが、39年間で査読論文の数が7本というのは、米国の研究大学にいる学者としてはきわめて少ないといえます（もちろん一本一本の影響力が大きいということかもしれませんが、それでも数として少ないことは間違いありません）。

実はポーターだけではなく、「イノベーションのジレンマ」で有名な、同じＨＢＳのクレイトン・クリステンセンも、アカデミックな上位の学術誌への査読論文の掲載数は、私が知る限りそれほど多くありません。このことは、第21章でも触れました。

では、ポーターやクリステンセンは、査読論文の数が少ないにもかかわらず、なぜこれほど「経営（学）に影響を与えた学者」とされるのでしょうか。

これは私の認識ですが、ポーターやクリステンセンの大きな功績は、「黎明期の経営学に新しい考えを打ち出し、その時代を切り開いた」ということに加えて、何よりも「その研究成果を一般の書籍として発表して、ビジネスマンも含めた幅広い人々に影響を与えた」ことではないでしょうか。

このフォーブスの記事でも強調されているように、ポーターほど近代経営学に影響を与えた偉大な学者はいません。そしてその影響は、査読論文以外の手段によるところが大きいのです。その著書である『Competitive Strategy』の引用数はとてつもない数になっていますし、MBAの授業で使われる経営戦略論の教科書は、いまでもポーターが生み出したコンセプトや分析ツールから始まっているものがほとんどであることは、第1章で述べました。

クリステンセンも同様です。第3章で書いたように、実は「イノベーションのジレンマ」は経営学研究の世界ではそれほど重視されていないのですが、それでもイノベーションを生み出すことに悩む世の実務家にこれほど影響を与えた本はないでしょう。

求められているのは、ポーターか、コグートか

ここまでの話を整理しましょう。外部から見ると同じに見えるかもしれない米国のビジネススクールの教授は、おおまかにいって三つのタイプに分けられるのです。

タイプ1：査読論文を学術誌に掲載することを主戦場とする経営学者（＝上位のビジネススクールでは大半を占める）

タイプ2：教育中心の教授（＝ヨッフィーや、バブソン・カレッジの教授などに代表される）
タイプ3：査読論文を学術誌に掲載するのではなく、一般書籍など別のかたちで経営学や実務家に幅広く影響を及ぼす経営学者（＝ポーターや、クリステンセンなど）

そして「タイプ1」の教授に加えて、「タイプ2」の教授の割合も高く、さらには研究大学としては異例なことに「タイプ3」の教授までもが中心的存在として活躍しているのが、ＨＢＳなのです。その意味で私は、「ＨＢＳ（だけ）をみて米国のビジネススクールと思うなかれ」と申し上げたのです。


そして、私が本書を執筆しようと思った動機の一つもここにあります。

例えば、本書で紹介したリアル・オプション理論を発展させた第一人者は米コロンビア大学のブルース・コグートです。まさに世界中の（タイプ1の）経営学者がリスペクトする大研究者です。彼が国際学会で発表するといえば、それだけで会場は多くの学者たちで埋め尽くされます。しかしながら、みなさんの中でコグートの名前をご存じの方ははたして何人いるでしょうか。

もちろん、たとえば最近では、『リバース・イノベーション』（ダイヤモンド社）を執筆した米ダートマス大学のヴィジャイ・ゴヴィンダラジャンや、『ＧＩＶＥ＆ＴＡＫＥ「与える人」こそ成功する時代』（三笠書房）の著者、米ペンシルベニア大学のアダム・グラントのように、「タイプ1」の研究者として査読論文でも素晴らしい実績を出しつつ、一般書籍を書かれている方もいらっしゃいます。しかし、やはり日本のビジネスマンの間での知名度は、ポーターやクリステンセンにはかなわないのではないでしょうか。

「タイプ3」の教授たちの素晴らしさは既に世界中で知られています。しかし、ここまでお話ししたように、実はそういった方々は（それがいいことか悪いことかは別にして）、米国の研究大学の中では少数派といえるのです。

他方で私が本書で紹介してきたのは、欧米を中心とする世界の上位のビジネススクールの大半を占めながら、日本のみなさんにはほとんど知られていない「タイプ1」の教授たちが、知の競争（＝査読論文の競争）の世界で発表してきた研究の数々なのです。

ビジネススクールのあるべき姿とは

私はどのタイプがいい、あるいは悪いと言っているのではありません。恐らくこの三タイプのいずれもがビジネススクールの発展に欠かせないのだと思います。

逆に言えば、この三タイプの教授の「バランス」をどう取るかは、ビジネススクールの位置づけや方向性を大きく左右するといえます。ビジネススクールの第一の資産は、やはりそこにいる教授だからです。

例えば、世界のビジネススクールを牽引しているのはいまでもＨＢＳである、ということに異論を唱える人は少ないでしょう。ＨＢＳの授業法は他のビジネススクールの多くの教員が参考にしていますし、世界中のビジネススクールでＨＢＳが作成した企業分析のケースが授業に使われています。「ハーバード・ビジネス・レビュー」誌が世界中の多くのビジネスパーソンに愛読されていることは言うまでもありません。

あくまで私見ですが、ＨＢＳがなぜいまも「研究」「教育」「実業界への啓蒙」のいずれにおいても重要な存在であり続けているかというと、もちろんその伝統やネームバリューもありますが、それに加えて、「タイプ1」だけではなく、優秀な「タイプ2」や「タイプ3」の教授たちを豊富にそろえている、ということが大きいのかもしれません。

しかし、他の米国のビジネススクールがおいそれとその真似をできるかというと、それはなかなか難しいのかもしれません。三つのタイプの教授をバランスよくそろえるにはやはり潤沢な資金が必要ですし、組織変革も必要になってくるからです。

そもそも、米国の研究大学は大学間で熾烈な「知の競争」をしています。特にＡＡＵに所属している大学はそのステータスを守らなければならないのですから（ハーバードのようにどうやってもＡＡＵから落ちそうにない大学を別とすれば）、やはりビジネススクールとしても査読論文の業績が期待できる「タイプ1」の教授を重用するのは自然のなりゆきなのです。

日本のビジネススクールも一様である必要はない？

最近は日本でも、社会人教育の一環としてビジネススクールが定着しつつあります。そしてここでも、その実態は多様です。

例えば国立大学のビジネススクールはいわゆる「経営学者」を教授陣にしているところが多いように見えますし、他方で私立大学のビジネススクールの中には実務家出身の教授をそろえたところもあります。そしてこういった多様性を背景として、日本のビジネススクールのあるべき姿も議論されているようです。

しかし、これまで述べてきたような理由で、「これこそがビジネススクールである」として正解を断言するのは、なかなか難しいのです。ビジネススクールの本場といわれている米国でさえ、その実態は多様なのですから。

もしかしたらみなさんの中には、これから海外や国内のビジネススクールへの進学を検討されている方もいるかもしれません。そうだとしたら、「米国でもビジネススクールのありようは混沌としている」という実態を分かっていただいた上で、ご自身に合ったビジネススクールを選んでいただければと思います。

第25章 米国の大学の裏事情は、中国人が一番知っている

本章では、世界のビジネススクールの情報戦に勝つのは誰か、という話をしようと思います。そして、そのためにまず理解していただきたいのが、「インフォーマルな知」の重要性です。

知識はインフォーマルなものこそ重要

第12章でも述べたように、ベンチャーキャピタル（VC）投資や起業活動が一定の地域に集積する傾向があることは、経営学ではよく知られています。米国ならシリコンバレーがその代表です。なぜなら、起業をするには、人と人が直接会うことを通じてしか得られない「インフォーマルな情報・知識」がとても重要だからです。文書のやりとりでは出てこないような「内輪の

話」を得るために、起業家はシリコンバレーなどに集積するのです。

「いまの時代はインターネットがあるじゃないか」という方もいらっしゃるでしょう。確かにインターネットのおかげで、いまは世界中どこでも同じ情報が手に入りそうに思えます。しかし考えてみてください。みなさんが「これは新しい商売のネタになりそうだ」と思えそうな情報を仕入れたら、それをわざわざネットで文書にして公開するでしょうか。むしろ信頼できる知人と食事でもしたときに、「ここだけの話だけれど」などと言って打ち明けるのではないでしょうか。

このように商売のネタになるような情報は、人と人の関係を通じてしか得られない、口コミなどのインフォーマルなものが多いのです。さらに、いま起業が盛んなＩＴ（情報技術）やバイオ関係など知識集約型のビジネスでは、そもそも文書化が難しい、いわゆる「暗黙知」が重要になることも多いでしょう。

また、起業では優秀な人材を獲得することも重要ですが、こういった人材は別の人を介したインフォーマルな「つて」で知り合うことが多いですし、またその人に直接会って「目利き」をする必要もあります。したがって多くの起業家はインフォーマルな情報、暗黙知、そして優れた人材を求めて一定の地域に集積するのです。

ところが、最近はたとえば米国のシリコンバレーと台湾の新竹地域、シリコンバレーとインドのバンガロールなどの間で、起業家やエンジニアが国境を越えてインフォーマルな情報・知識をやり取りするようになっています。これまではローカルだったインフォーマルな知識が、国を超越して行き来するようになっているのです。そしてこのように国と国の間ではなく、ある国の都市と別の国のある都市の間をつなぐグローバル化について、私が２０１１年に「ストラテジック・アントレプレナーシップ・ジャーナル」（ＳＥＪ）に発表した論文では「スパイキー・グローバリゼーション」と名付けたことも、第12章で述べました。(注)

台頭する超国家コミュニティー

そして、このような国際間のインフォーマルな情報の行き来の牽引役が「移民ネットワーク」であることが、最近の研究で明らかになりつつあります。

例えば、米デューク大学の調査によると、１９９５年から２００５年にシリコンバレーで設立されたスタートアップのうち53％は、設立メンバーに移民がいるそうです。このような人たちが米国で事業に成功して、やがて本国に帰り、その後も本国と米国を足しげく往復することで、これまでは一定地域に集積していたインフォーマルな情報・知識が、国境を越えて「飛ぶ」ようになってきているのです。

先程申し上げたスパイキー・グローバリゼーションも、この移民ネットワークが牽引している

（注） Iriyama, A., Li, Y. & Madhavan, R. 2010. Spiky Globalization of Venture Capital Investments: The Influence of Prior Human Networks. *Strategic Entrepreneurship Journal*, vol.4: 128-145.

可能性があります。先の私のＳＥＪ論文では、ＶＣ投資のパターンがスパイキー・グローバリゼーションになっていることを示した上で、そのパターンに影響する要因を検証したところ、やはり世界各国から米国の各州への移民のパターンがスパイキー・グローバリゼーション化しており、ＶＣの投資パターンと強い相関があることを明らかにしています。

ところで、このような超国家コミュニティーが興隆しているのは、起業分野だけではありません。実は、まさにアカデミックの世界、中でも私がいた米国の「ビジネススクール業界」で、その台頭が顕著なのです。

米国の大学業界を席巻するインド移民

２０１３年に、米国の名門カーネギーメロン大学の新しい学長として、米マサチューセッツ工科大学（ＭＩＴ）エンジニアリング学部のスブラ・スレッシュが就任しました。スレッシュ氏はインド・ムンバイの出身で、学部はインドの大学を卒業しています。

実をいいますと、私が２０１３年まで所属していたニューヨーク州立大学バッファロー校の学長も、インド出身の方でした。このように米国のアカデミアでは、すべての学問分野がそうというわけではありませんが、インド系の人々の台頭がとても目立ちます。特にエンジニアリング関係などはそうかもしれません。

この状況はビジネススクール（経営学界）も同じです。インド人が席巻している、とさえ言えるかもしれません。例えば、ハーバード・ビジネススクールの学部長（ディーン）として２０１０年に就任したニティン・ノーリア氏は、米国の市民権は持たれていますが、そもそもの出身はインド・ムンバイです。実は、私のいた当時のニューヨーク州立大学バッファロー校のビジネススクールの学部長もインド出身の方でした。

さらに言うと、ビジネススクール内で私が所属していた経営戦略・オペレーション学科の学科長もインド出身の方で、私をヒラ社員とすると、上司である「社長、部長、課長」が全員インド出身だったということになります。卒業式ではこの学長と学部長が壇上に立つわけですが、ビジネススクールの学生（大部分は米国生まれの米国人）に、インド出身の二人がインドなまりの英語で「おめでとう」と言いながら修了証書を渡すのは、なかなか興味深い光景です。

みなさんも米国の有力大学のビジネススクールのホームページをご覧になれば、いかにインド出身の方が多いかお分かりになると思います。ちなみに私の場合、博士号を取った母校の指導教官、いまの共同研究のパートナー、仲良くしていた同僚のいずれもインド出身です（私の場合、特にインド人と親しくなりやすい個性があるのかもしれませんが…）。

ビジネス界でも2015年に入って、マイクロソフトの新しいCEO（最高経営責任者）にインド出身のサトヤ・ナデラ氏が就任しました。加えて、グーグルの新しいCEOもインド出身のサンドール・ピチャイ氏になります。米国企業ではありませんが、ノキアのCEOラジーブ・スリ氏もインド人です。何より最近ではソフトバンクの孫社長が、実質的な後継者にインド出身のニケシュ・アローラ氏をグーグルから高額報酬で引き抜いたのは、みなさんも記憶に新しいかもしれません。

このように、いま米国を中心として、世界の知識産業では、急速にインド人が経営者として台頭しつつあります。そしてある意味「極端な知識産業」といえる米国の大学・ビジネススクール業界では、それが以前から始まっていたのです。

そして私の肌感覚では、インド人の次に米国のビジネススクール業界を席巻しつつあり、今後さらに台頭するのは中国人で間違いありません。それに韓国人と台湾人が続く、といった感じでしょうか。

次に米経営学界を席巻するのは中国人

実際、最近の米国ビジネススクールの教員や博士課程の学生に占める中国人を中心とした東アジア人（日本人を除く）の割合はものすごいものがあります。例えば、私は博士課程の授業で、教員・学生の全員が東アジア人かインド人で、米国人は一人もいない、という状況を何度も経験しています（それでも授業はもちろん英語です）。

また、私のいた学科で少し前に新しい助教授をリクルーティングしたとき、候補者の一人である韓国人の方が来て研究発表をしました。そのときに発表会場に集まった教授・博士学生の総勢20人のうち、米国人は一人で、残りは大半が中国人、そしてインド人と韓国人が数人、そして日本人（＝私）という構成でした。思わず「ここは本当にアメリカなのか」と言いそうになってしまいました。

そして、これはあくまで私の肌感覚なのですが、インド出身の方と比べると、中国系の人たちの方が、同胞内での「インフォーマルなコミュニティー」をより活用している印象があります。

例えば、私が数年前に米国で就職活動したときに会った某大学の中国人助教授は、全米の多くの有力ビジネススクールの助教授の初任給を把握しており、「○○大学より、この大学のほうが給料はいいわよ」などと私に教えてくれました。全米のビジネススクールに多くの若手の中国人教員がいるので、彼らは同胞同士で、中国語でそういう情報を普段から交換しているのだそうです。

情報戦は出願前から始まっている

実は、私が米国で就職活動をしたとき、この中国人コミュニティーの情報にかなりお世話になりました。米国の経営学界では日本人の教員や博士課程の学生がとても少ないので、アカデミア内での「日本人コミュニティー」がそもそも存在しません。私は、仲の良い中国人の友人が同じ時期に就職活動をしたので、彼から色々と中国人コミュニティーで出回っているインフォーマルな就職情報を教えてもらって、役立てたのです。

そして、起業家のコミュニティー同様、この学者のインフォーマルなコミュニティーも、国境を越えるようになってきています。「超国家コミュニティー」が経営学のアカデミアでも生じているのです。

例えば、私の友人の米在住の台湾人助教授によると、台湾では多くの学生が米国の博士号を目指すのですが、彼らの間では米国の大学院に出願する前から、例えば「某M大学の経営戦略学科は、仲の悪いA教授の派閥とB教授の派閥に分かれていて、どちらの派閥に入るかで博士課程で生き残れるかどうかが違う」などといったインフォーマルな情報が交換されるのだそうです。

私が10年前、日本から米国の大学院に出願したときは頼れる日本人がほとんどいなかったので、この話を聞いて「出願前からこんなに情報量で差がついていたのか」と愕然としたのを覚えています。

さて、アジアではいまビジネススクールの設立・拡大がブームです。そして特に中国や香港のビジネススクール・ブームを下支えしているのは、この「超国家コミュニティー」なのではないか、と私は考えています。

香港の有力ビジネススクール（例えば香港科技大学）や中国本土の有力ビジネススクール（例えばＣＥＩＢＳ）のウェブサイトでそこにいる教員の経歴を見ると、そのほとんどが欧米で博士号を取っており、中には米ビジネススクールでの教員経験がある中国人も少なくないことが分かります。

こういった方々は、いまも欧米の経営学アカデミアとのつながりを保ち、両国を足しげく行き来しています。そして、欧米にいまいる同胞の若手教授や博士学生とのインフォーマルなコミュニティーを通じて、世界の経営学アカデミアの動向や研究動向など、最先端のインフォーマルな情報を母国語でやり取りして、それらを自国に取り入れていると推測できます。

また、中国・香港のビジネススクールは資金力を生かして、いま大量の若手教員を欧米から採用したり、欧米の大物・中堅教授を引き抜いたりしています。このようなリクルーティング面でも、超国家コミュニティーを通じてのインフォーマルな情報が有用であることは言うまでもないでしょう。

日本の大学はどう立ち向かうべきか

私は、「日本の大学やビジネススクールも同じように超国家コミュニティーを育てるべきである」と短絡的に考えているわけではありません。例えば欧州経営大学院（ＩＮＳＥＡＤ）やスイスのＩＭＤ、ロンドン・ビジネススクールのような欧州の有力校は、欧州内で比較的「完結した」コミュニティーの中であっても競争力を高められているように見えます（それでも、最近は多くの欧州有力校が米国から教員を引き抜いていますが）。

しかしながら、もし日本の大学やビジネススクールがこれから国際化を目指すのであれば、当然ながらその主戦場はアジアになります。そしてアジアで競争するということは、こういう「超国家コミュニティー」の恩恵を十分に受けた大学・ビジネススクールと戦うことである、という点は念頭に置く必要があるでしょう。

第26章 来たれ！世界最先端の経営学を語る人材よ

本書もこれがいよいよ最終章です。本書では、海外の先端の経営学の知見を紹介しながら、日本のビジネスへの示唆を論じてきました。

そして、ここまで本書を読んだみなさんの中には、「なぜこのような本が、これまでなかったのだろうか」という疑問を持たれた方もいらっしゃるかもしれません。

その答えの一つは、欧米で学術的な経営学を学び、博士号（ＰｈＤ）を取得したり、あるいは海外のビジネススクールで勤務したりしている（勤務した経験のある）日本人が極端に少ない、という現状があると私は理解しています。例えば、私の知る限り、「経営学」分野で北米のＰｈＤプログラムにいる日本人学生はいませんせいぜい2～3人しかいません（２０１５年10月現在）。他方で「経済学」分野では、米ＰｈＤプログラムにいま、少なくとも50人以上の日本人学生がいると聞いています。

私は決して欧米で博士号を取ることが偉いとか、優れているとは思いません。しかし、海外でPhDを取る人が少ないために、結果として海外でいま急速に国際標準化されつつある経営学でどのような知見が生まれているかが、特にその先端の知見について日本で伝わりにくくなっているのは、確かな事実だと思います。

一方で、日本でも「世界最先端の経営学を語れる人」の需要は、今後高まっていくのではないでしょうか。第2章で述べたように、これからますます不確実性が高くなり、ビジネスの知が求められる時代に、世界中の経営学者が切磋琢磨して生み出している「ビジネスの真理に近い法則」は、みなさんの「思考の軸」になり得るからです。

このような背景もあってか、現在ビジネスをしていたり、コンサルティングをしていたり、あるいは大学院に通う方の中にも、経営学の博士号の取得に関心のある方が増えている印象が、私にはあります。その中では国内の大学での博士号取得を考えられている方もいるかもしれませんが、一方で、「欧米を中心とした海外の大学の博士課程にも本当は関心がある」という方もいらっしゃるのではないでしょうか。

海外の「MBA」については、日本にも多くのMBAホルダーがいらっしゃり、そういった方々の体験記も出版されています。他方で、ビジネススクール教員の第一歩となるＰｈＤの実態については、多くの方がご存じないはずです。

　そこで本章では、「米国で経営学の博士号を取るとはどういうことなのか」を、自分の経験も交えながら、解説してみようと思います。

ＭＢＡと経営学ＰｈＤの違いって？

　経営学の博士号（以下、ＰｈＤ）を取るための「ＰｈＤプログラム」は、米国の多くの大学では経営大学院、いわゆるビジネススクールに設置されています。とてもおおまかにいって米国のビジネススクールの２大プログラムは、ＭＢＡ（経営学修士）とＰｈＤです（注：一部の大学ではＰｈＤではなくＤＢＡ(注)という学位を出すところもあるかもしれませんが、両者はほぼ同じ位置づけと私は認識しています）。

　ここでは、両者の重要な違いを三点述べます。

（１）目的

（注）DBA = Doctor of Business Administration

まず、プログラムの目的が根本的に違います。

ＭＢＡプログラムは、「職業人」として高度な経営の知識を備えた人たちを養成するための教育課程です。通常ＭＢＡは1～2年のプログラムですが、その目的は「短期間で経営学の理論から実践的な知識までの修得をし、ビジネス界に優秀な人材を輩出する」ことです。

他方でＰｈＤプログラムとは、5～6年をかけて経営学の「研究者」を養成するところです。第24章で紹介したように、米国の上位ビジネススクールの教授の多くは「研究重視の経営学者」であり、彼らは査読付きの学術誌への論文を掲載することを通じて、激しい知の競争を演じています。

もちろん最終的に民間企業に就職する人もいますが、米国の経営学ＰｈＤの第一の目的は、こういった「知の競争に参加する」経営学者（＝多くはビジネススクールの教員）の育成にあります。

みなさんの中には、ＰｈＤはＭＢＡの延長であるようなイメージを持たれていた方もいらっしゃるかもしれません。しかし、両者は全くの別物です。ＰｈＤを取るのにＭＢＡは必要条件ではありません。私もＭＢＡは持っていません。

（2）学費

よく知られていることですが、米ＭＢＡプログラムの学費は高額です。名門私立大学のＭＢＡの学費は2年間で最低8万ドル（960万円ぐらい）ぐらいかかるようです。加えて生活費もかかります。実際、日本から海外ＭＢＡを目指す方々のネックになるのは、入学の難しさに加えて、このお金の問題でしょう。

他方で、すべての大学でそうというわけではありませんが、米国の上位ビジネススクールにおけるＰｈＤプログラムの多くでは、学費は無料です。

「えっ、ほんと？」と驚かれる方もいるかもしれませんが、本当です。学生は奨学金をもらったり、研究助手として一年目から働く代わりに学費を免除されたりします。それどころか、生きていくには何とかなるぐらいの給料まで支給してくれるＰｈＤプログラムも多いのです。

ちなみに私も米ピッツバーグ大学のＰｈＤプログラムに通った5年間、学費はタダでしたし、給料ももらっていました。おかげでＰｈＤの学生時代に結婚もしましたし、子供まで授かってしまいました。

（3）学位を取れる確率

欧米の上位ＭＢＡプログラムに合格するのが難しいことはいうまでもありませんが、他方で入学後にＭＢＡを取れないまま落第する確率は、かなり低いのが実態だと思います。少なくとも私の周りで、勉強についていけなくてＭＢＡを取れずに退学した人はいません。

もちろん私はＭＢＡが簡単だとか、ラクであるとは言っていません。欧米のＭＢＡでは毎日ものすごい量の課題を課せられ、ほとんど眠れないぐらいに勉強させられるのが普通です。相当に鍛えられることは間違いありません。しかしながら、例えば通常ＭＢＡでは一学年に数百人の学生が入学しますが、その中で落第するのは多くてもせいぜい数人ではないでしょうか。

他方でＰｈＤは、入学してからの落第リスクも非常に高いのが特徴です。

これは他の学術分野にも当てはまりますが、通常、米ＰｈＤプログラムでは最初の2年間で徹底した詰め込み式の教育をし（コースワークといいます）、そして2年目終了時に大きな試験が課せられます。そしてその試験（あるいは追試）に不合格だと、そのままＰｈＤを退学させられます。

私自身も脱落した学生を見てきましたし、教員として「学生を落とす」判断を下さなければならないときもありました。また、長いＰｈＤ生活の途中で精神的に耐えられず、自主的に去って行く学生もいます。

米国のＰｈＤで学生が生き残る率は大学で差がありますし、学術分野でも差があります。私の体感なので確かではありませんが、米国の上位・中堅の経営学ＰｈＤで学生が最後まで生き残る割合は、平均で50〜60％ぐらいではないでしょうか。例えば私の周りでは一学年に10人ぐらいを入学させるＰｈＤプログラムが多いのですが、そのうち４人くらいがＰｈＤを取得せずに去ることになります。

ちなみに、この「ＰｈＤ取得の率」は他分野ではもっと低くなることもあります。例えば経済学では、一学年30人ぐらいのＰｈＤ学生を多めに入学させて学費も払ってもらい、その後の試験で大量に退学させ、生き残った精鋭10人ぐらいの生活をＰｈＤ取得まで面倒をみる、というのが私のよく聞く話です。

私がピッツバーグ大学にいたときの、同校の公衆衛生学部ＰｈＤプログラムでは、学生が生き残れる率は10％ぐらいと聞いたことがあります。逆に言えば、経営学ＰｈＤは五割以上も生き残れるのだから、比較的好条件なのです（繰り返しになりますが、大学間でかなり差があることはご留意下さい）。

なぜこのような違いが出てくるかというと、これは大学の各分野の財政状況によるのではないかと私は推測しています。ビジネススクールは他学部よりも高いＭＢＡの授業料や寄付金などで財政的に余裕があることが多いので、最初から入学するＰｈＤ学生の数を絞り、その代わり一年目から生活の面倒をみることができるのだと思います。

このように米ビジネススクールのＰｈＤプログラムとは、（１）あくまで「知の競争に勝つ」

ための経営学者を5～6年かけて育成するところであり、(2)パフォーマンスが悪いと途中で退学させられ、(3)その代わり(上位の大学の多くでは)生活もサポートしてくれる、ということになるのです。

MBAは「投資かつ収益源」、PhDは「純粋な投資」

この両者の違いは、どこから来るのでしょうか。

言葉に語弊があるかもしれませんが、私は米ビジネススクールを運営する側にとっては、MBAは「投資であるとともに収益源でもある」のに対し、PhDは「純粋な投資」であるということではないか、と理解しています。

もちろんMBAプログラムの評価は、そこからどれだけ優秀な人材をビジネス界に輩出したかに影響されます。その意味でMBA課程の学生を教育するのは、名声を高めるための重要な「投資」です。とはいえ、ビジネススクールはMBA課程の学生から高額な学費も取っていますから、それが大きな「収益源」にもなっています。

他方で、PhDの学生には生活までサポートしてくれることすらあるのです。そしてなぜこのような「投資」をするのかといえば、それは「米国の大学が知の競争をしている」からにほかなりません。

第24章で述べたように、米国では大学間の競争が激しく、特に研究大学は研究実績でその評価を高める必要があります。そのためには、そこにいる教授が優れた研究業績をあげることに加えて、「その大学でPhDを取得した学生が（他大学の教員となってから）優れた研究業績を出すこと」も、とても重要なのです。

そしてそのために、世界中から優秀な学生をかき集め、生活の面倒までみて育成する「投資」が実行されるのです。逆に言えば、いったん入学させても「こいつはこれ以上の投資に見合わない」と判断されれば、投資をやめる（＝退学させる）ことになります。

さらに言えば、米国でPhDを取得した者たちは、世界中のビジネススクールで就職する機会を得られます。例えば欧州のトップスクールの教員は北米のPhDを持つ人がかなり多くなっています。いまは香港・シンガポールや、中国・韓国の上位ビジネススクールでも、欧米のPhDホルダーを積極的に採用しています。海外の経営学では国際標準化が急速に進んでいますが、やはりその中心地の一つは米国なので、そこでPhDを取った人への需要が多いのでしょう。

ただし、第24章で述べたように、最近はいよいよアジアの大学が力をつけてきています。例えば私が最近聞いた話では、中国の北京大学の博士課程を出た学生が、米国のビジネススクールに教員として就職したようです。北京大学の博士課程プログラムがそれだけの教育を、できるようになっているということでしょう。20年後には、経営学の世界地図も大きく変わっているのかもしれません。

経営学者を目指すことに関心のある方へ

みなさんのなかには、もしかしたら経営学者という職業にちらりと関心のある方もいらっしゃるかもしれません。あくまで個人の意見ですが、私はそういった方々のなかで挑戦心のある方にとっては、欧米のビジネススクールでＰｈＤ取得を目指すことは、一つのエキサイティングな人生のオプションではないかと思います。

もちろんこれはリスクのあることですので、たき付けるつもりはありません。そもそも、ここまで書きませんでしたが、やはり欧米のＰｈＤは入学するのも大変です。現在は欧米の上位のＰｈＤプログラムに入るには数十倍の関門を突破しなければなりません。

しかしながら、もし経営学者に関心があるのならば、学費免除で生活まで保障されて勉強と研究に専念させてくれる米ＰｈＤプログラムは、日本ではなかなかあり得ない、素晴らしい環境ではないでしょうか。

また、先ほど述べたように、経営学のＰｈＤは一度入ってしまえば、米国の他の学術分野よりは「生き残れる率」も高いのです。さらにビジネススクールは他の学術分野よりはまだ成長市場であり、そして欧米でＰｈＤを取れば色々な国で働けるチャンスも広がります。そして何よりも、世界中から集まった優秀な学生や教授と切磋琢磨しながら勉強し、自分の好きな研究ができるのは、とてもエキサイティングなことです。

本書のような「海外の先端の経営学の知見をビジネスパーソンのみなさんに伝える」本がなぜ私に書けたかというと、それは私の能力うんぬんではなく、単純に、海外でＰｈＤを取って教員経験のある日本人が極めて少なく、その中でたまたまこういう本を書こうと思った物好きが私だけだったから、ということ以外にありません。

逆に言えば、私はもっと多く、世界の最先端の経営学に本気で取り組む日本人の人材が出てきてほしいと考えています。特に、若手のコンサルタントや、起業経験者、調査会社・シンクタンクの研究員、ＭＢＡホルダー、あるいは「経営学の研究」にうっすらと興味があるのだけれど、どうしたらいいか分からない若手のビジネスパーソンのみなさんには、ぜひ海外での経営学ＰｈＤ取得のチャレンジを、人生の選択肢として考えていただきたいと思います。それはこれまで述べたように、とても魅力的で、エキサイティングなことだと思うのです。

ぜひ、本書の続きとなるような本が、私よりもさらに若い世代の経営学者のなかから出てくることを、切に願っています（私もまだ40代前半ですので、頑張りますけどね）。

おわりに

本書を読んでくださって、ありがとうございました。

本書を通じて、みなさんが少しでも世界最先端の経営学について知識を得たり、思考の軸・考え方の整理になるものが見つかったりしたのであれば幸いです。

本書を締めくくるに当たり、三つ述べさせてください。

第一に、経営学の知は、本書で紹介するよりもはるかに膨大であるということです。本書では他のビジネス書・経営学書と比べても、かなり広範なテーマを扱っています。しかしそれでも、各テーマで紹介できることは限られています。したがって、本書を読んで「これが経営学のすべてだ」と思わないでいただきたいのです。

経営学に限らず、学問とは大きな「知の風船」を少しずつ膨らませるようなものだと私は考えています。本書では、なるべくその全体像を描きつつも、結果的に紹介できた「知の量」は、もしかしたら米粒のような大きさかもしれません。それほど、世界の経営学の知は膨大なのです。ぜひそのことを、心にとめていただけると幸いです。

第二に、本書で書いてあることを「これが絶対に正しい」と思わないでいただきたいことです。第2章で述べたように、それでは「正解を求める」姿勢になってしまいます。あくまで、みなさんがビジネスをこれから考えていく上での「思考の軸」として使っていただければ、と思います。

実際、この世はまだ分からないことで満ちあふれています。結果として、研究とは、先に進めば進むほど「これが正解だ」となかなか言えなくなるものです（少なくとも私はそう思います）。「勉強」は進めば進むほど正解が分かってきますが、「研究」は全く逆なのです。

実際、最前線で真剣に研究している研究者ほど、「これが正解だ」と言うことには慎重なものだと私は思います。テレビに出演した学者が、司会者から「結局、何が正しいんですか！」「分かりにくいから、一言で正解を言って！」などと詰め寄られて口ごもることがありますが、そもそもその人は真摯に研究しているからこそ、「絶対にこれが正しい」とは言えないのでしょう（これは私自身、最近メディアでどうしても「はっきり」言うことを求められるので、自戒することでもあります）。

第三は、ビジネススクールのあり方です。実は、本書のタイトルに「ビジネススクールでは学べない」とつける案は、出版社から提案を受けたものです。

私は、このタイトル案を受け入れるか、迷いました。確かに第1章にあるように、ビジネススクールで最先端の経営学が教えられないのは事実ですが、しかしそれをタイトルにつけてビジネススクールそのものを否定する印象を与えたくなかったのです。

私は、ビジネススクールはとても素晴らしいところだと思います。米国にいるときもそう思っていましたが、日本に戻って早稲田大学ビジネススクールに所属してから、特にその思いを強くしています。

確かに、第1章で述べたような構造的な理由で「最先端の研究成果」は十分に学べないかもしれません。しかし、「実務に使う経営学の基礎」は徹底して学べます。さらに、私がいる早稲田大学ビジネススクールでは、コンサルティング業界の頂点を極めた実務家教員が多く在籍し、多くのトップ経営者がゲストスピーカーとして毎日のようにやってきます。こうした方々の「実践知」を学び、刺激を受けられるのは、素晴らしいことです。

しかし、ビジネススクールのそれ以上の価値は、何より「人との出会い」にあると私は考えています。例えば、先に述べたような教員との出会いがそうですし、何よりも、様々な業界からやってきて志を共にする同期・一生の友人という財産がつくれることは、代え難いものがあります。2年間のビジネススクール生活を終えて、大きく成長した学生が卒業するのを見るのは、本当に感慨深いものです。

さて、本書を書くにあたっては、多くの方々にお世話になりました。

紙幅の都合上、ここでは特に私の周りでお世話になった方だけ、紹介したいと思います。まず、早稲田大学の山野井順一氏と立命館大学の琴坂将広氏には、日経ビジネスオンラインで連載時の原稿にコメントをいただきました。また、早稲田大学の仲のよい同僚である長内厚氏や井上達彦氏、東京工科大学の澤谷由里子氏、新興デザインスタジオｂｉｏｔｏｐｅ代表の佐宗邦威氏からも、ディスカッションをさせていただく中で、本書の内容への示唆をいただきました。

また、早稲田大学ビジネススクールの入山ゼミの学生にも感謝したいと思います。特に夜間主プログラム一期生の大西信慈氏、森内泰氏、齊川嘉則氏、早川喜八郎氏、佐野元治氏、山本敏嗣氏、伊勢一也氏、そして「特別ゼミ生」として参加してくださったハーバードビジネススクール日本研究センターの山崎繭加氏には、心からお礼を述べたいと思います。

さらに二期生の橋本樹一郎氏、大西章仁氏、森田恵美氏、西山薫氏、手嶋悠太氏、そして諏訪清美氏にも、心から感謝します。彼らには、特に第11章のデータ収集作業で多大な尽力をいただきました。毎週金曜夜のゼミの後に彼らと飲みに行って、深夜まで経営学とは全く関係ない話を語り合うのは、本当に楽しい時間になっています。

そして何より、本書の出版を助力して下さった日経ＢＰ社のみなさんにお礼を述べたいと思います。また、本書の一部の章の基となる記事を寄稿させていただいたダイヤモンド社

「DIAMOND ハーバード・ビジネス・レビュー」編集部および東洋経済新報社「Think!」編集部の皆さんにも、お礼を述べたいと思います。

中でもお礼をしてもし切れないのは、本書の担当編集者であり、日経ビジネスオンラインでの私の連載の担当編集者でもある広野彩子さんです。

2012年末に日経ビジネスオンラインで私の連載を始めたことをきっかけとして、これまで二人三脚で色々なコンテンツを生み出し、発信してきました。広野さんのコンテンツに対するセンスと、そのプロとしての執念は、本当に頭が下がります。いま「おわりに」の原稿を書いているこの瞬間も、広野さんが他章の編集作業をしている進捗報告が、私のメールにどんどん届いています。まさに、二人で書いた本なのです。

そして、私を生み育ててくれた両親にも、お礼を言いたいと思います。2年前に日本に戻って共稼ぎ夫婦となり、毎日嵐のようにドタバタする我が家に毎週のように現れて、家の面倒をみてくれている母には、心から感謝します。まさか40歳を超えてから母親に家事手伝いをしてもらうとは思わなかったのですが、その分どこかで親孝行ができればと思っています。

そして9年前に他界した父、章男にもお礼を言いたいと思います。これまでの人生における私の最大の心残りは、私が米国で博士課程の学生だったときに父を失ったことです。男親としては、一度社会人経験があるとはいえ博士課程の学生は「所詮は学生」と考えていたはずです。私がニューヨーク州立大学に就職する1年前に他界してしまった父に、「一人前になる」ところを見せられなかったのはいまでも残念でなりません（まあ、いまでも私が一人前かは怪しいですが）。今度、完成した本書をお墓に持って行って、見せてあげようと思っています。

最後に、私に代え難い幸せを与えてくれている妻の裕実、息子の章太郎、そして娘の実紗に、心から感謝したいと思います。

そして最後の最後に、なんといっても本書を読んでくださったみなさんに、再度、心からお礼を言いたいと思います。本当にありがとうございました。

入山章栄

本書で引用した学術論文

3章

Barney, J. 1986. Types of Competition and the Theory of Strategy: Toward an Integrative Framework. *Academy of Management Review,* vol.11: 791-800.

4章

Amit, R. & Zott, C. 2001. Value Creation in E-Business. *Strategic Management Journal*, vol.22: 493–520.

Zott, C. & Amit, R. 2007. Business Model Design and the Performance of Entrepreneurial Firms. *Organization Science*, vol.18: 181–199.

Zott, C. & Amit, R. 2008. The Fit between Product Market Strategy and Business Model: Implications for Firm Performance. *Strategic Management Journal*, vol.29: 1–26.

Zott, C., Amit, R. & Massa, L. 2011. The Business Model: Recent Developments and Future Research. *Journal of Management*, vol.37: 1019-1041.

第5章

March, J. 1991. Exploration and Exploitation in Organizational Learning. *Organization Science*, vol.2: 71-87.

Katila, R. & Ahuja, G. 2002. Something Old, Something New: A Longitudinal Study of Search Behavior and New Product Introduction. *Academy of Management Journal*, vol.45: 1183-1194.

O'Reilly, C. & Tushman, M. 2004. The Ambidextrous Organization. *Harvard Business Review*, April.

Tushman, M., Smith, W. & Binns, A. 2011. The Ambidextrous CEO. *Harvard Business Review*, June.

6章

Henderson, R. & Clark, K. 1990. Architectural Innovation: The Reconfiguration of Existing. *Administrative Science Quarterly*, vol.35: 9-30.

Henderson, R. & Cockburn, I. 1994. Measuring Competence? Exploring Firm Effects in Pharmaceutical Research. *Strategic Management Journal*, vol.15: 63–84.

7章

Granovetter, M. 1973. The Strength of Weak Ties. *American Journal of Sociology*, vol.78: 1360-1380.

Perry-Smith, J. 2006. Social Yet Creative: The Role of Social Relationships in Facilitating Individual Creativity. *Academy of Management Journal*, vol.49: 85-101.

Jing, Z. et al. 2009. Social Networks, Personal Values, and Creativity: Evidence for Curvilinear and Interaction Effects. *Journal of Applied Psychology*, vol.94: 1544-1552.

Baer, M. 2012. Putting Creativity to Work: The Implementation of Creative Ideas in Organizations. Academy of *Management Journal*, vol.55: 1102–1119.

8章
Wegner, D., Raymond, R. & Erber, R. 1991. Transactive Memory in Close Relationships. *Journal of Personality and Social Psychology*, vol.61: 923-929.
Lewis, K. 2004. Knowledge and Performance in Knowledge-Worker Teams: A Longitudinal Study of Transactive Memory Systems. *Management Science*, vol.50: 1519-1533.
Hollingshead, A. 1998. Retrieval Processes in Transactive Memory Systems. *Journal of Personality and Social Psychology*, vol.74: 659-671.

9章
Mullen, B., Johnson, C. & Salas, E. 1991. Productivity Loss in Brainstorming Groups: A Meta-Analytic Integration. *Basic and Applied Social Psychology*, vol.12: 3-23.
Sutton, R. & Hargadon, A. 1996. Brainstorming Groups in Context: Effectiveness in a Product Design Firm. *Administrative Science Quarterly*, vol.41: 685-718.
Waller, M., Gupta, N. & Giambatista, R. 2004. Effects of Adaptive Behaviors and Shared Mental Models on Control Crew Performance. *Management Science*, vol.50: 1534-1544.

10章
Balasubramanian, N. & Lieberman , M. 2010. Industry Learning Environments and the Heterogeneity of Firm Performance. *Strategic Management Journal*, vol.31: 390–412.
Madsen, P. & Desai, V. 2010. Failing to Learn? The Effects of Failure and Success on Organizational Learning in the Global Orbital Launch Vehicle Industry. *Academy of Management Journal*, vol.53: 451–476.

11章
Rugman, A. & Verbeke, A. 2004. A Perspective on Regional and Global Strategies of Multinational Enterprises. *Journal of International Business Studies*, vol.35: 3–18.
Collinson, S. & Rugman, A. 2008. The Regional Nature of Japanese Multinational Business. *Journal of International Business Studies*, vol.39: 215–230.

12章
Ghemawat, P. 2003. Semiglobalization and International Business Strategy. *Journal of International Business Studies*, vol.34: 138-152.
Frankel, J. A. (2001) Assessing the Efficiency Gain from Further Liberalization. In Porter, Roger B., Pierre Sauve, Arvind Subramanian & Americo Beviglia Zampetti, (eds.) *Efficiency, Equity, and Legitimacy: The Multilateraltrading System at the Millennium*. Brookings Institution Press: Washington, D.C.
Disdier, A. & Head, K. 2008. The Puzzling Persistence of the Distance Effect on Bilateral Trade. *Review of Economics and Statistics*, vol.90: 37-48.
Blum, B. & Goldfarb, A. 2006. Does the internet defy the law of gravity? *Journal of International Economics*, vol.70: 384–405.
Leamer, E. 2007. A Flat World, a Level Playing Field, a Small World after All, or None of the above? A Review of Thomas L. Friedman's "The World is Flat".

Journal of Economic Literature, vol. 45: 83-126.
Iriyama, A., Li, Y. & Madhavan, R. 2010. Spiky Globalization of Venture Capital Investments: The Influence of Prior Human Networks. *Strategic Entrepreneurship Journal*, vol.4: 128–145.
Gompers, P.A., Lerner, J. (2004) *The Venture Capital Cycle*. The MIT Press: MA.

第 13 章

Joshi A. & Roh, H. 2009. The Role of Context in Work Team Diversity Research: A Meta-Analytic Review. *Academy of Management Journal*, vol.52: 599–627.
Horwitz, S & Horwitz, I. 2007. The Effects of Team Diversity on Team Outcomes: A Meta-Analytic Review of Team Demography. *Journal of Management*, vol.33: 987-1015.
Earley, C. & Mosakowski, E. 2000. Creating Hybrid Team Cultures: An Empirical Test of Transnational Team Functioning. *Academy of Management Journal*, vol.43: 26-49.
Li, J. & Hambrick, D. 2005. Factional Groups: A New Vantage on Demographic Faultlines, Conflict, and Disintegration in Work teams. *Academy of Management Journal*, vol.48: 794–813.
Lau, D. & Murnighan, K. 1998. Demographic diversity and faultlines: The compositional dynamics of organizational groups. *Academy of Management Review*, vol.23: 325-340.

14 章

Centola, D. 2011. An Experimental Study of Homophily in the Adoption of Health Behavior. *Science*, vol.334: 1269-1272.
Brass, D. 1985. Men's and Women's Networks: A Study of Interaction Patterns and Influence in an Organization. *Academy of Management Journal*, vol.28: 327-343.
Ibarra, H. 1997. Paving an Alternative Route: Gender Differences in Managerial Networks. *Social Psychology Quarterly*, vol.60: 91-102.
Ibarra, H. 1992. Homophily and Differential Returns: Sex Differences in Network Structure and Access in an Advertising Firm. *Administrative Science Quarterly*, vol.37: 422-447.
Kleinbaum, A., Stuart, T. & Tushman, M. 2013. Discretion Within Constraint: Homophily and Structure in a Formal Organization. *Organization Science*, vol.24: 1316-1336.
Boneva, B., Kraut, R. & Frohlich, D. 2001. Using E-mail for Personal Relationships: The Difference Gender Makes. *American Behavioral Scientist*, vol.45: 530-549.

15 章

Lowe, K., Kroeck, K. & Sivasubramaniam, N. 1996. Effectiveness Correlates of Transformational and Transactional Leadership: A Meta-Analytic Review of the MLQ Literature. *Leadership Quarterly*, vol.7: 385-415.
Bass, B. et al. 2003. Predicting Unit Performance by Assessing Transformational and Transactional Leadership. *Journal of Applied Psychology*, vol.88: 207–218.
Waldman, D. et al. 2001. Does Leadership Matter? CEO Leadership Attributes

and Profitability under Conditions of Perceived Environmental Uncertainty. *Academy of Management Journal*, vol.44: 134-143.
Eagly, A. et al. 2003. Transformational, Transactional, and Laissez-Faire Leadership Styles: A Meta-Analysis Comparing Women and Men. *Psychological Bulletin*, vol.129: 569–591.
Koenig, A. 2011. Are Leader Stereotypes Masculine? A Meta-Analysis of Three Research Paradigms. *Psychological Bulletin*, vol.137: 616–642.
Rudman, L. & Glick, P. 2001. Prescriptive Gender Stereotypes and Backlash Toward Agentic Women. *Journal of Social Issues*, vol.57: 743–762.

16 章

Baum, R., Locke, E. & Kirkpatrick, S. 1998. A Longitudinal Study of the Relation of Vision and Vision Communication to Venture Growth in Entrepreneurial Firms. *Journal of Applied Psychology*, vol.83: 43-54.
Emrich, C. et al. 2001. Image in Words: Presidential Rhetoric, Charisma, and Greatness. *Administrative Science Quarterly*, vol.46: 527-557.
Mio, J. et al. 2005. Presidential Leadership and Charisma: The Effects of Metaphor. *Leadership Quarterly*, vol.16: 287–294.

17 章

La Porta, R., Lopez-de-Silanes, F. & Shleifer, A. Corporate Ownership around the World. *Journal of Finance*, vol.54: 471-517.
Anderson, R. & Reeb, D. 2003. Founding-Family Ownership and Firm Performance: Evidence from the S&P 500. *Journal of Finance*, vol.58: 1301-1328.
Mehrotra, V. et al. 2013. Adoptive expectations: Rising sons in Japanese family firms. *Journal of Financial Economics*, vol.108: 840–854.
van Essen, M. et al. 2015. How does Family Control Influence Firm Strategy and Performance? A Meta-Analysis of US Publicly Listed Firms. *Corporate Governance: An International Review*, vol.23: 3–24.

18 章

Orlitzky, M., Schmidt, F. & Rynes, S. 2003. Corporate Social and Financial Performance: A Meta-Analysis. *Organization Studies*, vol.24: 403–441.
Servaes, H. & Tamayo, A. 2013. The Impact of Corporate Social Responsibility on Firm Value: The Role of Customer Awareness. *Management Science*, vol.59: 1045-1061.
Cheng, B., Ioannou, I. & Serafeim, G. 2014. Corporate Social Responsibility and Access to Finance. *Strategic Management Journal*, vol.35: 1–23.
Godfrey, P., Merrill, C. & Hansen, J. 2009. The Relationship between Corporate Social Responsibility and Shareholder Value: An Empirical Test of the Risk Management Hypothesis. *Strategic Management Journal*, vol.30: 425–445.
Muller, A. & Kräussl, R. 2011. Doing Good Deeds in Tomes of Need: A Strategic Perspective on Corporate Disaster Donations. *Strategic Management Journal*, vol.32: 911–929.

19章

Lee, S.-H., Peng, M. & Barney, J. 2007. Bankruptcy Law and Entrepreneurship Development: A Real Options Perspective. *Academy of Management Review*, vol.32: 257–272.

Lee, S.-H. et al. 2011. How Do Bankruptcy Laws Affect Entrepreneurship Development around the World? *Journal of Business Venturing*, vol.26: 505–520.

Paik, Y. 2013. The Bankruptcy Reform Act of 2005 and Entrepreneurial Activity. *Journal of Economics & Management Strategy*, vol.22: 259–280.

20章

Strohmeyer, R., V. Tonoyan. 2006. Working part- or full-time? The impact of welfare-state institutions on atypical work forms. Dowling, M., J. Schmude,eds. *Empirical Entrepreneurship Research in Europe*. Edward Elgar, Cheltenham.

Burke, A. et al. 2008. What Makes a Die-Hard Entrepreneur? Beyond the 'Employee or Entrepreneur' Dichotomy. *Small Business Economics*, vol.31:93–115,

Folta, T., Delmar, F. & Wennberg, K. 2010. Hybrid Entrepreneurship. *Management Science*, vol.56: 253-269.

Reffiee, J. & Feng, J. 2014. Should I Quit My Day Job? A Hybrid Path to Entrepreneurship. *Academy of Management Journal*, vol.57: 936–963.

21章

Covin, J. & Slevin, D. 1989. Strategic Management of Small Firms in Hostile and Benign Environments. *Strategic Management Journal*, vol.10: 75-87.

Stam, W & Elfring, T. 2008. Entrepreneurial Orientation and New Venture Performance: The Moderating Role of Intra-And Extraindustry Social Capital. *Academy of Management Journal*, vol.51: 97–111.

Baum, R. & Locke, E. 2004. The Relationship of Entrepreneurial Traits, Skill, and Motivation to Subsequent Venture Growth. *Journal of Applied Psychology*, vol.89: 587–598.

Chen, X.-P., Yao, X. & Kotha, S. 2009. Entrepreneur Passion and Preparedness in Business Plan Presentations: A Persuation Analyses of Venture Captalists' Funding Decisions. *Academy of Management Journal*, vol.52: 199–214.

Dyer, J., Ggregersen, H. & Christensen, C. 2008. Entrepreneur Behaviors, Opportunity Recognition, and the Origins of Innovative Ventures. *Strategic Entrepreneurship Journal*, vol.2: 317–338.

22章

Schmalensee, R. 1985. Do Markets Differ Much? *American Economic Review*, vol.75: 341-351.

Rumelt, R. 1991. How Much Does Industry Matter? *Strategic Management Journal*, vol. 12: 167-185.

McGAHAN, A. & Porter, M. 1997. How Much Does Industry Matter, Really? *Strategic Management Journal*, vol.18: 15–30.

McGAHAN, A. & Porter, M. 2002. What Do We Know About Variance in Accounting Profitability? *Management Science*, vol.48: 834-851.

Bowman, E. & Helfat, C. 2001. Does Corporate Strategy Matter? *Strategic*

Management Journal, vol.22: 1-23.
Makino, S., Isobe, T. & Chan, C. 2004. Does Country Matter? *Strategic Management Journal*, vol.25: 1027-1043.
Hawawini, G., Subramanian, V. & Verdin, P. 2003. Is Performance Driven by Industry- or Firm-Specific Factors? A New Look at the Evidence. *Strategic Management Journal*, vol.24: 1-16.
Fukui, Y. & Ushijima, T. 2011. What Drives the Profitability of Japanese Multi-Business Corporations? A Aariance Components Analysis. *Journal of the Japanese and International Economies*, vol.25: 1–11.

23章

Barney, J. 1991. Firm Resources and Sustained Competitive Advantage. *Journal of Management*, vol.17: 99-120.
Priem, R. & Butler, J. 2001. Is the Resource-Based "View" a Useful Perspective for Strategic Management Research? *Academy of Management Review*, vol.26: 22-40.
Peteraf, M. & Bergen, M. 2003. Scanning Dynamic Competitive Landscapes: A Market-based and Resource-based Framework. *Strategic Management Journal*, vol.24: 1027–1041.

25章

Iriyama, A., Li, Y. & Madhavan, R. 2010. Spiky Globalization of Venture Capital Investments: The Influence of Prior Human Networks. *Strategic Entrepreneurship Journal*, vol.4: 128–145.

経営学ミニ解説 3

March, J. 1991. Exploration and Exploitation in Organizational Learning. *Organization Science*, vol.2: 71-87.

経営学ミニ解説 4

Wegner, D., Raymond, R. & Erber, R. 1991. Transactive Memory in Close Relationships. *Journal of Personality and Social Psychology*, vol.61: 923-929.

経営学ミニ解説 5

Ghemawat, P. 2007. Managing Differences: The Central Challenge of Global Strategy. *Harvard Business Review,* March.

経営学ミニ解説 6

Grant, A. & Berry, J. 2011. The Necessity of Others is the Mother of Invention: Intrinsic and Prosocial Motivations, Perspective Taking, and Creativity. *Academy of Management Journal*, vol.54:73-96.
Piccolo, R. & Colquitt, J. 2006. Transformational Leadership and Job Behaviors: The Mediating Role of Core Job Characteristics. *Academy of Management Journal*, vol.49:327-340.

経営学ミニ解説 9

Courtney, H., Kirkland, J. & Viguerie, P. 1997. Strategy under Uncertainty. *Harvard Business Review*, November-December.

入山　章栄
（いりやま・あきえ）

慶応義塾大学経済学部卒業、同大学院経済学研究科修士課程修了。
三菱総合研究所で主に自動車メーカー・国内外政府機関への調査・コンサルティング業務に従事した後、
2008年に米ピッツバーグ大学経営大学院よりPh.D.を取得。
同年より米ニューヨーク州立大学バッファロー校ビジネススクール助教授。
2013年から現職。Strategic Management Journal, Journal of International Business Studiesなど
国際的な主要経営学術誌に論文を発表している。
著書に「世界の経営学者はいま何を考えているのか」（英治出版）がある。

ビジネススクールでは学べない 世界最先端の経営学

発行日 ◎ 2015年11月24日 第1版第1刷
2020年 2 月14日 第1版第9刷
著者 ◎ 入山 章栄
発行者 ◎ 廣松 隆志
発行 ◎ 日経BP
発売 ◎ 日経BPマーケティング
〒105-8308 東京都港区虎ノ門4-3-12
https://business.nikkei.com/
装幀・レイアウト ◎ 永井亜矢子(陽々舎)
制作 ◎ 朝日メディアインターナショナル
印刷・製本 ◎ 中央精版印刷株式会社

本書に関するお問い合わせ、ご連絡は下記にて承ります。
https://nkbp.jp/booksQA
 ISBN978-4-8222-7932-5